ALÉJATE DE LAS PERSONAS TÓXICAS

CUÁNDO DEJAR UNA AMISTAD

GARY THOMAS

Para otros materiales, visítenos en:
gruponelson.com

Publicado en Nashville, Tennessee, Estados Unidos de América.
Grupo Nelson es una marca registrada de Thomas Nelson.
www.gruponelson.com

Este título también está disponible en formato electrónico

Título en inglés: *When to Walk Away*

Publicado por Zondervan, Grand Rapids, Michigan 49546,

Editora en Jefe: *Graciela Lelli*
Traducción: *Belmonte Traductores*
Adaptación del diseño al español: *Grupo Nivel Uno, Inc.*

ISBN: 978-0-82974-867-3

Impreso en Estados Unidos de América

20 21 22 23 24 LSC 8 7 6 5 4 3 2 1

«Hay amigos más fieles que un hermano».
PROVERBIOS 18:24

Cuando estás escribiendo sobre las relaciones tóxicas,
te acuerdas de las relaciones saludables
que ayudan a mantenerte bien cimentado,
especialmente en el ministerio.
Dios ha provisto misericordiosamente
varios «compañeros de batalla» orientados al ministerio
que me han ayudado con su sabiduría y experiencia
a ir en pos de lo mejor de Dios para la vida y el ministerio.
A estos cuatro hombres dedico este libro:
Dr. Mike Dittman, Dr. Steve Wilke,
Mike Woodruff y Kevin Harney;
y no, Steve, estos nombres no están escritos
en ningún orden importante, así que no te ofendas.

CONTENIDO

CAPÍTULO 1

EL ATAQUE MÁS INTELIGENTE

Greg estaba sumamente confundido.

Su compañero de trabajo, Aarón, decía ser cristiano, y sin embargo parecía deleitarse atacando a los demás. Aarón se especializaba en crear apodos ofensivos para los compañeros de trabajo y otras personas de fuera de la oficina. Controlaba toda la oficina, incluso a personas que no se reportaban a él, asegurándose de que se sumaran a unas normas que él había presionado para que se implementaran. Aarón era un gran sabueso revelando secretos personales y lanzándolos a una jugosa cadena de chismes. Mentía abiertamente sobre las palabras y acciones de los compañeros de trabajo para poner a una persona contra la otra a fin de poder ponerse de ambas partes desempeñando el papel de «defensor consolador».

Una compañera de trabajo se hartó de todo eso y lo desafió en este juego, y Aarón convenció al jefe para que la despidiera, lo cual creó un terrible muro de protección contra cualquiera que pensara en plantarle cara.

Aunque Aarón era tóxico con todos en la oficina, mostraba otra cara con el jefe. Había convencido a su jefe de que él era el único empleado verdaderamente leal y que todos los demás estaban en su contra. También usaba un sentido del humor torcido para convertirse en el compañero de almuerzo favorito del jefe.

Greg se sentía paralizado porque el entorno laboral tóxico impactaba su salud física, su estado mental, su vida familiar y su sueño. Necesitaba el empleo, pero Aarón estaba consiguiendo que su lugar de trabajo fuera una tortura. Era tal el grado, que Greg admitió que no podía dejar a Aarón en la oficina. Mentalmente, Aarón lo seguía a casa y lo acechaba por las noches. Greg temía conducir al trabajo por las mañanas. Su esposa o uno de sus hijos comenzaba a hablarle por la noche, y se daba cuenta de que sin querer no conectaba con ellos, ya que mentalmente seguía en la oficina pensando en lo que había dicho o hecho, intentando encontrar una forma de sacarle sentido a una situación que le parecía una locura.

«¿Por qué Aarón quiere controlarlo todo?», me preguntó Greg. «¿Cómo puede encontrar gozo actuando así? ¿Qué placer hay en difundir chismes sobre los demás, mentir para que los demás se odien entre ellos? ¿Y cómo puede llamarse cristiano cuando hace que todos los demás parezcan estar viviendo un infierno?».

Tristemente, el único papel que le pude ofrecer a Greg fue el de ser un oyente empático pero ingenuo. En aquel entonces no tenía el entendimiento de cómo lidiar con personas tóxicas. Estoy seguro de que me avergonzaría del piadoso consejo que le di sobre ser un ejemplo, orar por Aarón, poner la otra mejilla, etc.

No fue hasta que yo mismo me vi en el punto de mira de personalidades similarmente tóxicas cuando me di cuenta de que los individuos tóxicos se alimentan de una piedad malentendida y se *activan* mediante la falsa culpabilidad cristiana para lanzar sus ataques por todo lo ancho y largo.

Esta ingenuidad mía me duró décadas. Mucho más adelante en mi vida me agarró desprevenido cuando, al principio, una mujer parecía complacida de que yo hablara de un problema que ella creía que se había ignorado por mucho tiempo en la iglesia. Me escribió para darme las gracias, y después sugirió que leyera su libro y el libro de otra persona para tener incluso más información.

Fui sincero con ella y no le prometí que lo haría. Le expliqué que ese sería un comentario único de un blog. Tratar este asunto no era un llamado primordial en mi vida, así que no podía prometerle que me leería dos libros enteros sobre ese tema. No era nada personal; era solo cuestión de tiempo.

Ella se ofendió sobremanera y después lanzó un violento ataque.

Al instante dejé de ser un amigo para convertirme en su enemigo. De hecho, yo había ayudado a causar el problema que estaba intentando tratar, e incluso mi entrada en el blog, que parecía estar de acuerdo con ella, fue solo una tapadera para mi ignorancia y mi propia mala conducta. Y la gente debía leer y comprar su libro mientras demandaba que mis libros se retiraran de la imprenta.

Empleé demasiado tiempo, perdí mucho enfoque, y gasté demasiadas energías intentando aplacar a una persona tóxica. Mi deseo es animar, levantar y apoyar a otros con mis escritos y mensajes. Es aquí donde mi ignorancia me produjo mucha distracción y angustia. Durante la mayor parte de mi vida adulta me había enfocado solamente en jugar a la ofensiva cuando se trataba del ministerio. Nadie me enseñó sobre jugar a la defensa espiritual. La idea en sí misma me parecía «poco cristiana».

No estoy hablando sobre ministerio «profesional», por cierto, sino que me refiero al llamado de cada creyente de difundir el amor y la verdad de Dios a las personas dondequiera que vivamos y trabajemos, ya sea un banco, o una panadería, o en el terreno de juego. La obra de Dios sufrirá ataques de formas muy inteligentes. Si no aprendemos a jugar a la defensiva, nos enredaremos en nudos de falsa culpabilidad y distracción. Al ser desviados, habrá menos personas amadas y servidas, y produciremos para nosotros mismos desgracia innecesaria.

Yo solía pensar: *Si puedo ser un poco más santo, un poco más sabio, más amoroso, un poco más paciente, un poco más entendido en la Biblia, más rendido al Espíritu Santo, etc., entonces todos «verán a Jesús» en mí y se alinearán para ver lo que Dios tiene que decir.* Cuando alguien no respondía o era hostil, yo pensaba: ¿Habrá falta de compromiso en mi vida y eso me está reteniendo? ¿Les falta compasión a mis palabras? ¿No escuché a Dios correctamente?

Así que hablaba y escribía casi exclusivamente sobre jugar a la ofensiva.

Cuando escribía sobre el matrimonio y la educación de los hijos, hablaba de jugar con una buena ofensiva: amar, servir, sacrificio y nutrir. No subrayaba lo suficiente la necesidad (tristemente) de que algunas parejas e individuos jueguen un poco a la defensiva.

No fue hasta que un amigo mío, el doctor Steve Wilke, observó mi angustia mientras soportaba otro ataque tóxico cuando comenzó a enseñarme sobre la necesidad de jugar a la defensiva de vez en cuando.

«Gary», me dijo, «lee el Evangelio de Lucas. Jesús se alejó de la gente muchas, muchas veces».

El comentario de pasada del doctor Wilke abrió mis ojos a una dimensión totalmente nueva del ministerio: la *defensa*. Con nuevos ojos, vi cómo Jesús *frecuentemente* se alejaba de la persecución intencionada. Leí cómo Pablo, Pedro e incluso el «apóstol del amor», Juan, advirtieron a los primeros cristianos de tener cuidado con ciertos individuos tóxicos. Es sabio y bueno enfocarse en jugar a la ofensiva, pero jugar a la ofensiva sin defensa alguna es hacernos vulnerables de forma innecesaria y disminuir gravemente nuestro impacto.

Mi falta de defensa, mi ingenuidad al pensar que una ofensiva estelar hace innecesaria una buena defensa, me impidió durante treinta años tener un ministerio adulto. He malgastado demasiado tiempo en personas tóxicas, y ni una de esas personas tóxicas mejoró por ello. Pero muchas personas de confianza con las que podía haber interactuado fueron ignoradas o recibieron menos atención para que yo pudiera dedicar mi tiempo a intentar aplacar lo malicioso.

Se acabó. Me arrepiento de eso.

Quiero jugar con la mejor ofensiva posible: conocer la Palabra de arriba abajo. Rendirme a la guía del Espíritu Santo. Vivir en la afirmación del Padre y la gracia del Hijo. Amar a otros sacrificialmente y de forma entusiasta.

Pero creo que años futuros de ministerio pueden ser incluso más fructíferos si aprendo también a jugar un poco a la defensiva durante el camino.

Si tú nunca has sido alguien que ha querido agradar a la gente, quizá todo esto te parezca demasiado elemental. Si te resulta fácil descartar a personas, puede que digas justificadamente: «Bienvenido al mundo de ser un adulto, Gary». Pero si, al igual que yo, has dejado que la culpabilidad y la «compasión» mal colocada te rompan la cabeza al intentar averiguar por qué una relación o situación ministerial te hizo sentir que te habías vuelto loco, es muy probable que este libro te parezca muy útil.

Recibí una llamada de Greg hace unos años. No había hablado ni visto a Aarón desde hacía quince años hasta que Aarón lo encontró y le envió un correo electrónico advirtiéndole que tendría que contratar a un abogado. Aarón dijo que iba a demandarlo. (Por cierto, Aarón nunca puso una demanda).

Si tienes cualquier duda sobre si existen personas tóxicas y por lo general se niegan a ceder el control o abandonar sus ataques, tan solo pregunta por ahí.

Hay ciertas personas que nos agotan, menosprecian y distraen de otras relaciones saludables. Mucho después de que se hayan ido, seguimos luchando con ellas en nuestra mente e intentando sacarlas de nuestro corazón. Nos mantienen despiertos. Nos roban el gozo. Destruyen nuestra paz. Nos debilitan (si somos sinceros con nosotros mismos) espiritualmente. Incluso invaden tiempos de adoración y los convierten en tiempos de temor.

Son tóxicas, y sabemos que son tóxicas, pero quizá son amigos de hace mucho tiempo, familiares o compañeros de trabajo. No puedes evitar a todas las personas problemáticas, ¿cierto? ¿Y no se supone que deberíamos alcanzar a las personas difíciles? ¿No nos dijo Jesús que buscáramos a los pecadores?

Así que seguimos relacionándonos con ellos, seguimos dándonos contra una pared mientras pensamos que estamos haciendo la obra del Señor.

Pero ¿y si no lo estamos haciendo?

¿Qué pasaría si hubiera otra forma de mirar cómo lidiamos con personas tóxicas en nuestra vida? ¿Y si el camino y la obra de Cristo son tan convincentes, tan urgentes y tan importantes que permitirnos que las personas tóxicas nos aplasten es una ofensa hacia Dios en vez de un servicio a Dios?

Tóxico se ha convertido en un término psicológico de nuestro tiempo, pero verás cuán engranado está en las Escrituras este enfoque. De hecho, cito más versículos en este libro que en ninguno de mis libros anteriores. Esta verdad sobre jugar a la defensiva me miraba fijamente todas las decenas de veces que leía la Biblia; simplemente yo estaba demasiado ciego para verlo. El mero hecho de que Jesús dejara que tantos se alejaran ha cambiado la forma en que veo la vida, el ministerio y el servicio.

Un ataque inteligente

Si alguien se interpone en tu camino hacia convertirte en la persona que Dios quiere que seas o frustra la obra que Dios te ha llamado a hacer, para ti esa persona es tóxica. No es egoísmo querer ser quien Dios quiere que seas, y no es egoísmo hacer aquello para lo que Dios te creó, así que es importante aprender a reconocer a las personas tóxicas. Quizá eso signifique apartarlas de tu vida cuando sea posible o limitar drásticamente tu exposición a ellas cuando no haya una solución mejor.

Uno de los ataques más inteligentes contra la iglesia de Dios hoy se centra en torno a nuestra culpabilidad al lidiar con personas tóxicas.

Satanás sabe que no puede impedir que el pueblo de Dios ame y se interese, porque el Espíritu de Dios nos hace amar y cuidar. Sin embargo, lo que sí puede hacer es animarnos a derramar la mayoría del amor, intención y buena voluntad que Dios nos da sobre personas que en realidad se molestan y que nunca responderán a la gracia. Satanás no puede impedir que el agua clara de Dios fluya por medio de nosotros, pero *puede* tentarnos para que la vertamos directamente en la alcantarilla, no saciando así la sed de nadie y no dando fruto alguno.

Esta trampa se tiene que sacar a la luz, y el pueblo de Dios necesita ser liberado.

Una advertencia antes de empezar. Algunos usan la etiqueta *tóxico* de una forma demasiado genérica como una excusa para evitar a personas difíciles, diferentes o heridas. No hagamos eso. Como veremos en los capítulos 3-5, *tóxico* tiene una designación especial que podemos aprender a discernir y después manejar en consonancia. Pero también hay cristianos ingenuos que no están atentos a ningún tipo de toxicidad y que después se ven a sí mismos volviéndose locos porque están abrumados por algo para lo que tienen muy poco entendimiento y ninguna etiqueta.

Quizá haya menos personas verdaderamente «tóxicas» de las que pensamos, pero la razón por la que necesitamos todo un libro para hablar de ellas es que sus negativas embestidas son tremendamente eficaces. En las sabias palabras del monje del siglo séptimo John Climacus: «Un solo lobo, ayudado por un demonio, puede acabar con todo un rebaño».[1] En un lenguaje más contemporáneo, una persona tóxica puede acabar casi por completo con una iglesia sólida de tamaño medio si no se le desafía.

Las personas tóxicas arruinan reuniones familiares. Asaltan amistades. Pueden arrasar empresas. Aunque su número sea relativamente pequeño, su influencia, por desgracia, no lo es. Asesinan ministerios. Roban el gozo y la paz a los santos, y a veces nos hacen cuestionar nuestra cordura.

Es tiempo de desafiarlas. Es tiempo de sacar el máximo partido a la única vida que Dios nos da, y eso significa que tenemos que aprender a jugar un poco a la defensiva. Decide hoy que las personas tóxicas no te desanimarán o ni siquiera te distraerán. Tu misión importa demasiado como para eso.

Hacia eso nos dirigimos y es lo que vamos a discutir. Todo el libro gira en torno al estudio de la vida de Jesús, quien muchas veces se alejó de otros, o dejó que otros se alejaran de Él. Entender sus métodos de jugar a la defensiva nos hará ver cómo preservar nuestro llamado a amar y servir (jugar a la ofensiva). Veremos detalladamente cómo Jesús jugó a la defensiva en el capítulo 2.

Los capítulos 3-5 definirán lo que es una persona tóxica. Las personas tóxicas pueden ser tóxicas de distintas maneras, pero enseñaremos algunas de las principales características.

Después, y esto es clave, los capítulos 6 y 7 («Sin tiempo que perder» y «Personas de confianza») exponen las razones para enfocarnos en jugar a la ofensiva. Mateo 6:33 y 2 Timoteo 2:2 nos dicen cuán crucial es que seamos siervos activos y en qué debemos enfocarnos en nuestro servicio. Este libro habla sobre proteger nuestra misión de los ataques tóxicos incluso más que protegernos nosotros de personas tóxicas.

El capítulo 8 explora el famoso pasaje de Jesús en el que nos advierte que no arrojemos las perlas a los cerdos. El capítulo 9 observa la diferencia entre etiquetar y apodar; si te parece duro llamar «tóxico» a alguien, verás que este capítulo te resultará especialmente útil. El capítulo 10, «Un hombre con una misión», utiliza a Nehemías como un ejemplo particularmente excelente de alguien que mantuvo su misión enfocada en medio de muchos ataques tóxicos.

Como no siempre es posible alejarnos de las personas tóxicas, el capítulo 11 explora cómo «parecernos a Jesús cuando trabajemos con un Judas», y el capítulo 12 nos da un seguimiento enseñándonos la realidad triste pero esencial de que para mantener nuestra misión ante Dios, debemos aprender a ser odiados sin dejar que ello nos distraiga o destruya.

El capítulo 13 ofrece una visión bíblica de cómo el mal infecta todo lo bueno que Dios ha creado en este planeta. Eso nos prepara para el capítulo 14, donde Jesús nos dice que nuestra lealtad a su familia espiritual debe prevalecer sobre la lealtad a nuestra familia de sangre de origen. El capítulo 15 nos ayuda a evitar el ataque común (y violento) que lanzan los miembros de nuestra familia: «¿Cómo es posible que no te comportes como un cristiano?».

Los capítulos 16-19 aplican todo lo que hemos estado aprendiendo a las relaciones familiares con nuestros padres, cónyuges e hijos. El capítulo 20 da un ejemplo poderoso de un hombre que aprendió a dejar atrás sus formas tóxicas, y el capítulo 21 nos enseña a ser menos tóxicos hacia nosotros mismos. El epílogo nos da una última palabra pastoral para los que han sido dañados mediante alguna conducta tóxica.

Había imaginado que este sería un libro corto, como la mitad de lo que en verdad ha resultado. Sin embargo, cuando abrí las Escrituras fue como si los glaciares se derritieran y las compuertas se desbordaran, y tuve que dejarme llevar por la corriente de los ríos.

Espero que lo disfrutes y aprendas del viaje.

Enseñanzas

- Como existen individuos tóxicos, necesitamos aprender a jugar a la defensiva. Enfocarnos solamente en la ofensiva es ingenuo y socava el impacto que podemos tener con otros.
- Ver a Jesús alejarse de otros o dejar que otros se alejen de Él presenta un modelo que se debe considerar para nuestra propia vida.
- Los individuos tóxicos drenan nuestro gozo, energía y paz.
- Uno de los ataques más inteligentes de Satanás es hacer que derramemos nuestro tiempo y energías en personas que resisten la gracia que compartimos y que nunca cambiarán, impidiendo que pasemos tiempo y nos enfoquemos en otras a quienes podemos amar y servir.
- Quizá no haya un gran número de personas tóxicas, pero tienden a tener un efecto extraordinariamente negativo sobre familias, iglesias, relaciones y ministerios, así que tenemos que estar atentos.

CAPÍTULO 2

UN JESÚS QUE SE ALEJA

Como Jesús vino del cielo para caminar entre nosotros, los cristianos tendemos a pensar que alejarse de una persona, o dejar que alguien se aleje de la verdad, es un fracaso de nuestra parte.

Pero Jesús se alejaba o dejaba que otros se alejaran...*muchas veces*.

Tras mi conversación con el doctor Wilke, volví a leer los Evangelios y conté cada ocasión en la que Jesús se apartó de otros deliberadamente. A veces dijo una verdad dura, tras lo cual la otra persona se alejó. Otras veces, la gente había sido tocada y rogaba a Jesús que se quedase, pero Él se iba a otros lugares y los dejaba. En general, conté cuarenta y una ocasiones en los cuatro Evangelios.[1] ¡Cuarenta y una! Algunas de estas referencias aluden al mismo encuentro, pero aun así quedan más de dos docenas distintas de ocasiones en las que Jesús se alejó o permitió que otra persona se alejara.

Estas ocasiones no siempre estaban derivadas de conflictos. A veces Jesús se alejaba de otros que querían más de Él. Aún en otras ocasiones se alejaba para tener un tiempo de refrigerio y renovación o por su propia protección. El punto es que Jesús no dejaba que las necesidades, ruegos, ataques o falta de respuesta de otros le distrajeran de la misión que su Padre celestial le había encomendado.

Una cosa que no vemos cuando otros se alejaban es que Jesús los persiguiera. A pesar de cuán poderoso era Jesús, cuán brillante era Jesús, cuán puro era Jesús y cuán rendido a Dios estaba Jesús, no todos aquellos con los que interactuó «cambiaron», se arrepintieron o compartieron su

1. Ver apéndice («Jesús alejándose»).

opinión. Este es el principio que viene de eso: *A veces, seguir los pasos de Jesús significa alejarnos de otros o dejar que otros se alejen de nosotros.*

Tomemos, por ejemplo, la historia del joven rico. Jesús discernió el corazón de este joven y el principal problema en su vida: él amaba el dinero. Cuando el joven ferviente no pudo alejarse de su dinero, decidió alejarse de Jesús. Observemos que nuestro Señor no corrió tras él. Jesús no dijo: «¡Espera! Sé que pedirte que des el cien por ciento es un poco extremo; si das solo el cincuenta por ciento, creo que podemos hacer que esto funcione. ¡Necesito seguidores! ¡Negociemos!».

No, se dirigió a sus discípulos (personas de confianza[2]) y les explicó lo que había ocurrido y por qué era tan difícil que ese hombre rico se uniera a ellos. Este es un claro ejemplo de cómo Jesús escoge pasar tiempo entrenando a personas de confianza en lugar de pasar más tiempo con una persona cerrada. «Tóxico» no parece encajar en el perfil de este joven, pero el principio es claro: cuando rechazan la verdad, pasa tu tiempo con quienes la recibirán en vez de rogar a las personas con el corazón cerrado que lo reconsideren.

En otra ocasión, después de dar una enseñanza difícil sobre comer su carne y beber su sangre, Jesús perdió a *muchos* de los que antes eran seguidores entusiastas: «Desde entonces muchos de sus discípulos le volvieron la espalda y ya no andaban con él. Así que Jesús les preguntó a los doce: —¿También ustedes quieren marcharse?» (Juan 6:66-67).

Observemos el mismo patrón. No fue solo uno, sino *muchos* los que se alejaron. Y no eran simplemente espectadores casuales, sino que eran llamados sus «discípulos». En vez de perseguirlos y suplicarles que no le malentendieran y rogarles que volvieran, Jesús acude a las personas de confianza, los doce, y dice: «¿Y ustedes qué?».

Observemos la confianza que da autoridad a su mensaje. Jesús nunca parece desesperado, manipulador o controlador, como si cuando la gente no estaba de acuerdo con Él, sus sentimientos quedaran heridos. Él está enfocado en la misión y centrado en otros hasta lo más hondo.

Jesús también demuestra la necesidad de alejarnos a veces «verbalmente» cuando lidiamos con una persona tóxica, como Herodes. En lugar

2. Leerás la frase «personas de confianza» varias veces antes de que explique su significado espiritual en el capítulo 7, cuando hablemos de 2 Timoteo 2:2.

de discutir con Herodes e intentar justificarse, Jesús permaneció en silencio: «[Herodes] Lo acosó con muchas preguntas, pero Jesús no le contestaba nada» (Lucas 23:9).

Jesús adoptó el mismo método con Pilato y los líderes religiosos: «Al ser acusado por los jefes de los sacerdotes y por los ancianos, Jesús no contestó nada. —¿No oyes lo que declaran contra ti? —le dijo Pilato. Pero Jesús no respondió ni a una sola acusación, por lo que el gobernador se llenó de asombro» (Mateo 27:12-14).

No tenemos que argumentar. Cuando una persona tóxica te esté atacando, no tienes que participar. Especialmente cuando sabes que no habrá diferencia alguna, pasa esos momentos adorando y relacionándote con tu amoroso Padre celestial en vez de contender con un detestable ataque.

Un ejemplo particularmente gráfico de cuando Jesús dejó que alguien se alejara ocurrió en la última cena. Jesús sabía que Judas lo iba a traicionar. Habló sobre ello antes de que ocurriera, y sin embargo permitió que Judas se fuera de la sala, sin ir tras él. No malgastó su tiempo intentando que Judas cambiara de opinión. En cambio, pasó cada uno de los últimos minutos que le quedaban invirtiendo en sus fieles discípulos y en oración hasta justo el momento en que fue arrestado.

Se han vendido muchas pulseras de plástico con las palabras «¿Qué haría Jesús?». Si estás lidiando con personas tóxicas, quizá te vendría bien conseguir una pulsera que diga: «¿Qué *No* haría Jesús?».

La respuesta es: «No iría detrás de ellas».

Por favor, vete

Uno de los pasajes más dolorosos de leer para mí en las Escrituras se produce después de que Jesús demuestra su poder en una ciudad enviando a toda una manada de cerdos a precipitarse por un barranco.

Tras recibir la visita de Jesús, estos granjeros estaban entre las personas más benditas de la historia del mundo al llegar a oír a Dios hablar en carne. Cuando Jesús interfirió en su negocio de la crianza de cerdos, sin embargo, la pérdida de su negocio los cegó a la gloria de la persona que estaba de pie delante de ellos. En un sentido muy crudo, esta ciudad escogió las chuletas de cerdo antes que la salvación: «Entonces todos los del pueblo fueron al encuentro de Jesús. Y, cuando lo vieron, le suplicaron que se alejara de esa región» (Mateo 8:34).

¿Te imaginas toda una ciudad buscando a Jesús, el Mesías al que amamos, Aquel con quien desearíamos poder hablar *cara a cara*, por quien pagaríamos el salario de un año por conseguir una audiencia personal durante una hora, y rogarle que se *vaya*?

Y sin embargo, Jesús no discutió. Se nos dice: «Subió Jesús a una barca, cruzó al otro lado y llegó a su propio pueblo» (Mateo 9:1).

Se alejó (en este caso en barca).

Hay un terrible complejo mesiánico en muchos de nosotros que pensamos que si fuéramos más inteligentes o un poco más santos, si ayunáramos y oráramos un poco más, entonces todos a los que les compartiéramos la verdad estarían de acuerdo con nosotros y recibirían a Dios en sus corazones.

Eso no sucedió con el *verdadero* Mesías, y ciertamente no sucederá con nosotros. Está bien alejarnos cuando la gente resiste la verdad. Y está bien dejar que se alejen.

Los seguidores de Jesús tardaron un tiempo en entender esto. A menudo se quedaban más enamorados de la respuesta de la gente que de la verdad de Jesús. Por ejemplo, cuando Jesús desafió la forma en que los fariseos anteponían la tradición humana a los mandamientos de Dios, los discípulos le «advirtieron»: «¿Sabes que los fariseos se escandalizaron al oír eso?» (Mateo 15:12).

Escucha la respuesta de Jesús: «Toda planta que mi Padre celestial no haya plantado será arrancada de raíz —les respondió—. *Déjenlos*; son guías ciegos» (Mateo 15:13-14, énfasis añadido).

Déjenlos.

No siempre tienes que quedarte y estar de acuerdo con personas que no razonan y que se ofenden por la verdad.

Aléjate

Algunos de ustedes aún no pueden imaginarse alejándose de alguien o dejando que alguien se aleje, aunque la relación se haya vuelto tóxica. Tu Salvador y Señor no tiene ese problema: «Muchos me dirán en aquel día:

“Señor, Señor, ¿no profetizamos en tu nombre, y en tu nombre expulsamos demonios e hicimos muchos milagros?” Entonces les diré claramente: “Jamás los conocí. ¡Aléjense de mí, hacedores de maldad!”» (Mateo 7:22-23).

Jesús en verdad *aleja* a estas personas. Dijo la verdad y respetó las decisiones de las personas. Como veremos en un capítulo posterior, controlar a otros es uno de los síntomas principales de la toxicidad, no un método para el ministerio. Jesús nunca abarató la belleza de lo que estaba diciendo dando la impresión de estar desesperado. De hecho, la verdad es que adoptó el método opuesto: *Esta es la verdad; o la tomas o la dejas.* Esa confianza edificó la iglesia primitiva.

Señor de su vida

Jesús no solo se alejó de personas tóxicas, sino que también estuvo dispuesto a alejarse por causa de la eficacia y estrategia ministerial. Nunca permitió que el deseo de otros dictara con quién pasaría su tiempo. Tras un tiempo de ministerio poderoso, Jesús se convirtió en una especie de estrella del *rock*, y multitudes de personas querían estar junto a Él. Jesús se había levantado temprano en la mañana para orar, pero los discípulos lo siguieron tenazmente y dijeron: «Todo el mundo te busca».

Escucha la respuesta de Jesús: «Vámonos de aquí a otras aldeas cercanas donde también pueda predicar; para esto he venido» (Marcos 1:38).

Justo cuando la gente más quería que Jesús se quedara, Jesús a menudo se iba: «Cuando Jesús vio a la multitud que lo rodeaba, dio orden de pasar al otro lado del lago» (Mateo 8:18).

A Jesús no le movían ni las ovaciones en pie ni el ridículo abucheo. Él era verdaderamente Señor de su vida. Nosotros tampoco deberíamos permitir que las necesidades de otros o la toxicidad de otros determinen dónde, cuándo y cómo empleamos nuestro tiempo. La necesidad puede ser una forma sutil de toxicidad. Nuestro radar espiritual se activa cuando alguien nos ataca contundentemente, pero una necesidad pasivo-agresiva puede pasar desapercibida y robar nuestra atención incluso con más eficacia que un ataque declarado.

Si alguien está intentando controlarte, eso es tóxico. Ya sea que use la fuerza o la culpabilidad, un ataque directo o una necesidad irracional

(«Eres el único que me puede ayudar, y tienes que ayudarme *ahora*»), sigue siendo un asunto de control. Controlar a alguien (o dejar que alguien te controle) está mal.

Un pastor experimentado me dijo una vez que Jesús escogió a sus discípulos, y nosotros también deberíamos: «Subió Jesús a una montaña y llamó a los que quiso, los cuales se reunieron con él. Designó a doce, a quienes nombró apóstoles, para que lo acompañaran» (Marcos 3:13-14).

Jesús no solo modeló esta maestría de su proceder, sino que específicamente enseñó a sus discípulos a hacer lo mismo:

> «Si alguno no los recibe bien ni escucha sus palabras, al salir de esa casa o de ese pueblo, sacúdanse el polvo de los pies».
>
> MATEO 10:14

> «Cuando los persigan en una ciudad, huyan a otra».
>
> MATEO 10:23

Jesús no les dijo a sus discípulos: «Quédense ahí y dejen que les golpeen porque finalmente quizá entren en razón». No. Les da permiso a sus discípulos, incluso más que eso, les da un mandato: huir de los que les afrenten e irse a otro lugar. (Si te estás preguntando: *¿Y qué de cuando dijo que pusiéramos la otra mejilla?*, ver la nota al final).[1]

Para agregar equilibrio, a veces Jesús se alejó no para hacer más trabajo ministerial, sino para recargar: «Sin embargo, la fama de Jesús se extendía cada vez más, de modo que acudían a él multitudes para oírlo y para que los sanara de sus enfermedades. Él, por su parte, *solía* retirarse a lugares solitarios para orar» (Lucas 5:15-16, énfasis añadido).

Si intentamos ministrar cuando nuestro propio tanque está vacío, puede que terminemos haciendo más mal que bien. Deberíamos seguir el ejemplo de Jesús y no sentirnos culpables por decir no a otros hasta que nosotros nos hayamos sentado primero a los pies de nuestro Padre celestial y hayamos recibido su amor y cuidado. Tenemos que jugar de vez en cuando a la defensiva para volver a la ofensiva con una pasión y fervor renovados.

Hoy no

En cuanto a permitir que lo maltrataran, aunque Jesús vino para morir una muerte de mártir, *no permitió que el abuso regular y persistente fuera una constante durante su vida*. Se dejó torturar y crucificar *una vez*, pero se dieron muchas ocasiones en su vida en las que se «escapó» de los que querían hacerle daño.

Estos son solo tres ejemplos del Evangelio de Juan:

> Entonces los judíos tomaron piedras para arrojárselas, pero Jesús se escondió y salió inadvertido del templo.
>
> JUAN 8:59

> Nuevamente intentaron arrestarlo, pero él se les escapó de las manos. Volvió Jesús al otro lado del Jordán, al lugar donde Juan había estado bautizando antes; y allí se quedó.
>
> JUAN 10:39-40

> Así que desde ese día convinieron en quitarle la vida. Por eso Jesús ya no andaba en público entre los judíos. Se retiró más bien a una región cercana al desierto, a un pueblo llamado Efraín, donde se quedó con sus discípulos.
>
> JUAN 11:53-54

Y este es uno de Mateo:

> Pero los fariseos salieron y tramaban cómo matar a Jesús. Consciente de esto, Jesús se retiró de aquel lugar.
>
> MATEO 12:14-15

Quizá tu persecución no sea un apedreamiento literal, sino vergüenza emocional, calumnia, enloquecer mediante engaños, etc.[3] Jesús entró una

3. Enloquecer mediante engaños es un término utilizado para describir a alguien que intenta defender su propia conducta reprensible haciéndote sentir que estás loco por señalar su conducta. Niega lo que tú sabes que es cierto intentando confundirte y avergonzarte para que dejes el asunto.

vez en la casa de un gobernante para sanar a una niña muerta. Observa la yuxtaposición de cómo la gente respondió y lo que ocurre después: «Entonces empezaron a burlarse de él. *Pero cuando se les hizo salir*, entró él, tomó de la mano a la niña, y esta se levantó» (Mateo 9:24-25, énfasis añadido).

Jesús no discutió con la multitud. Tampoco se quedó tan solo allí de pie aguantando, sino que «hizo salir» a la multitud.

Y *entonces* hizo su trabajo.

En el transcurso de la obra del reino, ya sea que estés sirviendo a Dios en una oficina, en una cancha de fútbol o en una escuela, sufrir abuso es inevitable. Creo que por cada cristiano que está buscando primero el reino de Dios, hay un número igual de cristianos que están diciéndoles a esos que buscan primero el reino de Dios que están buscando el reino de la manera equivocada. No podemos evitar este intento de hacernos retroceder sin dejar este planeta, pero podemos aprender a alejarnos cuando sea el momento adecuado y cuando Dios nos guíe (que es lo que pretende enseñar este libro). Podemos «hacer salir» a esas personas y continuar con nuestro trabajo.

Aquí es donde quiero llegar: no pienses que dejar que abusen de ti es siempre lo más santo. Proverbios 22:3 dice: «El prudente ve el peligro *y lo evita*; el inexperto sigue adelante y sufre las consecuencias» (énfasis añadido). El maestro te está diciendo que es supremamente *sabio* apartarse del peligro. Si no lo haces, puede que sufras las consecuencias, pero *no* por tu «obediencia». Más bien, tu dolor estará causado por ser «inexperto».

Si la vida se trata de seguir a Jesús, entonces a veces lo seguiremos cuando Él se apartó del abuso y el peligro. Jesús no cedió el control de su vida a nadie. Les dijo a sus discípulos que su muerte sería una decisión *suya*, y no de sus enemigos: «Por eso me ama el Padre: porque entrego mi vida para volver a recibirla. Nadie me la arrebata, sino que yo la entrego por mi propia voluntad. Tengo autoridad para entregarla, y tengo también autoridad para volver a recibirla» (Juan 10:17-18).

Por lo tanto, en sus palabras y en su ejemplo Jesús modeló cómo dejar que personas se alejen, cómo alejarnos, y cómo estar a cargo de nuestro calendario (y hasta cierto punto, no permitir que abusen de nosotros innecesariamente). Sigue los pasos de Jesús alejándote valientemente y encontrando una persona fiable en cuya vida puedas hacer una inversión que valga la pena (ver capítulo 7).

Nos queda todo un libro para explorar cómo aplicar esto. ¿Cómo sabemos cuándo alejarnos? ¿Cómo encontramos el equilibrio entre jugar una buena ofensiva y una defensa apropiada?

Antes de entrar a ver todo esto, dediquemos unos cuantos capítulos a definir con más claridad de lo que estamos hablando cuando usamos la palabra *tóxico*.

Enseñanzas

- Jesús se alejó de otros (o dejó que otros se alejaran de Él) en más de dos docenas de ocasiones en los cuatro Evangelios.
- A veces, Jesús se quedó verbalmente callado cuando otros intentaron incitarlo a una conversación o una necia controversia.
- Cuando las personas le pedían a Jesús que se fuera, Él por lo general accedía.
- Jesús no solo dejaba que otros se alejaran; en el gran juicio Él *hará* que la gente se vaya. No serás capaz de alcanzar o influenciar a todos los que conozcas.
- A veces Jesús se alejaba para tener un tiempo de refrigerio personal, para orar, o por la necesidad de alcanzar a otros.
- Aunque Jesús vino para morir como mártir, repetidamente se alejó de la persecución, los ataques y la violencia a lo largo de su ministerio adulto. Del mismo modo, quizá sea prudente para nosotros alejarnos del abuso verbal, emocional o físico.

CAPÍTULO 3

UN ESPÍRITU HOMICIDA

Las personas tóxicas no son solo personas difíciles. No son personas «que no son salvas». No son meramente personas desagradables. Las personas tóxicas de las que estamos hablando en este libro son esa clase de personas que básicamente están derribándote y destruyendo tu misión. Desinflan tu entusiasmo y te hacen sentir que te estás volviendo loco (haciéndote sentir como que no tienes nada que decir a otros), y son maestras en provocar vergüenza, culpabilidad y desánimo.

El reto es que no hay una definición exhaustiva de una persona tóxica. Son comunes ciertos rasgos: a menudo les gobierna el egoísmo y el rencor. Por lo general te agotan en vez de animarte, y usan a la gente en vez de amarla. A menudo aparentan ser adictas a la santurronería y los juicios precipitados, y por eso frecuentemente pelean con la gente en lugar de disfrutar de las personas y apreciarlas. Se pueden poner celosas de la paz, la familia y las amistades de las personas saludables, y emplean gran parte de su tiempo y sus esfuerzos intentando rebajar a la gente hasta su nivel de miseria en vez de bendecir a otros con gozo y ánimo. A menudo quieren controlarte, y puede darte la impresión de que *quieren que dejes de ser tú.*

Los tres siguientes capítulos explorarán tres elementos comunes de la oposición tóxica. No todas las personas tóxicas mostrarán los tres, pero toda persona tóxica por lo general destaca al menos en uno: un espíritu homicida, una naturaleza controladora, y un corazón que ama el odio. Este capítulo se enfocará en el «espíritu homicida».

Quiero dejar claro que no estoy diciendo que deberíamos evitar a los «pecadores». Todos somos pecadores, y tenemos que acercarnos a los pecadores. La toxicidad es otra cosa. Las personas tóxicas existen dentro y fuera de la iglesia, y son las que intentan *acabar contigo*. Una interacción de treinta minutos con ellas (en persona, o por teléfono, o incluso en un intercambio en Facebook) puede suponer una semana de recuperación. Sigues pensando en lo que dijeron, y estás tan inquieto que no puedes sacarlas de tu cabeza. Te encuentras luchando con ellas aún cuando no están presentes, y siguen apareciendo en tus pensamientos incluso cuando tú no quieres pensar en ello.

Escucha, tú sabes que esa no es una reacción saludable. Sabes que temer a alguien no es parte de la vida abundante. Decidir alejarte significa reconocer que tu fe no necesariamente te llama a lidiar con eso.

Un año malgastado

Unas compañeras de cuarto, Andrea y Grace, regresaron de clase un día y encontraron a otra persona en su cuarto. Su escuela había asignado a Samanta para estar con ellas, y esa decisión de añadir a otra estudiante verdaderamente le costó a Andrea su primer año en la universidad.

Andrea y Grace enseguida se dieron cuenta de que Samanta necesitaba discutir con alguien para poder levantarse de la cama. Era algo que Andrea o Grace habían hecho, por lo cual ambas enseguida se disculpaban por no haber sido más concienzudas. O que no habían hecho, por lo cual ambas se disculpaban por ser tan insensibles. Después ella despotricaba casi cada día por algo que otra persona había o no había hecho. Andrea se dio cuenta de que Samanta había experimentado más conflictos en sus primeras dos semanas en la universidad de los que Andrea había tenido en las primeras dos décadas de su vida.

Si Andrea y Grace se iban a comer solas, Samanta les hacía pagar con una charla sobre cuán egoístas eran. Si querían estudiar cuando Samanta necesitaba desahogarse por cómo alguien le había faltado al respeto de forma ruda esa misma mañana, ambas recibían una charla por anteponer el trabajo a las personas; y a fin de cuentas, ¿cómo vería Jesús eso?

Andrea creció en un hogar cristiano educado donde se le enseñó a llevarse bien con todo el mundo. Ella se describe a sí misma como alguien que quiere agradar a la gente y para la que es muy importante ser buena persona. «No soporto que alguien se enoje conmigo», confiesa ella. Por lo tanto, dejaba lo que fuera para aplacar la feroz ira de Samanta, y Samanta se enfocaba en esta vulnerabilidad. Como Andrea estaba más dispuesta a acercarse a Samanta que Grace, ella inconscientemente hacía que los ataques de Samanta fueran más «divertidos», así que Samanta enfocaba el embate de su intensidad en Andrea (aunque nunca dejaba a Grace tranquila del todo).

A pesar de las buenas intenciones de Andrea, Samanta seguía haciendo las cosas para irritarla. Como sabía que a Andrea le gustaba tener sus cosas ordenadas, Samanta recolocaba todo en sus espacios compartidos y en el baño. Andrea y Grace le habían dicho a Samanta que podía poner sus cosas donde quisiera, pero que por favor no cambiara de sitio las de ellas.

Samanta salió del cuarto furiosa con un portazo, y después, para mostrar lo tremendamente ofendida que estaba porque sus torpes compañeras de cuarto no apreciaban su duro esfuerzo con las cosas de ellas, fue al cuarto de al lado, sabiendo que se oía todo a través de las finas paredes, y les dijo a las vecinas lo mal que Andrea y Grace le habían tratado.

Andrea intentó la reconciliación. Ella es una cristiana ferviente, y nunca había tenido una relación como esta. Ella enseguida se disculpó y asumió la responsabilidad de pecados que probablemente no había cometido. Samanta se dio cuenta de esta debilidad, y se propuso a conciencia arreglar los «problemas» de Andrea. Conocía a un consejero de su ciudad natal con el que a menudo hablaba, así que le contó todo a este consejero por teléfono y fue con Andrea para contarle su propuesta para que ella tuviera sanidad y reconciliación: «Mi consejero está bastante seguro de que tienes algún demonio, pero si accedes a ir conmigo a verlo, seguro que él puede echarlos fuera».

Andrea le explicó que no era algo que ella estuviera dispuesta a hacer, lo cual sirvió para que Samanta se convenciera aún más de lo profundamente aferrada que estaba la maldad en Andrea. ¿Qué tipo de persona enferma estaría dispuesta a albergar demonios cuando alguien le estaba ofreciendo expulsarlos?

A Andrea le empezaron a salir granos en la piel, lo cual parece un gran problema en los primeros años en la universidad. Sus llamadas a casa eran largas y con lágrimas, y comenzó a llegar a casa más tarde por las noches y a levantarse muy temprano para evitar estar con Samanta. Por supuesto, eso significaba que Andrea estaba constantemente cansada, dando cabezadas en clase, y pareciendo apática cuando estaba con sus amistades.

Habló con su Supervisora de Residentes, quien vio eso solo como dos jóvenes que necesitaban aprender a llevarse bien y ofreció algunas respuestas comunes sobre perdón, paciencia, humildad y gracia cristianas. Apoyada por su mamá, la cual a estas alturas ya estaba entendiblemente preocupada por la salud y el bienestar de Andrea, Andrea finalmente fue a ver a los jefes superiores de su Supervisora y recibió un cambio de habitación después de las vacaciones de Acción de Gracias.

Grace al principio estaba enojada con Andrea por dejarla viviendo sola con Samanta (las personas tóxicas tienden a ser maestras enfrentando a otros entre sí), pero ahora que Andrea se había ido, Samanta dirigió toda su artillería contra Grace. Grace se fue de la habitación en Navidad.

La Supervisora de Residentes asignó al azar a otra estudiante a esa habitación, y esa persona le rogó salir de allí en Semana Santa.

Las vacaciones no parecieron tratar bien a Samanta.

La Supervisora de Residencia de Andrea finalmente se dio cuenta de que no era cuestión de unas cuantas frases hechas sobre llevarse bien. Samanta realmente era una persona tóxica, y necesitaba recibir un trato acorde con eso.

Mis propios años de universidad fueron formativos. Algunas de las amistades más fuertes que he tenido se forjaron y mantuvieron durante esa etapa. Fue un tiempo fructífero de discipulado cristiano, y me hice novio y me casé con mi esposa durante esos cuatro años. Si alguna vez ha habido una época en la que quería estar plenamente vivo, fue durante los años universitarios, pero Andrea perdió su primer año de universidad intentando lidiar y finalmente escapar de la toxicidad de Samanta. Samanta lo que hizo fue matarlo.

De hecho, incluso hoy, varios años después, si le mencionas a Andrea el nombre de Samanta, en sus propias palabras: «Aún se me pone esa sensación en el estómago de querer vomitar». Andrea lamenta que por el hecho de estar tan enfocada en Samanta se perdió conocer a muchas otras personas nuevas. Cuando accedía a que Samanta fuera con ella, otros sentían la toxicidad de Samanta casi de inmediato y comenzaban a juzgar a Andrea: «Si esa es la clase de personas con las que le gusta estar a Andrea, es mejor no estar con ella».

Andrea quería ayudar a Samanta a integrarse, pero es obvio que no tuvo éxito. No se puede llevar a un lobezno salvaje a una escuela infantil y esperar que el entusiasmo e ingenuidad de los niños aplaque la feroz naturaleza del lobezno.

A Andrea le parecía muy «poco cristiano» pensar en cortar lazos con Samanta; Jesús dice que amemos a nuestros enemigos, ¿cierto? Pero sacrificarse no ayudaba en nada a Samanta, y dañó gravemente el primer año de Andrea.

Mi experiencia con las personas tóxicas ha sido esa misma. Nunca he podido ayudar a ninguna, he perdido una enorme cantidad de tiempo y enfoque intentando convertir la locura en cordura.

Así es como lo veo ahora: yo no soy médico. Si alguien tiene un brazo roto, puedo llamar a un médico para que le atienda y le muestre empatía, pero sería irresponsable de mi parte pensar que yo podría curarlo. Ese tipo de ayuda está por encima de mi entrenamiento y experiencia, y es muy probable que no haga otra cosa que empeorarlo todo si me involucro demasiado. Cuando alguien es un individuo verdaderamente tóxico, la mayoría de las personas normales nos involucraremos hasta el cuello. Puedes intentarlo con todas tus fuerzas, pero si piensas que puedes ser la persona que consiga un cambio, es más probable que salgas tú humillado a que ellos cambien.

No tienes que creerme; la vida te enseñará si se lo permites.

Las personas tóxicas matan. Matan relaciones, enfrentan a las personas entre sí. Matan iglesias, convierten reuniones en tiempos de peleas gigantescas en lugar de adoración y servicio. Matan lugares de trabajo, destruyen la productividad. Matan reputaciones. Parece que quieren acabar con tu gozo y paz e incluso amenazan tu cordura.

Mi «radar de toxicidad» se activa siempre que siento que una persona o grupo de personas parecen existir principalmente para derribar a otra persona u organización. El método del Nuevo Testamento, basado en la naturaleza de Dios, es demostrar la belleza y excelencia de Dios y persuadir a otros mediante palabra y ejemplo, a menudo con una tolerancia casi milagrosa y siempre con la esperanza de redención. El *modus operandi* de Satanás es silenciar y matar con vergüenza, ridículo y malicia, sin gracia y sin redención. Siempre.

He visto a muchas personas afirmar hacer la obra de Dios a la vez que aparentemente emplean los métodos de Satanás.

Un espíritu homicida

Nuestro Dios Creador da vida y sopla vida. Donde haya vida, Dios estará en algún lugar detrás de su génesis. Él tuvo cierto impacto, cierta influencia, algo que ver con esa creación.[1]

Jesús habló de Satanás como un homicida (Juan 8:44) que está obsesionado con la muerte. Matar es más que querer que los pulmones de alguien dejen de respirar; está la muerte de un ministerio, la muerte de una reputación, la muerte de la felicidad y la muerte de la paz. En Mateo 5:21-22 Jesús amplía la definición de asesinato para incluir también la intención maliciosa.

Cuando estás en desacuerdo con una persona que ha hecho mal, él o ella a menudo no solo discrepará contigo y te dejará ir. Algunos te odiarán al punto de matar, meramente por señalar su pecado: «y Juan le había estado diciendo a Herodes: «La ley te prohíbe tener a la esposa de tu hermano». Por eso Herodías le guardaba rencor a Juan *y deseaba matarlo*» (Marcos 6:18-19, énfasis añadido).

No es suficiente para una persona tóxica decir: «Tú y yo tendremos que ponernos de acuerdo en la discrepancia». Si tus creencias le hacen sentir culpable, querrá eliminar tu voz e influencia, aunque eso signifique acabar... *contigo*.

En la actualidad vemos desatado un espíritu similar al de Herodes, con grandes grupos de personas que no creen que los cristianos que tienen ciertas ideas (muchas de las cuales la iglesia ha defendido durante la mayor parte de su historia) deberían poder dar voz a sus opiniones. Quieren que ellos desaparezcan o que se callen del todo. Usarán la vergüenza o la ley, pero de una o de otra manera serán agresivos.

La mejor etiqueta para este silenciamiento es homicidio social.

Las personas saludables pueden discrepar y alejarse. Las personas tóxicas albergan un espíritu homicida, al menos en el sentido de querer desacreditarte por completo y *callarte*. El apóstol Juan advirtió: «Todo el que odia a su hermano es un asesino, y ustedes saben que en ningún asesino permanece la vida eterna» (1 Juan 3:15).

---

1. Juan 1:3-4: «Por medio de él [Jesús] todas las cosas fueron creadas; sin él, nada de lo creado llegó a existir. En él estaba la vida, y la vida era la luz de la humanidad».

Cuando leemos el libro de los Hechos, la historia de la iglesia primitiva es la historia de oponentes usando cualquier medio (la ley, la persecución, el ridículo, la vergüenza, las etiquetas y a menudo la muerte física) para conseguir callarlos. Algunos de los oponentes de la iglesia primitiva estaban motivados por una discrepancia religiosa genuina. Algunos estaban motivados por la pérdida de su sueldo (como cuando Pablo y Silas liberaron a una esclava adivina de su «don» en Hechos 16:16-18). A veces parece oposición demoniaca, pero la meta final de esta toxicidad fue siempre la misma: ¡Detener! Guardar silencio. Mata lo que estás haciendo o diciendo, o te mataremos a ti.

Matar un ministerio

Alex tenía cuarenta años cuando tuvo su primera aventura amorosa. Su esposa, Alice, lo perdonó y dijo que quería trabajar en su matrimonio. Lo apoyó mientras él ascendía por la escalera administrativa de su empresa, incluso se mudaron cuando consiguió un ascenso (lo cual significó que Alice tuvo que volver a empezar su propia consulta de consejería). Ella pensaba que alejarse de la «escena del crimen» podría ayudar a su familia a recomponerse.

Pasó una década, durante la cual Alice sufrió los efectos de un esposo narcisista. A pesar de su aventura amorosa, Alex esperaba que Alice hablara de él en privado y en público como el mejor esposo que hubiera existido nunca. Cuando su iglesia le pidió a Alex que considerase ser diácono (aunque no le ofrecieron nada a Alice), ella amablemente le preguntó: «Ellos no saben nada de la aventura amorosa, ¿verdad?».

«¿Cuánto tiempo vas a estar reprochándome eso?», respondió Alex. «Nunca me perdonarás del todo, ¿cierto?».

Su confianza era carismática, así que a Alice a menudo le decían cuán afortunada era. Alex escuchaba sin querer esos comentarios y los sacaba a relucir persistentemente: «¿Te das cuenta de cuántas mujeres desearían que sus esposos fueran como yo?».

Las aficiones de Alex dominaban los fines de semana y las vacaciones, y su horario de trabajo mandaba en la mayoría de las noches de la semana. Alice reprogramaba citas y hacía todo lo posible por acomodar el derrochador gasto de Alex reduciendo lo que ella se gastaba en ropa, razón por la cual le dolió un poco más cuando ella vio cómo vestía una compañera de trabajo de su esposo en una fiesta de la oficina. Ella podía ver los ojos de Alex bebiendo de la belleza de su compañera, y la correspondiente falta de vida cuando él dirigía su atención de nuevo a ella, como si ella fuera una molestia por estar a su lado.

Ella ya había vivido eso una vez e intentó sacar el tema amablemente. «Alex», dijo ella, «si alguien les viera juntos, no pensaría que mantienen solo una relación laboral».

Alex se ofendió y enojó tanto que Alice supo, sencillamente lo *supo,* que *no era* solo una relación laboral.

«Te perdoné una vez», dijo ella, «pero no volveré a aguantarlo de nuevo».

La empresa de Alex y la iglesia no verían bien una aventura amorosa y un divorcio, así que Alex se propuso convencer a la gente del infierno que estaba viviendo por estar casado con Alice. Pidió «ayuda» a pastores con su negativa esposa que probablemente estaba sufriendo una enfermedad mental. Ella tenía que estar mentalmente enferma si no se daba cuenta de cuán afortunada era por estar casada con él.

Alice sabía hacia dónde se dirigía todo eso: la única forma que Alex tenía de divorciarse de ella para casarse con su compañera de trabajo y mantener su posición en su empresa y en la iglesia era matando la reputación de Alice. Construyó el fundamento manejando con destreza el arte de «pedir oración». Ella descubrió que había estado dando «actualizaciones» acerca de la «condición» de ella y de cómo estaba.

Cuando pasó una cantidad de tiempo considerable, él «reticentemente» solicitó el divorcio. En meses, abiertamente le «daba gracias a Dios» por el consuelo de su *compañera de trabajo* (la misma que llevaba el bonito vestido en la fiesta), quien le estaba ayudando a pasar esta crisis.

El doctor M. Scott Peck advierte que a las personas tóxicas les encanta culpar a otros por el caos que ellos crean: «Un rasgo característico... de la conducta de los que llamo malvados es culpar a otros. Como en sus corazones se consideran sin reproche, tienen que azotar a cualquiera que les reproche algo. Sacrifican a otros para preservar su autoimagen de perfección».[1]

Culpar es otra palabra para matar: «Quiero que *tú* seas la cabeza de turco de *mis* pecados». Alex se sintió amenazado por una esposa espiritualmente sana que no mentiría ni a él ni por él ni una vez más. Dejó a la mujer que le había mostrado tanta misericordia y, como era de esperar, comenzó a difundir sucias mentiras sobre ella, sugiriendo que era *ella* la mala que quizá no estaba bien mentalmente y que por supuesto no era apta para el ministerio.

Otra vez Peck: «Es característico de los que tienen maldad juzgar a otros como malos. Al no ser capaces de reconocer sus propias imperfecciones, deben explicar y justificar sus faltas culpando a otros».[2]

Malo es una palabra dura y peligrosa, pero ¿qué otra cosa se puede decir de un hombre que ofende profundamente a una mujer, una mujer que ha sido usada por Dios y que tiene un don de Dios para llevar a otros mucha sanidad y darles un claro discernimiento, y aun así él busca destruir su ministerio difundiendo mentiras sobre ella y difamando su carácter? Él se defiende atacándola: «Yo la engañé y la abandoné, así que tú también deberías hacerlo. De lo contrario, puede que me sienta culpable por lo que he hecho y tenga que hacer frente a la dolorosa verdad acerca de lo tóxico que soy».

Así como Alex mató la autoestima de Alice engañándola dos veces; así como mató su vocación al insistir siempre en que ella lo siguiera y comenzara su propio ministerio desde cero siempre que él encontraba algo mejor en otra ciudad; así como mató el calendario social de Alice al demandar que ella cancelara todo lo que tuviera programado para acomodar sus citas de última hora; así como mató el hogar de sus hijos al divorciarse, ahora él buscaba matar el ministerio de ella para justificar su aventura amorosa y abandono.

Como veremos en un capítulo posterior, es necesaria en gran parte la importancia de tratar adecuadamente a las personas tóxicas para poder preservar nuestra misión ante Dios. Jesús nos pidió que oráramos para que Dios enviara *más* obreros a la mies; por lo tanto, que un supuesto «creyente» intente destruir el trabajo de otro obrero es algo horrible.

Me duelo por las familias que quizá no hayan oído las sabias palabras de Alice, los miembros de iglesias que quizá no oigan su futura enseñanza, las familias que quizá no reciban su cuidado pastoral, *todo para que un hombre adúltero y narcisista pueda justificar pedir su divorcio y volver a casarse enseguida.*

Y por desgracia, la cosa empeora. Algunos miembros de la iglesia despedazaron a esta querida hermana en Cristo, al quedar «arruinada» por el divorcio. «¿Cómo puede llevar sanidad a otras familias si su propia familia se ha hecho pedazos?», preguntaban. Un pensamiento así de simplista encajaba muy bien en los planes de su esposo tóxico. Así es exactamente como él quería que pensaran los demás: «Es demasiado arriesgado, así que es mejor evitarla».

La única razón por la que Alex tuvo éxito (en un sentido limitado) es porque una iglesia ingenua y mal informada cooperó con él. Si yo fuera un pastor que rehusara contratar a Alice principalmente porque estaba divorciada, sería un accesorio del homicidio de su ministerio.

Cuando Alex se volvió a casar, puso «felices» fotografías de la ceremonia en Facebook, describiendo a su nueva esposa como la «Sra. Alex Doe». Es como si hubiera matado digitalmente a Alice y la hubiera «reemplazado», *usando su antiguo nombre*. Esta era una daga digital con la intención de herir.

Los tres hijos de Alex eran lo suficientemente mayores como para quedarse impactados por lo que su papá le había hecho a su mamá, así que hubo cierta separación comprensible. Cuando él se comprometió poco después de que el divorcio fuera definitivo, finalmente forzó una reunión con su hija mayor. No la había visto ni hablado con ella en un año, pero en vez de pedirle perdón o preguntar cómo estaba, se dedicó a justificar todo lo que él había hecho y estaba haciendo señalando cómo le había afectado a él: «¿Ves que buen aspecto tengo? Nunca había estado así de saludable y feliz ni había tenido este aspecto en años, ¿no crees? ¿No te alegras por mí?».

¿Alegrarse de que su familia hubiera sido asesinada?

¿Alegrarse de que su mamá hubiera sido engañada y su ministerio asaltado?

¿Alegrarse de que él estuviera gozoso aunque no había visto a su propia hija durante más de doce meses?

¿Alegrarse?

¿En serio?

Pero así es como piensan las personas tóxicas. Un espíritu homicida destruye hasta el último vestigio de empatía hasta que se convierte en una bola de demolición egocéntrica. Otros tienen que pagar el precio de su felicidad.

Cuando Pablo echó fuera a un espíritu inmundo que tenía prisionera a una muchacha esclava adivina, los dueños de la muchacha agitaron a la multitud, llevaron a Pablo y Silas ante las autoridades políticas, y los golpearon.

Observemos que la bondad de Pablo, liberar el alma de una mujer oprimida, liberar a una niña *esclava*, recibe una respuesta asesina. Sus dueños no solo los acusaron ante las autoridades políticas y buscaron generar oposición religiosa, sino que desnudaron a Pablo y Silas (asesinando su dignidad), los pusieron en prisión (asesinando su libertad) y los golpearon (asesinando su salud).

Asesinar, asesinar, asesinar... todo porque Pablo había hecho algo bueno, santo y justo.

Pero es aquí donde la historia se torna asombrosa y esperanzadora, y tan conmovedora que querrás adorar a Dios durante media hora.

Es medianoche.

Pablo y Silas están en la «celda interior» de la prisión, con sus pies atados con grilletes. Están orando y cantando himnos a Dios mientras los otros prisioneros escuchan. En este lugar de oscuridad y muerte, están llevando luz y vida.

Hay un terremoto, y *todas* las puertas de la prisión se abren y se rompen las cadenas de *todos*, no solo las de Pablo y Silas (Hechos 16:23-28).

El carcelero se despierta, ve lo que ha ocurrido y saca su espada para quitarse la vida. Los romanos lo matarían por permitir lo que había sucedido, y no sería una muerte agradable.

Este es el hombre que tenía injustamente en prisión a Pablo por hacer algo bueno, algo santo, algo amable. Sí, el guarda era una herramienta de otros opresores, pero era, al menos, una herramienta de cooperación. Pablo podría haber sido tentado a pensar que estaba a punto de recibir su merecido.

Pero ¿qué hace Pablo? Grita: «¡No te hagas ningún daño! ¡Todos estamos aquí!» (Hechos 16:28).

Los hijos de Dios siempre quieren que se acaben los homicidios.

Pablo les dice al carcelero y a los demás prisioneros cómo pueden encontrar salvación, ¡vida!, y el carcelero lleva a Pablo con su familia, donde todos son salvos: «y se alegró mucho junto con toda su familia por haber creído en Dios» (Hechos 16:34).

En un mundo lleno de intentos homicidas, tenemos el privilegio y la bendición de ser el pueblo que lleva gozo, luz, vida y esperanza. No silenciamos, sino que persuadimos. Resistimos el asesinato y vivimos para llevar salvación.

Leer sobre personas homicidas tiene el potencial de generar odio y asesinato en tu propio corazón. Seamos como Pablo y Silas: en medio de otros que buscan asesinarnos, oremos y adoremos, y mantengamos nuestros ojos fijos en el Dios de la creación y la vida para que vivamos para llevar salvación y esperanza.

Al resistir a personas tóxicas y reconocerlas, nunca te permitas volverte como ellas. La belleza de la vida en Cristo no se construye ni se mejora reaccionando negativamente al mal, sino que se cultiva y mantiene respondiendo a la belleza de quién es Dios.

Enseñanzas

- Las personas tóxicas no son tan solo personas «difíciles» o «pecadoras». Muestran ciertas características.
- Como mejor se describe un rasgo de la toxicidad es como un espíritu homicida. Las características de un espíritu homicida son:
    - crear sistemáticamente el caos en otras relaciones
    - ser conocidos por las cosas a las que se oponen más que por lo que están a favor
    - no estar dispuestos sencillamente a discrepar contigo, sino querer silenciarte
    - intentar impedir que hagas o seas lo que Dios te ha llamado a hacer o ser
    - vaciar tus fuerzas y asaltar tu salud
    - culparte a ti y a otros para que su propio pecado no parezca tan malo
- Jesús y la iglesia primitiva frecuentemente confrontaron a este espíritu homicida, y nosotros podemos esperar que también tendremos que hacerlo.
- Como Pablo y Silas, deberíamos responder a un intento homicida siendo personas que buscan llevar vida y salvación.

CAPÍTULO 4

CONTROLADORES

Barry se acercó a mí cuando su esposa Rachel le dijo que quería el divorcio. Rachel me dijo por qué quería terminar con su matrimonio: cada parte de su vida estaba siendo controlada.

«Él es un hombre dulce, pero es ingeniero y tiene que controlarlo *todo*».

«Dame un ejemplo».

«Te puedo dar una decena. Tenemos que comer en restaurantes mexicanos seis veces por semana. No me deja cocinar en casa, y estoy tan harta de la comida mexicana que ya no la soporto. Tenemos que ir a la iglesia los sábados por la tarde, nunca los domingos por la mañana. Cuando se trata de sexo, tiene que ser los miércoles por la noche, en cierta postura en un lado de la cama con una toalla debajo de mí, antes de salir a comer a un restaurante mexicano y después a la iglesia. Soy su conserje. Desde la mañana hasta la noche lo único que importa es su trabajo y su horario. Si vemos televisión, tiene que ser los deportes, ni Hallmark ni HGTV, nunca. Si me enfermo, se enoja porque no puedo servirle y se va y me deja sola. Su agenda para el fin de semana es tan estricta (cuándo nos despertamos, cuándo hace ejercicio él, cuándo y dónde comemos), que no puedo hacer ningún plan propio. Los únicos contactos sociales que tenemos son con los camareros de su restaurante mexicano favorito. Me estoy asfixiando y no puedo seguir viviendo así».

Y después la sorpresa: «Él empezó a dudar de mí, aunque yo le he sido totalmente fiel. Me puso un localizador en el teléfono y me hace dar cuentas de cada segundo de mi día».

Te ahorraré los demás detalles, pero me dio más ejemplos.

Barry estaba sentado callado sin defenderse. Eso en verdad me impresionó un poco.

«¿Es cierto todo esto, Barry?», le pregunté.

«Todo lo que ella ha dicho es cierto al cien por ciento».

Barry nunca consideró aquello una conducta «controladora». Más bien, se consideraba un «cabezón o, desde un punto de vista positivo, resuelto y convencido. Cuando eres ingeniero, tienes que hacer las cosas bien. Y si el sistema funciona, ¿para qué cambiarlo?».

Rachel sentía que se estaba asfixiando. Tenía los papeles del divorcio listos, pero no los había enviado.

En esta ocasión, sentí que una separación era su única esperanza, para que Rachel tomara un poco de aire y para que Barry sintiera la gravedad de sus acciones. Rachel ya había rentado un apartamento, pero le dije a Barry: «Tú has provocado esto, y si quieres arreglarlo, tienes que dejar que Rachel se quede en la casa y tú irte a vivir al apartamento».

Él tragó saliva, pero quería salvar su matrimonio, así que lo hizo.

Incluso más difícil fue decirle que todo el control se había terminado.

«No puedes contactar a Rachel a menos que ella te contacte a ti. Necesita un tiempo. Incluso un mensaje con un versículo bíblico le hará sentir que la estás estrujando. Si ella te llama, habla todo lo que quieras. Si ella te escribe un mensaje, puedes responderle con otro mensaje, pero no aparezcas por la casa y no te acerques a ella hasta que esté lista».

Como un hombre que estaba acostumbrado a controlarlo todo, Barry piensa en los años pasados y dice: «Aún hoy, hacer lo que me dijiste que hiciera fue lo más difícil que he hecho en mi vida».

Le pedí a Rachel que esperara antes de entregar los papeles de divorcio a Barry.

«Nunca te pediré que vuelvas a vivir bajo un control como ese», le aseguré. «Pero te estoy pidiendo que consideres si estarías dispuesta a tener un matrimonio diferente y un Barry diferente. Él ha confesado lo que ha hecho. Está dispuesto a hacerlo bien. ¿Puedes concederle esa oportunidad?».

Rachel amaba a Barry. Has oído lo negativo, pero hay muchas características dulces que ella valora: su humor, su amabilidad, su amor por Dios.

Rachel accedió a esperar, pero no le pedí que «rompiera los papeles», aún no. Pensé que Barry necesitaba saber que esos papeles estaban esperando en el cajón de un escritorio listos para salir en cualquier momento, porque no iba a ser fácil para él hacer unos cambios tan significativos.

Más adelante le dije a Barry en privado que sabría que su corazón había cambiado cuando no quisiera que Rachel volviera con él si eso significaba que iba a ser controlada.

«El amor tiene que ver con querer lo mejor para tu esposa, por encima de todo lo demás que quieras para ti mismo. Cuando llegues al punto de poder decir: "No quiero que Rachel vuelva conmigo hasta no estar seguro de haber cambiado", entonces se puede reconstruir tu matrimonio».

Salieron de mi oficina y se fueron en automóviles distintos, y Barry le dijo a Rachel: «Bueno, quizá debamos salir a tomar un café y hablar de lo que nos dijo Gary».

Rachel lo miró. «¿No has oído lo que dijo Gary? Me voy a subir a mi automóvil y me voy».

Rachel necesitaba hacer eso. Necesitaba respirar. Y Barry, por mucho que le doliera, tenía que dejarla ir.

Barry tenía que aprender que una conducta controladora es una *conducta tóxica*.

El Dios que nos deja escoger

Pese a cuán poderoso y soberano es Dios, Él nunca es controlador. Su amoroso llamado y su invitación para su pueblo, tanto en el Antiguo como en el Nuevo Testamento, están basados en la *decisión*. Uno de los pasajes más famosos del Antiguo Testamento es la declaración de Josué a Israel: «*elijan* ustedes mismos a quiénes van a servir» (Josué 24:15, énfasis añadido).

Josué aprendió esto de su mentor Moisés, quien dijo: «Hoy pongo al cielo y a la tierra por testigos contra ti, de que te he dado a elegir entre la vida y la muerte, entre la bendición y la maldición. Elige, pues, la vida, para que vivan tú y tus descendientes. Ama al SEÑOR tu Dios, obedécelo y sé fiel a él» (Deuteronomio 30:19-20).

En el Nuevo Testamento, pensemos en Gálatas 5:13 («Les hablo así, hermanos, porque ustedes han sido llamados a ser libres; pero no se valgan de esa libertad para dar rienda suelta a sus pasiones»), Juan 7:17 («El que esté dispuesto a hacer la voluntad de Dios reconocerá si mi enseñanza proviene de Dios o si yo hablo por mi propia cuenta»), y por supuesto, Apocalipsis 3:20 («Mira que estoy a la puerta y llamo. Si alguno oye mi voz y abre la puerta, entraré, y cenaré con él, y él conmigo»).

Como leímos en un capítulo anterior, Jesús parece asombrosamente *no* ser controlador a lo largo de su ministerio terrenal, dejando que la gente se alejase o alejándose Él mismo decenas de veces. Jesús, Dios en carne, dijo la verdad y permitió que la gente respondiera como quisiera.

Pero ¿realmente quieres saber lo *no* controlador que es Dios? Él permite que Satanás y los demonios continúen con sus caminos perversos. Dos pasajes aparentemente oscuros (Isaías 14; Apocalipsis 12) han llevado a muchos eruditos a especular (no está particularmente claro) que quizá un tercio de los ángeles se rebelaron contra Dios para seguir a Satanás. La Biblia no nos da los detalles, y no nos beneficiaremos mucho de especular sobre el origen de la disputa. Si necesitáramos saber más, la Biblia nos diría más.

Pero ¿acaso no es fascinante que Dios, que sabemos que *podría* acabar con ellos, *no lo haga*? Sabemos que lo hará, pero durante este tiempo presente Dios permite que Satanás se defienda e incluso engañe y seduzca a las personas para desviarlas.

Dios proclama su verdad, envía a sus mensajeros e incluso ofrece gracia para que los corazones que estén dispuestos la reciban, pero no posee a nadie. El Nuevo Testamento habla sobre la posesión demoniaca, pero nunca habla sobre la posesión de Dios.[1] Aunque el Espíritu de Dios nos mueve, inspira, llena y equipa, el apóstol Pablo es firme: «El don de profecía está bajo el control de los profetas» (1 Corintios 14:32). Si el Espíritu Santo nos «poseyera» de la misma forma que hablamos de la posesión demoniaca, no se nos advertiría que evitáramos contristar o entristecer al Espíritu (Efesios 4:30). La posibilidad de poder contristar al Espíritu necesita que sigamos estando en control lo suficientemente como para hacerlo.

C. S. Lewis describe esta inclinación demoniaca hacia la «posesión» en términos horrorosos cuando el demonio Escrutopo explica: «Con las bestias la absorción adquiere la forma de comer; para nosotros [los demonios], significa succionar la voluntad y la libertad de un ser más débil a otro más fuerte».[2]

Uno de los males de la adicción es que gradualmente perdemos el control. El autocontrol está descrito como un fruto del Espíritu. La adicción, la falta de control, es un fruto que nace en el infierno.

---

1. La posesión demoniaca o alguna forma de ella se menciona en Mateo 9:32-33; 12:22; 17:18; Marcos 5:1-20; 7:26 y Lucas 4:33-36, entre otros lugares. Para los que se preguntan acerca de 1 Pedro 2:9, donde el griego *eis peripotesin* a veces se traduce como «posesión de Dios», el contexto habla claramente sobre Dios aceptando a alguien como suyo, no controlando a alguien de la forma en que la posesión demoniaca se entiende comúnmente. Posesión aquí es un nombre, no un verbo. Yo acepto a mi hijo y a mis hijas como «mías». No intento invadir sus mentes o controlar sus acciones.

Dios nos respeta como nos formó y nos invita a la vida más elevada posible, pero nos permitirá que lo rechacemos y suframos las consecuencias.

En el interés de la precisión teológica, permíteme añadir que Dios va más allá de la persuasión. Él impacta la historia; Él ha hecho y sigue haciendo milagros, y está involucrado en el asunto de endurecer y ablandar corazones. Pero la Biblia presenta esto como parte de nuestra interacción con Dios. Dios endureció el corazón del faraón (Éxodo 7:3), pero también se nos dijo que el faraón endureció su propio corazón (Éxodo 8:15). No estoy intentando construir toda una teología de Dios aquí. Aunque Dios determina eventos y también persuade, su naturaleza nos lleva a concluir que el hecho de que seres humanos controlen a otros seres humanos es un acto tóxico más que un reflejo de quién es Dios y de lo que Dios nos llama a ser.

Soberanía y libre albedrío

Si creciste con la idea de un Dios que lo controla todo, probablemente te criaste en una tradición que enseñaba la doctrina adecuada de la soberanía de Dios sin explicar igualmente nuestra responsabilidad.

Los calvinistas (quienes por lo general se enfocan en la soberanía de Dios y niegan el libre albedrío) y los no calvinistas enfocarán este tema de forma distinta, pero ninguno de los dos, propiamente entendidos, hablarán de Dios como alguien que coacciona a las personas. Juan Calvino mismo escribió que «permitimos que el hombre tenga elección y que determina por sí mismo, así que si hace algo malo, se le debería imputar a él y a su propia elección voluntaria. Desechamos la coacción y obligación, porque contradice la naturaleza de la voluntad y no puede coexistir con ella».[2] Aunque cree que nuestra voluntad está dificultada, Calvino añade: «Marca una gran diferencia si la atadura es voluntaria o forzada. Ubicamos la necesidad de pecar precisamente en la corrupción de la voluntad, de lo que se deduce que se determina por sí sola».[3]

Calvinistas y no calvinistas quizá discrepan en si es adecuado usar la frase «libre albedrío», pero ambos están de acuerdo en que al margen de cómo se ejercite y entienda la soberanía de Dios, la soberanía y la afirmación de autoridad suprema son cosas que *solo Dios* puede ejercer. Definitivamente no somos Dios; *por lo tanto, que un ser humano intente controlar a otro ser humano es una asunción blasfema de la autoridad y la adoración que deberían dirigirse solamente a Dios.*

Por eso las dictaduras son malas. Por eso la esclavitud es una abominación. Hay ciertas circunstancias, como prohibir a los hijos dependientes ciertas conductas o encarcelar a quienes son violentos (basados en las elecciones que han hecho para dañar a otras personas), en las cuales es apropiado ejercer el uso de la autoridad, pero aunque se den ciertas restricciones, el control total es malo.

La vida humana más elevada es una vida rendida a Dios sobre todos y sobre todo. Cuando quiero que alguien se enfoque en agradarme *a mí*, estoy actuando como un anti Dios, el anticristo, si lo deseas. Les estoy pidiendo que me respondan como deberían responder solamente a Dios.

Si Jesús modeló alejarse en vez de ejercer una conducta controladora, ¿cómo podemos nosotros actuar de otra forma?

El popular escritor, orador y pastor Jack Deere descubrió una dolorosa verdad cuando se dio cuenta de que su esposa era alcohólica. Cuando sus súplicas no consiguieron «cambiarla», intentó controlarla. Mirando atrás con una humildad admirable, él admite su error: «Le había dicho a mi esposa que tenía que escoger la sobriedad para sí misma y después intenté forzarla para que tomara esa decisión. La había tratado como a una niña y después esperaba que tomara decisiones como una adulta».[4]

Dios no nos «controla», ni siquiera en nuestro pecado; nosotros no podemos y no debemos intentar controlarnos unos a otros. Cuando un esposo está intentando controlar a su esposa o una esposa está intentando controlar a su esposo; cuando un «líder» está controlando una organización en vez de empoderarla; cuando un niño usa la rebeldía y la violencia para adueñarse de las reuniones familiares; cuando un compañero de trabajo difunde chismes, calumnia y siembra división para poder hacerse con la oficina, sabes que estás tratando con una persona tóxica.

Siempre que empezamos a controlar a alguien, estamos alejándonos de la imagen de Dios y acercándonos a la toxicidad, que es el ámbito favorecido de Satanás. El ministerio inspirado por Dios proclama la verdad con valor mientras respeta las decisiones de otros. En cualquier lugar donde oigas sobre manipulación y control, a menudo sospecha de una secta, no de una verdadera expresión de la fe cristiana.

Mirando atrás, Rachel cree que permitió que la conducta controladora de Barry llegara demasiado lejos porque había muchas otras cosas que le encantaban de él. Y otras esposas parecían haberlo pasado peor. «Barry nunca me golpeó. No abusaba de mí verbalmente. Salvo por la naturaleza controladora, realmente es un hombre dulce».

Al soportar el hipercontrol, sin embargo, Rachel entendiblemente llegó a un punto de quiebre. Libre de su presencia durante la separación, ella sintió que podía volver a respirar. Buscaron un sistema en el que si Rachel le escribía a Barry un emoticono de corazón, él podía escribirle como respuesta. Barry vivía esperando esos corazones.

En un periodo de tiempo muy corto, Rachel comenzó a extrañarlo. «Recordaba sus gestos amorosos y amables», dijo ella. «Era mi mejor amigo; podíamos hablar de cualquier cosa. Extrañaba esa compañía. No oír de él ni verlo me hizo quererlo más. Tan solo tenía miedo de que, al igual que un alcohólico regresa a su botella, si volvíamos a estar juntos demasiado pronto, la conducta controladora volviera a producirse de nuevo».

Para Barry, la separación fue «algo terrible y muy solitario. Me sentía desamparado, aplastado por una montaña de lamentos, y con tanto tiempo libre en mis manos, esos lamentos finalmente se convirtieron en arrepentimiento y reconciliación con Jesús. Tumbado en la cama me arrepentí de todas las cosas de las que Rachel me había acusado legítimamente. Durante tres horas en medio de la noche, derramé mi corazón ante Jesús».

Agotado, Barry oyó al Señor decirle en su corazón: «Hijo mío, te he perdonado. Te amo».

«Me volví a enamorar de Jesús. Sabía que mi vida iba a ser diferente, pero sabía que tenía credibilidad cero con Rachel, y no sabía cómo funcionaría eso».

A medida que el corazón de Rachel se iba ablandando, Barry recibía otro emoticono de corazón. Era como una droga que lo mantenía despierto. Recobró toda su atención y escribió un párrafo rápido, y después su corazón dio un vuelco cuando vio el punto parpadeando, el cual le decía que ella estaba respondiendo.

Entonces los puntos se apagaban, y también lo hacía su corazón.

Rachel aún era cautelosa.

Comenzaron de nuevo a pasar tiempo juntos a sugerencia mía, llegando en automóviles separados para que ella pudiera irse cuando quisiera. «Barry parecía una persona distinta», recuerda Rachel, «pero no estaba segura de que fuera a durar. Él era muy dulce y amoroso, pero así es como se comportaba cuando fuimos novios por primera vez. Sin embargo podía ver que había algo *distinto* en él. Se había arreglado con Jesús. Era más blando con Dios, un hombre quebrantado. Un hombre así actuará de forma distinta en el matrimonio».

Barry había pasado semanas sentado en su mecedora después del trabajo en un pequeño apartamento, leyendo su Biblia y estudiando. No veía la televisión secular. Aunque tenía un pasado con tintes de pornografía, ahora no era ni siquiera una tentación. Dios parecía llenar la habitación, y él perdió su gusto por lo que solía ser su apoyo cuando las cosas se ponían difíciles.

Pasaron muchas semanas. Rachel gradualmente dejó que las visitas fueran más frecuentes. Y después, cuando volvió a invitarlo a casa, Barry se sintió como un adolescente locamente enamorado. Y lo más importante es que lo respaldaba con acciones.

Rachel ahora está resplandeciente. «Desde que hemos vuelto a estar juntos, no he vuelto a hacer la cama; nunca he vuelto a ir al supermercado. Cuando mi automóvil llega a un cuarto de tanque de combustible, Barry lo llena de gasolina. Compra rosas cada sábado cuando sale a hacer la compra. Y cuando fui a un viaje de misiones a Uganda, me envió una *foto* de las flores el sábado».

La misma naturaleza metódica que Barry usaba previamente para controlar a Rachel ahora la emplea para servirla y bendecirla.

Tan solo ir a Uganda fue un cambio para Rachel. Hace cinco años, Barry no se lo hubiera «permitido».

Barry admite: «Odio cuando pienso en decir que no se lo *permitía,* como si yo tuviera que dejarla ir, pero así es como solía ser nuestro matrimonio. Ahora hablamos de ello. Es un matrimonio muy distinto».

A Barry no solo le gusta su matrimonio; se gusta más a sí mismo: «Soy un controlador. Rachel es muy buena ayudándome cuando patino y vuelvo a querer controlar las cosas. Depende de mí arreglarlo y detenerlo. Si te mantienes cerca de Jesús, Él te ayudará».

Rachel parecía tan abatida la primera vez que vino a mi oficina de la iglesia que cuando regresó un par de meses después, algunas personas apenas la reconocían. Había una nueva vida, un nuevo gozo y una nueva belleza. De hecho, ella parece ahora otra persona. Soportar una conducta tóxica puede dejar a alguien sin vida, y no se le debe restar importancia ni minimizar. Pero ahora, un par de años después, Rachel es una persona exuberante.

«Todo en el matrimonio es mejor», dice ella. «La intimidad sexual es sin duda lo mejor. Hemos disfrutado muchas cosas distintas. Tengo más paz, y me siento más completa. Mi amor por Barry ha crecido más de lo que nunca podría imaginar. He visto el cambio que Jesús hizo en él. Han pasado ya un par de años, así que es algo demostrado que ahora él sí ha cambiado. Me apoya en mi empresa inmobiliaria de una forma que nunca había hecho».

Ambos destacan, sin embargo, que la conducta controladora siempre será una tentación para Barry. Rachel tiene que hacérselo ver de vez en cuando, y Barry, para mérito suyo, mantiene un corazón humilde y arrepentido.

A modo de tierno recordatorio de cómo estaban antes, Rachel de vez en cuando envía a Barry un emoticono de corazón. Cuando ella realmente quiere excitarlo, le envía un texto con docenas de corazones seguidos.

El control tóxico estuvo a punto de asesinar su matrimonio, pero Jesús lo salvó.

Ser controlado te hace sentir que estás viviendo un infierno. Amar en libertad es lo más cerca que una pareja está del cielo a este lado de la eternidad.

Enseñanzas

- En el Antiguo y Nuevo Testamento, Dios se revela como un Dios que respeta y permite la elección.
- El control extremo, como la posesión demoniaca, es algo que Satanás emplea; no es el modo de operación de Dios.
- Un ser humano que quiere controlar a otro ser humano es un acto tóxico de maldad.
- Nuestro enfoque debería estar en inspirar a otros a ofrecer su más alta lealtad a Dios, no a vivir para agradarnos o para estar de acuerdo con nosotros.
- Deshacerse de los asuntos de control de Barry produjo que él y Rachel tuvieran una etapa de matrimonio nueva y mucho más rica.

CAPÍTULO 5

AMAR EL ODIO

Estoy entre la minoría de personas que están cableadas (la ciencia genética demuestra esto ahora) para odiar el cilantro.

No lo soporto.

Yo lo llamo la hierba adolescente: ¡mírame, mírame, MÍRAME!

Para mis papilas gustativas, un poco de cilantro puede arruinar toda una comida. No creo que Dios cometa errores, pero creo que este mundo sería un sitio mejor si el cilantro nunca se hubiera usado como sazonador, porque muchos chefs, especialmente los que hacen salsas (algo que me *encanta*), parecen creer que el cilantro hace que casi todo sepa mejor.

Sin embargo, muchas personas, de hecho una *gran mayoría*, están genéticamente cableadas para disfrutar el cilantro. No lo entiendo. Nunca lo entenderé. Pero si tú eres una de esas personas, por favor no te ofrezcas a cocinar para mí.

Del mismo modo, como cristianos estamos cableados espiritualmente para la compasión, amabilidad, humildad, ternura, paciencia y amor (Colosenses 3:12-14). Esas cualidades deberían ser deliciosas para nosotros. Deberíamos sentir que nos «sientan» bien cuando nos las ponemos. Deberíamos respetarlas, desearlas, y sentirnos llenos de vida al exhibirlas. Es un buen día si demostramos compasión, si mostramos amabilidad, si caminamos en humildad, tratando a otros con ternura y paciencia, y aprovechando la oportunidad para amar a otros todo lo que podamos.

Hay otra composición espiritual, desgraciadamente, que tiene un sabor totalmente distinto. Este tipo concreto de personas tóxicas se sienten muy cómodas cuando exhiben enojo, ira, malicia, calumnia, lenguaje soez y mentiras (Colosenses 3:8-9). No entendemos cómo algunas personas parecen cobrar vida cuanto más malicia tienen, cuando asesinan la reputación de alguien, cuando dicen cosas horribles y engañan a la gente. No lo entendemos. Pero las personas tóxicas lo hacen. Es su «cilantro».

Alzarse en contra de la toxicidad

Jonathan Byrd ha ganado cinco veces en la gira de la PGA (Asociación de Golfistas Profesionales, por sus siglas en inglés). Juega con varios hombres diferentes cada fin de semana, así que se ha cruzado con una gran variedad de «personalidades». Un compañero golfista, a quien llamaremos «Golfista X», era notorio por su mal humor y por hacer comentarios contra los voluntarios, seguidores, *caddies*, compañeros y *marshals*. De hecho, estaba lleno de rabia, ira y malicia, y usaba un lenguaje grosero muy a menudo. Era el mal ejemplo andante de Colosenses 3:8-9.

Jonathan tiene una de las personalidades más agradables que haya conocido nunca. Es uno de esos tipos que caen bien a todo el mundo, y valora el papel de los voluntarios. «Los voluntarios no son profesionales», me explicaba. «La mayoría de ellos hacen un torneo al año. Si tuviéramos que pagar a nuestros voluntarios, nuestras carteras se reducirían a la mitad. Son muy valiosos para el campeonato, pero los golfistas pueden ser muy volubles», y a veces incluso tóxicos.

Jonathan y Golfista X estaban jugando en una ronda final un domingo. Ninguno iba a ganar o ni tan siquiera quedar en una buena posición en el torneo. Se trataba más bien de terminar la ronda y volver a casa.

Eso parecía poner a Golfista X en su peor humor. Gruñía a los seguidores y a los voluntarios.

En el quinto hoyo, Golfista X y Jonathan se dirigían hacia un golpe ciego. No se podía ver el hoyo, ni siguiera la segunda parte de la calle. Golfista X colocó su bola y comenzó a simular unos golpeos.

El *marshal,* como disculpándose, dijo: «Sr. X, el grupo que va delante de usted aún está en la calle».

Golfista X miró con desdén al *marshal* y se burló de él, diciendo: «No... Sherlock».

El *marshal* se alejó. «Lo siento», dijo, «Solo estaba intentando ayudar».

Jonathan se hartó. «Discúlpate con él».

«¿Disculparme por *qué*?»

«Por ser un patán [para ser honestos, realmente no dijo «patán»]. Tan solo estaba haciendo su trabajo».

Se produjo un largo e incómodo silencio. Cuando Golfista X pudo jugar, lanzó un golpe con efecto que se desvió cuarenta metros de los límites y tuvo que jugar el hoyo con un doble bogey.

«¿Qué ocurrió en el resto del partido?», le pregunté a Jonathan, riéndome.

«Jugamos los siguientes trece hoyos en completo silencio».

Lo que ocurrió es que Golfista X también se mantuvo callado con todos los demás. Tan solo se metió en su propia toxicidad, pero no molestó verbalmente a nadie durante el resto del día, así que la confrontación de Jonathan quizá enojó a un tipo, pero salvó a muchos otros.

Lo que me gusta de lo que hizo Jonathan es que usó su influencia y posición, un compañero profesional, para proteger a los que eran más vulnerables, es decir, los voluntarios. Si un *marshal* se mete en una pelea con un jugador, perderá (salvo en Augusta, quizá). Jonathan decidió que usaría su plataforma para hacer que el mundo fuera un poco menos tóxico para los seguidores y voluntarios.

En tu propio lugar de trabajo, si trabajas «bajo» una persona tóxica, tus opciones puede que se vean limitadas a alejarte o aprender a no dejar que lo que él o ella hace te moleste. A algunas personas parece que les encanta odiar a otros. Pero las personas que tienen influencia sobre las personas tóxicas son las que tienen que levantarse y adoptar un papel protector.

Entender a quienes les encanta odiar

El experimentado consejero Dan Allender y el erudito bíblico Tremper Longman III nos ayudan a entender la composición espiritual de las personas a quienes les encanta odiar. Nos dan una distinción sobre las motivaciones que me parece muy útil. Escribiendo hace casi treinta años, Allender y Longman usan la palabra *malvado* en vez de *tóxico*, pero estamos hablando esencialmente de lo mismo: «El mal está desprovisto de conciencia. Carece de límites morales; lo correcto es cualquier cosa que él desee. Una conciencia abrasada no responde con misericordia a una llamada de ayuda, ni se detiene ante la amenaza de la vergüenza».[1]

Esto es importante. *Si empleas métodos «normales» para resolver el conflicto con una persona tóxica, no funcionarán.* Las personas tóxicas no responden a la empatía, y no tienen miedo a la vergüenza. Tienen motivaciones y temores distintos que las personas «promedio».

Si le dices a un jefe tóxico: «Lo que acaba de decir me ha hecho mucho daño», es como decirle a un rinoceronte que hace mucho ruido al respirar. No le importa. Ni siquiera lo registra.

Si dices: «Lo que estás haciendo es vergonzoso», le estás confundiendo con una persona que es capaz de sentir vergüenza. Las personas tóxicas se inmunizan ante la vergüenza con malicia, arrogancia y burla. No puedes avergonzar a alguien que está convencido en su propia mente de que es mejor que tú. Tu opinión no significa nada para esa persona.

Volvamos a la analogía del cilantro. Herir a otros probablemente es algo que te importa. La vergüenza es algo que quieres evitar. Pero la misma actividad y carga que tú odias puede ser algo que le encante a una persona tóxica.

En tales ocasiones lo mejor es que hagas tu trabajo, no te lo tomes personal, limita tu contacto lo máximo que puedas y haz lo que normalmente hago yo: ¡orar por su cónyuge y sus hijos![1]

Definidos por lo que odian

Los consejeros Dr. Henry Cloud y Dr. John Townsend explican la diferencia entre personas «proactivas» y personas «reactivas», y su descripción de las personas reactivas se acerca mucho a cómo estamos usando aquí la palabra *tóxicas*: «Las personas proactivas te muestran lo que aman, lo que quieren, lo que se proponen y lo que defienden. Estas personas son muy distintas de aquellas a las que se les conoce por lo que odian, lo que no les gusta, por lo que están en contra y lo que no harán».[2]

---

1. No soy un terapeuta con formación. La mejor descripción para mí sería un consejero pastoral, alguien que intenta ayudar a la gente a entender la Biblia y su aplicación a nuestras vidas. Para un tratamiento más profundo, paso a paso, con «pasos prácticos» de las personas tóxicas desde una perspectiva psicológica, considera *Boundaries*, de Henry Cloud y John Townsend, *Bold Love* de Dan Allender y Tremper Longman III, y varios libros de Leslie Vernick (www.leslievernick.com).

No estoy llamando tóxicas a todas las personas reactivas (si has sufrido alguna ofensa o abuso, una respuesta reactiva inicial es una etapa esencial de la sanidad), pero todas las personas tóxicas que he conocido parecen *atrapadas* en ese perfil reactivo. Nunca salen de él. Se les conoce más por lo que odian y por contra quién están que por las cosas y personas a las que aman. Por consiguiente, tienen un efecto negativo, tóxico y venenoso sobre ti en vez de un efecto nutriente, sanador y de ánimo.

A veces, los que tienen una causa «justa» pueden ser los peores en esto. Están tan enfocados en acabar con aquellos que podrían estar perpetuando un mal que, de hecho, usan el mal para luchar contra el mal. La Biblia nos urge a no hacer eso: «No devuelvan mal por mal ni insulto por insulto» (1 Pedro 3:9).

Es fascinante meditar en la forma en que Jesús interactuaba con los leprosos (quiero dejar claro que no estoy llamando tóxicos a los leprosos; es una analogía). La gente se quedaba impactada de que Jesús pudiera tocar a los leprosos sin Él mismo contraer la lepra. El milagro no era solo que los leprosos eran sanados; era también que Jesús no quedaba infectado.

No ser «infectado» tiene que ser una gran preocupación cuando interactuamos con personas tóxicas. No es algo fácil de hacer. Uno de los momentos más vulnerables para que pequemos es cuando pecan contra nosotros por primera vez. ¿Podemos interactuar con personas que odian sin llenarnos nosotros de odio? ¿Podemos enfrentar el abuso sin volvernos abusivos? ¿Podemos resistir a personas controladoras sin intentar controlarlas? ¿Podemos confrontar un espíritu homicida sin querer «matar» socialmente al asesino? Nunca nos sentimos más justificados para hacer el mal que cuando estamos confrontando el mal santurronamente.

Los cristianos pueden estar particularmente en deuda con lo que Francisco de Sales describió como «juicio imprudente».[3] Vivimos con un alto sentido de la justicia y de lo que está bien y mal, pero eso puede tentarnos y a la vez instruirnos si no «bautizamos» este discernimiento en gracia y empatía. De Sales asemeja el juicio imprudente a un «cinismo espiritual» que «hace que todas las cosas parezcan malas a ojos de los que están infectados con él».[4] Él dice que «los que han absorbido orgullo, envidia, ambición y odio, piensan que todo lo que ven es malo y censurable».[5]

El desafío es que los que más han caído en el orgullo, la envidia, la ambición y el odio son los que menos probabilidades tienen de verlo en ellos mismos. Reconocemos el adulterio, la borrachera y el asesinato, pero hay algo en estos pecados de actitud que nos ciega espiritualmente incluso cuando nos infectan. Pensamos que nuestro vecino huele tan mal que perdemos la capacidad de oler nuestra propia pestilencia.

Esto es especialmente cierto cuando, como acabamos de decir, se ha pecado contra nosotros primero. Ese es el umbral por el que el «juicio imprudente» pasa rápidamente. Si has sufrido abuso de poder, puede que veas el uso saludable de la autoridad como una «apropiación de poder». Si has sufrido abuso sexual, puede que te veas tentado a interpretar todo halago como una trampa. Si te han advertido sobre una mala enseñanza en una iglesia previa, puede que pases más tiempo en una nueva iglesia buscando cualquier herejía implícita que abriendo tu corazón a la convicción. Y te verás *muy tentado* a responder en todas las futuras relaciones con un «juicio imprudente» en vez de hacerlo con amor. Esto no es para cuestionar las preocupaciones de los que han sido víctimas, sino más bien para llamarnos a todos a no ser prisioneros de nuestra propia experiencia al intentar perseguir la verdad y el amor en las relaciones.

Como creyentes, somos llamados a tratar a otros con *amor*. El juicio imprudente es lo opuesto al amor. Las personas tóxicas merecen que se les rete por lo que están haciendo. Sin embargo, nosotros mismos nos volvemos tóxicos cuando aplicamos el juicio imprudente a alguien no necesariamente por lo que está haciendo, sino por cómo estamos *interpretando* lo que está haciendo a la luz de cómo otros pecaron contra nosotros en el pasado. Nosotros mismos nos volvemos tóxicos cuando empleamos el juicio imprudente, casi con regocijo, llegando inmediatamente a la conclusión de que alguien está equivocado y no acudiendo a ellos personalmente, sino más bien soltando una venganza pública para exponerlos.

Ensamblándolo todo

Escogí la analogía del cilantro para explicar un punto importante. Probablemente todos a veces hemos actuado con ira, malicia, calumnia y engaño. Todos hemos intentado controlar a otros. Una madre cuyo hijo se está metiendo en las drogas se verá muy tentada a controlarlo, pero su motivación es la preocupación y no la toxicidad. Todos incluso hemos intentado «matar» en el sentido de quitar la vida al trabajo o la reputación de alguien.

Acciones aisladas no hacen que una persona sea tóxica; tóxico se refiere a alguien que se siente cómodo en esas acciones y recibe energía de esas acciones, y que hace de esas acciones la forma común de manejar sus relaciones.

El consejero bíblico Brad Hambrick advierte a los que aconseja: «No queremos estar en nuestro mejor momento cuando estamos en el peor». Es una mala señal cuando el conflicto te emociona más que la convivencia, cuando te sientes vigorizado al aplastar a otros en vez de animarlos.

Yo a veces como cilantro porque, especialmente en los restaurantes mexicanos, suelen ponérselo a todos los platos, y especialmente en las salsas. Pero no me gusta incluso cuando me lo como. A veces sé que lo estoy comiendo, pero como deseo lo que hay a su alrededor, lo soporto.

Del mismo modo, por preocupación, puede que intentemos controlar a un ser querido. Quizá intentemos ajustar las cuentas con alguien y soltemos un chisme. Puede que entremos en momentos de malicia. Pero como una persona que ha tenido una gripe de cinco días y comienza a sentirse mejor, queremos darnos una ducha y quitarnos el hedor de nuestro cuerpo lo antes posible.

Las personas tóxicas disfrutan el hedor. Dejan de reconocerlo como hedor. Para ellos, su olor es delicioso. Les gusta. Les encanta. Quieren un poco más.[2]

La toxicidad es un guiso, no una sopa

Al igual que un senderista experimentado quiere saber cómo son la hiedra venenosa y las ortigas para no tocarlas, los siervos de Dios tienen que saber cómo son las personas tóxicas para evitar que les asalten espiritualmente. Si estás intentando discernir si estás tratando con una persona o interacción verdaderamente tóxica, piensa en estas preguntas:

- ¿Tus interacciones con ellos requieren largos periodos para recuperarte?
- ¿Tu relación con ellos destruye tu paz, gozo, fuerza y esperanza?
- ¿Están interfiriendo en tu disponibilidad y participación en otras relaciones sanas?

2. Mis disculpas para Tim McGraw...

- ¿Muestran un espíritu homicida?
- ¿Son controladores? ¿Sientes que te manipulan?
- ¿Sientes que te minimizan?
- ¿Parece cobrar vida la persona cuando muestra ira, rabia, malicia, calumnia, lenguaje soez y mentiras?

Es importante destacar que no *todas* las personas tóxicas son controladoras. No *todas* las personas tóxicas tienen un espíritu homicida. No *todas* las personas tóxicas aman odiar. La toxicidad es un guiso con elementos individuales que se pueden añadir o quitar; no es una sopa donde todo está mezclado junto.

No veas estas descripciones como recuadros que marcar y, si faltan dos o tres, entonces no podemos etiquetar a la persona como tóxica. La conducta tóxica tiene muchos rostros y muchas combinaciones.

Otra cosa que se debe recordar es que aunque algunas personas son tóxicas de pies a cabeza, no todas son tóxicas con todo el mundo de la misma forma. Brad Hambrick señala que «la toxicidad por lo general aparece en las relaciones de gran compromiso y privacidad, como en la casa o el trabajo. Si la toxicidad se esparce a entornos más sociales, hay una decadencia moral extremadamente alta».[6]

Es útil que amigos y consejeros sepan esto porque si un cónyuge o colega del trabajo viene a ti con historias de alguien que se comporta de una forma muy tóxica pero nunca has visto en acción esa toxicidad, la razón puede que sea que nunca te has relacionado con esa persona en un contexto que suscite su conducta tóxica.

Pastores desinformados hieren a muchos miembros de su iglesia cuando responden diciendo: «Jim [o Jane] siempre es muy agradable cada vez que hablamos. ¡Lo que me dices no puede ser cierto!». No aumentes la angustia de la víctima suponiendo inicialmente que está loco o que se inventa las cosas. Solo porque tú y yo no hayamos visto algo no significa que no haya ocurrido.

Algunas personas pueden volverse tan tóxicas que la bondad nos dicta que advirtamos a otros cuando estén siendo presa de ellas. Pero la *humildad* nos llama a darnos cuenta de que lo que es tóxico para nosotros puede no ser tóxico para otros. Si tienes una experiencia tóxica con alguien que te deja frustrado y desanimado, volviendo a pensar en las conversaciones tarde en la noche, viendo que te sube la presión arterial, y (especialmente esto) sintiendo que eso te impide estar presente con personas queridas después de que se ha terminado la interacción tóxica, entonces para ti esa relación no es saludable. Pero soy reticente a aplicar con demasiada rapidez la etiqueta de «tóxico» en un sentido absolutista.

En un sentido, *en verdad me estoy juzgando a mí mismo.* Estoy admitiendo que no puedo interactuar con esta persona de una forma saludable. Quizá el problema es conmigo, o quizá es con ellos. Quizá es con ambos. Pero Dios tendrá que usar a otro para llegar a ellos. Yo no puedo aprender de ellos, y ellos no pueden aprender de mí, así que vayamos por caminos separados. La mayoría no somos consejeros profesionales con la capacidad de diagnosticar la salud mental de otro. Una persona con un doctorado que leyó de antemano este libro se preguntaba cuándo llegaría al diagnóstico de los trastornos mentales, pero eso se sale de mi competencia, al igual que nos ocurre a la mayoría. Hay personas verdaderamente tóxicas sobre las que advertiría a mis personas más queridas que las evitaran. Si me está costando tremendamente relacionarme y no estoy seguro de por qué, pero me parece que es tóxico, ahora estoy más inclinado a retirarme sin intentar hacer un diagnóstico (lo cual no estoy calificado para hacer). Cuando nos damos cuenta del efecto personal que alguien tiene sobre nosotros, eso es realmente lo único que necesitamos saber.

Tú y yo tenemos un pasado único, personalidades únicas y tolerancias particulares. No hay una persona viva en este planeta que pueda alcanzar mejor a todos los demás individuos. Por eso Dios ha creado una iglesia. Solo porque no pueda alcanzar a una persona que es tóxica para mí no significa que Dios no tenga a alguien que pueda alcanzar a esa persona, alguien para quien la personas a la que yo no puedo llegar no sea tóxica. Aunque sería una pérdida de tiempo para mí interactuar con esa persona en concreto, Dios tiene muchos siervos que pueden ser mucho más eficaces y fructíferos pasando tiempo con él o ella sin sufrir daño en su alma.

Por lo que respecta a ti y a mí, admitamos que no podemos llegar a todos, así que invirtamos nuestro tiempo en las personas fiables a las que *podemos* alcanzar. Descubre quién es tóxico *para ti*, considera alejarte y entregarle esa persona a Dios.

Enseñanzas

- Las personas espiritualmente sanas aman y muestran compasión, amabilidad, humildad, gentileza, paciencia y amor. Muchas personas tóxicas aman y muestran ira, rabia malicia, calumnia, lenguaje soez y mentiras.
- Es más fácil que alguien que esté en una posición similar confronte la conducta tóxica de un compañero de trabajo. Permanecer callado perpetúa la victimización de quienes no tienen poder para hablar por sí mismos.
- Las personas tóxicas a menudo carecen de empatía y vergüenza; la conducta normal en estos casos no funciona.
- Las personas tóxicas a menudo están tan enfocadas en lo que odian y a lo que se oponen, que pierden de vista lo que aman y lo que defienden.
- Para seguir en las pisadas de Jesús, tenemos que aprender a interactuar con «leprosos» sin contagiarnos de lepra. Tenemos que estar en guardia contra el «juicio imprudente».
- En vez de amar el odio, se nos invita a amar el amor.
- La conducta tóxica no siempre viene con las mismas características. Una persona puede ser controladora y no ser homicida. Hay diferentes estilos de toxicidad, lo que hace que la toxicidad se parezca más a un guiso que a una sopa.
- La mayoría no estamos calificados para diagnosticar profesionalmente si alguien es tóxico o aplicar otras etiquetas de salud mental. Pero si nuestras interacciones con ellos nos parecen tóxicas, es razón suficiente para alejarnos y dejar que otra persona trabaje con ellos.

CAPÍTULO 6

SIN TIEMPO QUE PERDER

No sé cuánto del siguiente episodio fue dramatizado para un guión de Hollywood, pero en la película *Gettysburg*, al General Lee se le dibuja como alguien furioso con el General J. E. B. Stuart, quien tomó a su caballería y dejó las fuerzas confederadas prácticamente ciegas (sin enviar informes de reconocimiento) durante los primeros días de la famosa batalla de la Guerra Civil en Pennsylvania. Cuando Stuart finalmente regresa, Lee le castiga, informándole forzosamente a Stuart que muchos oficiales creen que Stuart les ha decepcionado.

Stuart demanda saber los nombres de los oficiales.

Lee responde con convicción: «No hay tiempo para eso».

Lee procede a regañar al oficial de caballería por dejarles a todos mal informados sobre las posiciones de la Unión y dice, para explicarse con claridad: «Esto no debe volver a ocurrir nunca».

Stuart se encoge ante las duras palabras de Lee, deja su sombrero y saca su espada, en señal de renuncia. «Ya que he perdido su confianza...».

Lee da un puñetazo sobre la mesa y grita: «¡Le he dicho que no hay tiempo para esto! ¡No hay tiempo!».

Sus ejércitos estaban involucrados en una batalla feroz. Los hombres se morían literalmente. Qué hombres, y cuántos, dependería de las decisiones que estaban tomando, aun mientras hablaban. No había tiempo para preocuparse por las disputas personales o los egos lastimados. Tenían que enfocar toda la energía en la tarea que tenían por delante.

¡No hay tiempo para eso!

Esta sensación de urgencia y enfoque en medio de la guerra física no es diferente a la urgencia y enfoque que el pueblo de Dios está llamado a tener en medio de la guerra espiritual y nuestra misión cristiana general. Jesús, Pablo, Pedro, Santiago, Juan e incluso Judas, todos ellos usaron el mismo lenguaje de urgencia para ayudarnos a entender cuán vital y apremiante es nuestra misión delante de Dios:

JESÚS: «Mientras sea de día, tenemos que llevar a cabo la obra del que me envió. Viene la noche cuando nadie puede trabajar» (Juan 9:4).

PABLO: «Lo que quiero decir, hermanos, es que nos queda poco tiempo [...] porque este mundo, en su forma actual, está por desaparecer» (1 Corintios 7:29, 31).

SANTIAGO: «Así que comete pecado todo el que sabe hacer el bien y no lo hace» (Santiago 4:17).

PEDRO: «¿no deberían vivir ustedes como Dios manda, siguiendo una conducta intachable y esperando ansiosamente la venida del día de Dios?» (2 Pedro 3:11-12).

JUAN: «En esto conocemos lo que es el amor: en que Jesucristo entregó su vida por nosotros. Así también nosotros debemos entregar la vida por nuestros hermanos [...] Queridos hijos, no amemos de palabra ni de labios para afuera, sino con hechos y de verdad.» (1 Juan 3:16, 18).

JUDAS: «y ahora siento la necesidad de hacerlo para rogarles que sigan luchando vigorosamente por la fe encomendada una vez por todas a los santos» (Judas 1:3).

Si estás en Cristo, no solo has sido salvado; has sido reclutado. Has sido llamado a una tarea tremendamente importante, un trabajo urgente, y no hay tiempo que perder.

Un jugador de fútbol no se preocupa de cortar el césped de su casa la mañana de la gran final.

Una novia no falta a su boda por ver una comedia.

Un bombero no se termina su sándwich cuando un edificio empieza a arder.

¿Por qué?

Todos tienen cosas más urgentes que hacer.

Esa es la actitud que debemos tener en el reino de Dios. Lo que *cada* creyente está haciendo es crucialmente importante. Debido a que nuestro mensaje es tan precioso, a que el Espíritu Santo dentro de nosotros es muy poderoso y a que la obra de edificar el reino de Dios es tan necesaria, no tenemos tiempo que perder.

Jesús dijo a sus discípulos: «Como el Padre me envió a mí, así yo los envío a ustedes» (Juan 20:21). El clásico escritor cristiano Andrew Murray escribió: «El Señor Jesús se entregó por entero y sin reservas a terminar su obra; vivió solo para ello... Como con Jesús, lo mismo ocurre con nosotros. La misión de Cristo es *la única razón de nuestra existencia en la tierra...* Cuando creo esto, y como mi Señor en su misión me consagro por completo a ello, sin duda vivo de una forma agradable a Él».[1]

Demasiadas personas piensan que nuestra salvación tiene que ver solo con nosotros: paz personal, certeza, felicidad y seguridad. Una de las grandes necesidades de la iglesia hoy es más obreros. No solo creyentes. No solo personas que asisten a la iglesia. Ni siquiera personas que diezman. Es *obreros*, personas que creen que ser salvo no es esperar llegar al cielo, sino ocuparse en traer la presencia y la autoridad del cielo a esta tierra presente como embajadores de Cristo.

Una obra más importante

En el corazón de las bienaventuranzas, Jesús proclama el camino más seguro hacia una vida plena, una vida sin reproches. Es una vida basada enteramente en algo fuera de nosotros mismos: «Más bien, busquen primeramente el reino de Dios y su justicia, y todas estas cosas les serán añadidas» (Mateo 6:33-34).

El reino de Dios es su gobierno, su reino, la extensión de su presencia en todos los rincones de la vida y la sociedad. Él está otorgando a los creyentes su Espíritu Santo para que sean participantes de este proceso mientras proclaman y trabajan por la justicia, misericordia y verdad de Dios. La fuerza del lenguaje griego habla de una tarea *continua*: «*sigan buscando el reino de Dios*». Ningún cristiano se jubila de esta obra nunca. Ser cristiano es seguir buscando, por encima de cualquier otra cosa, el reino de Dios.

¿Qué significa esto en términos prácticos? Significa que cuando tú y yo nos despertamos, la agenda de Dios es más importante para nosotros que nuestra propia agenda, y no nos atrevemos a dejar de orar hasta que así sea. No fuimos salvados para sentirnos seguros o simplemente para ser liberados de la preocupación por nuestro destino eterno. Esas cosas son ciertas y preciosas, pero en el aquí y ahora, somos salvados para abrazar esta obra del reino: Cristo «murió por todos, para que los que viven ya no vivan para sí, sino para el que murió por ellos y fue resucitado» (2 Corintios 5:15).

Cristo murió por mí y por ti *para que* comencemos a vivir para Él en vez de para nosotros mismos. Tú y yo no somos dueños de nuestro tiempo, nuestros talentos, o nuestro tesoro. Tenemos que expandir todo lo que somos y todo lo que tenemos para participar en la edificación del reino de Dios. Sea cual sea el oficio que Dios haya puesto en ti, sea cual sea tu casa, sea cual sea tu comunidad; ya sea que estés sano o enfermo; seas rico o te cueste llegar a fin de mes; ya sea que estés solo o socialmente desbordado, la vida es más rica cuando le das cada momento de cada día a Dios con la oración: «Déjame recibir tu amor y derramarlo en esas personas para que pueda representarte cada minuto del día».

A la iglesia primitiva no se le definía por sus sermones y cantos; estaba magnificada por su misión, abrazada por cada uno de sus miembros.

Fructíferos

Muchos crecimos con una fe «negativa»: no hagas esto o aquello; no digas esto o aquello; no visites ese lugar ni pienses en eso. En otras palabras, no queremos crear pecado. Pero si nuestro enfoque está en sistemáticamente *no* hacer algo, al final de nuestra vida lo único que hemos hecho es... *nada*. Hemos sido como personas muertas andantes con nada que mostrar en nuestro tiempo en la tierra.

Un cadáver no «peca». Pero ¿un cadáver muestra la gloria de Dios? Jesús define el ser *fructífero* como una parte necesaria de tener *fe*:

> Entonces [Jesús] les contó esta parábola: «Un hombre tenía una higuera plantada en su viñedo, pero, cuando fue a buscar fruto en ella, no encontró nada. Así que le dijo al viñador: "Mira, ya hace tres años que vengo a buscar fruto en esta higuera, y no he encontrado

nada. ¡Córtala! ¿Para qué ha de ocupar terreno?" "Señor —le contestó el viñador—, déjela todavía por un año más, para que yo pueda cavar a su alrededor y echarle abono. Así tal vez en adelante dé fruto; si no, córtela"».

LUCAS 13:6-9

Quizá pienses: «¿Qué tiene que ver todo esto con las personas tóxicas?».

Todo.

Este es el capítulo al que estaba deseando llegar. Me gustaría haberlo podido poner en el capítulo uno, pero mi editor me dijo sabiamente que esperase hasta ahora. Este libro sitúa el trato con las personas tóxicas en una perspectiva espiritual, no psicológica. No se trata de protegerte de las personas tóxicas (aunque eso es algo válido); se trata más de proteger tu misión de los ataques tóxicos.

Si la vida se trata de conseguir una tarea muy particular, entonces «la obediencia» y «hacer lo correcto» deben significar lograr esa tarea en concreto: buscar primero el reino de Dios, llevar fruto en su nombre y, en palabras de Tito 3:14, dedicarse a «hacer buenas obras».

Si envío a un empleado a una gasolinera a llenar el depósito de un automóvil de la empresa y regresa a la oficina diciendo: «Tuve una gran conversación con Skip. Lavé la luna delantera. Recogí algo de basura que había en el estacionamiento. E incluso traje rosquillas para toda la oficina», pero no llenó el depósito de gasolina, ¿realmente ha sido obediente? Puede que haya hecho algunas cosas buenas y nobles, pero esas otras cosas le impidieron hacer lo primero.

Peor aún, si dijera además: «Y tú deberías estar orgulloso de mí porque no le robé a nadie, ni atropellé a nadie, ni critiqué a nadie, ni le mentí a nadie».

Muy bien, *pero ¿llenaste el depósito de gasolina?* Fuiste enviado a eso.

El llamado a buscar *primero* el reino de Dios es el fundamento para cómo podemos responder bíblicamente a las personas tóxicas. Si no eres cristiano, este libro probablemente te estará decepcionando, ya que está enfocado en ayudar al pueblo de Dios a lograr la obra de Dios a la manera de Dios. Desde esta perspectiva, aprender a tratar con las personas tóxicas no es lo primero y más importante en cuanto a proteger nuestro gozo, nuestra paz, nuestra reputación o incluso nuestra cordura (aunque estas son cosas buenas). Se trata principalmente de proteger nuestra *misión*. Somos salvos para ser fructíferos. Hemos sido reclutados para una obra grande y santa. No tenemos tiempo de distraernos con personas inteligentes que drenan toda nuestra energía y esfuerzos en una causa perdida. Volcarnos en personas tóxicas es espiritualmente como intentar lavar la lluvia. Es una pérdida de tiempo que nos impide hacer tareas más fructíferas.

Y tu trabajo en el reino *sí es importante*. Tienes que saber esto, sentir esto, vivir esto, estar legítimamente protegido contra los ataques tóxicos. Quizá no se te reconozca de modo general como un obrero de Dios, pero así como las guerras se ganan mediante los sacrificios secretos de soldados desconocidos, así el reino de Dios se construye sobre las espaldas de siervos fieles y callados.

Cuando mi hijo trabajaba en Boston Consulting Group, aunque era un jovencito de algo más de veinte años, estaba trabajando todos los días con el liderazgo ejecutivo de dos grandes empresas que se estaban fusionando. Cuando nos visitaba en casa, mi esposa necesitaba que fuéramos a comprar algo a una de las tiendas involucradas en la posible fusión. Cuando Graham y yo entrábamos en la tienda, yo pensaba: *Ni el director de esta tienda ni por supuesto ninguno de los dependientes tienen ni idea de la gran influencia que mi hijo puede estar teniendo en su futuro empleo.* Las decisiones en las que él estaba involucrado enseguida tendrían un impacto directo sobre sus vidas cotidianas, pero él trabajaba tras bambalinas y parecía muy joven como para tener esa influencia.

Pero la tenía.

Pensaba en ese escenario cuando me pidieron hablar a un grupo de parejas militares de Fort Bragg, la mayoría de los cuales trabajaban en operaciones especiales. Era un poco inquietante cuando me di cuenta de que cualquiera de esos soldados podrían literalmente matarme solo con sus manos en diez segundos si quisieran. Y el capellán me dijo justo antes de que empezara la conferencia: «No pienses que todas las personas aquí son creyentes. No lo son, pero todos saben que tú sí, así que pensamos en probar y a ver qué pasa».

Si viera a cualquiera de esos soldados comprando en un supermercado, particularmente si vistiera ropas de paisano, no tendría ni idea de lo mucho que les debo. Lo que ellos están dispuestos a hacer y lo que sus familias están dispuestas a soportar y arriesgar para que podamos disfrutar de la libertad está más allá de lo que pudiera imaginar. Como mucho de lo que hacen no se puede publicar ni se publicará, nunca se les agradecerá del todo (sin duda, no lo suficiente a juzgar por el tamaño de su salario). Pero su misión es esencial para el futuro de nuestro gobierno, y por lo tanto para el futuro del bienestar de nuestra nación.

Los siervos del reino de Dios son como mi hijo y los miembros de las fuerzas de operaciones especiales: ellos (tú) ejercen mucha más influencia, poder y autoridad de lo que cualquier persona pudiera reconocer a este lado de la eternidad.

Cuando eres «solo un ayudante», no un oficial elegido, pero juegas un papel clave en detener alguna ley desastrosa o inspiras para que se apruebe una ley sabia...

Cuando le das la oportunidad a un joven que realmente necesita un empleo...

Cuando educas fielmente a tu familia para que ame, honre y sirva a Dios...

Cuando acompañas a alguien que tiene una enfermedad de larga duración...

Cuando ayudas a que alguien dé cuentas de su conducta destructiva, mientras a la vez le enseñas pacientemente a aplicar la gracia y le invitas a la comunidad a fin de hacer retroceder la vergüenza y odio de sí mismo que propulsa tanta mala conducta...

Cuando compartes tu fe y tu razón de creer con alguien que nunca será famoso y quizá nunca se lo cuente a nadie...

... estás avanzando el reino de Dios. Estás añadiendo a la gloria del cielo. Estás escribiendo las historias que se contarán en la eternidad.

Solo Dios conoce lo crucial que puede ser nuestro trabajo «invisible», pero como Jesús deja claro que «los últimos serán primeros, y los primeros, últimos» (Mateo 20:16), podemos esperar algunas grandes sorpresas cuando comparemos quién es más celebrado en la vida después de la muerte.

Oposición activa

Quizá este mundo no *recompense* tu misión delante de Dios; lo más probable es que se *oponga* a ella. Prácticamente toda buena obra finalmente se ve asediada por ataques tóxicos. Cuando más importante sea la obra, más puedes esperar los ataques. Así, para terminar tu obra tienes que aprender a reconocer, desarmar o salir de tales ataques. En otras palabras, tienes que aprender a jugar a la defensiva.

Abraham Lincoln vivió con un persuasivo sentimiento de urgencia al verse ante furiosos ataques personales, uno tras otro. Los escritos personales de Lincoln dejan claro que él creía que su destino delante de Dios era preservar ese experimento relativamente nuevo llamado democracia. Cuando Estados Unidos declaró su independencia, no existía ninguna otra verdadera democracia. Estados Unidos estaba probando algo nuevo, y no era fácil.[1] Lincoln creía que preservar intacta la nación democrática más grande del mundo era algo por lo que valía la pena luchar, y el costo de ese conflicto (cientos de miles de hombres cayeron) fue tal, que él fue calumniado, ridiculizado, desafiado y prácticamente se le ordenó que se detuviera. Así es como respondió: «Si intentara leer, ya no digo responder, todos los ataques hechos contra mí, puede que esta tienda también fuera cerrada por cualquier otra empresa. Hago lo mejor que sé, lo mejor que puedo; y tengo la intención de seguir haciéndolo hasta el final».[2]

Hoy, 123 de 192 países afirman ser democracias (si en verdad lo *son*, por supuesto, es una cuestión a debatir seriamente). Abraham Lincoln recibió un trato feroz de personas tóxicas, pero el legado que dejó atrás, la obra que logró, su habilidad para mostrar que sostener una democracia es posible incluso cuando los ciudadanos discrepan violentamente entre sí, ha moldeado drásticamente la historia del mundo.

Puede que tu misión no sea tan visible. Es posible que no se celebrará (o desafiará) en los libros de historia. Pero a ojos de Dios, no es menos urgente ni valiosa: «Por lo tanto, mis queridos hermanos, manténganse firmes e inconmovibles, progresando siempre en la obra del Señor, conscientes de que su trabajo en el Señor no es en vano» (1 Corintios 15:58).

---

1. Soy plenamente consciente de que Estados Unidos es más una república, y no una verdadera democracia, pero nuestro sistema de gobierno está basado en los mejores principios de la democracia a la vez que intenta salvaguardarse de las peores tendencias de una democracia.

Ataque de personas tóxicas

Como le pasó a Abraham Lincoln, pronto aprenderás que cualquier misión dada por Dios genera oposición, y es ahí donde entran en juego las personas tóxicas. Esta fue una lección que tuve que aprender cuando entré por primera vez en el ministerio público, donde me sorprendió inicialmente la intensidad de los ataques personales. No quiero herir intencionalmente a nadie. Y lo digo en serio. Intento delante de Dios, y por su gracia, vivir en base a Romanos 13:10, que enseña que «el amor *no* perjudica al prójimo» (énfasis añadido). De hecho, no recuerdo la última vez que dañé a alguien intencionalmente, ni verbalmente ni de otra manera.

Conociendo mis intenciones delante de Dios, fue un poco impactante cuando personas comenzaron a atacarme. Tengo un enfoque bastante conservador de las Escrituras. Tiendo a pensar que el significado más claro, especialmente el que la iglesia ha tenido a lo largo de casi toda su historia, es el que deberíamos aceptar y al que deberíamos aspirar, lo cual entiendo que se puede considerar «malo» si las Escrituras parecen cuestionar algo que alguien quiere hacer.

Sin embargo, además de esto estaba la mala representación aparentemente deliberada. He tenido que llegar a aceptar el hecho de que la gente ha mentido y mentirá acerca de mí; sacarán unas cuantas frases de contexto, torcerán algunos versículos y harán parecer que creo algo que no creo porque necesitan algo con lo que estar furiosos y a lo que oponerse. Y lo escribirán todo en una revisión de Amazon o en un blog.

Me ha tomado demasiado tiempo aprender que muchas veces lo mejor es simplemente no responder.[2] Esto es lo que he aceptado respecto a la misión: mi primera meta en la vida no es *defenderme*. Lo que alguien crea de mí no impactará su futuro destino espiritual. Por cada minuto que alguien miente acerca de mí, quiero pasar una hora diciéndoles a otros la verdad de Jesucristo. No quiero distraerme ni siquiera para defenderme a mí.

¿Por qué?

El reino de Dios es más importante que el mío. Infinitamente más importante. *No hay tiempo* para preocupaciones menores. Jesús urgió a sus

2. Uno podría hacer una excepción, por supuesto, si un cónyuge tiene que defender su reputación durante la disputa de una custodia, o algo similar.

discípulos: «Mientras sea de día, tenemos que llevar a cabo la obra del que me envió» (Juan 9:4).

Sin este sentimiento de misión, podría malgastar mucho tiempo y energías (algo que he hecho a veces en el pasado). Entender el brillo y la profundidad de Mateo 6:33, buscar primero el reino de Dios, no mi reino, reputación o consuelo, me mantiene en rumbo hacia la vida que más importa.

Espero que este libro te libere de entrar en «argumentos fantasiosos» con personas tóxicas en tu cabeza o «luchas de Facebook» en línea. Armado con un agudo sentido de la misión, te darás cuenta de que a veces (aunque no siempre) defender tu reputación es una pérdida de tiempo cuando podrías estar enfocando tu energía en proclamar la gloria de Dios.

Una última advertencia

La razón por la que este libro está anclado en hablar sobre la misión es algo deliberado y crucial. De lo contrario, el mismo se podría malinterpretar y usar para objetivos destructivos. Nuestra misión *no* es buscar y vencer a personas tóxicas. En muchos casos, a menos que tengamos una autoridad vocacional sobre ellos, nuestra tarea es ignorarlos para no distraernos de nuestra misión de amar a otros. La *misión* es nuestro enfoque; las personas tóxicas son solamente la *distracción* que tenemos que evitar.

El aclamado novelista y filósofo Aldous Huxley advierte: «Los que se involucran en una cruzada no *a favor* del Dios que hay en ellos mismos, sino *contra el diablo* que hay en otros, nunca tendrán éxito en mejorar el mundo, sino que lo dejarán como estaba, o a veces incluso perceptiblemente peor de lo que estaba antes de que comenzara la cruzada. Pensando principalmente en el mal tendemos, por muy buenas que sean nuestras intenciones, a crear ocasiones para que el mal mismo se manifieste... Estar más *contra* el diablo que *a favor* de Dios es muy peligroso. Cada cruzado es apto para volverse loco. Está cauterizado por la maldad que atribuye a sus enemigos; se convierte en cierta manera en una parte de él mismo».[3]

Los cristianos están llamados a amar generosamente e incluso sacrificialmente, y eso incluye amar a algunas personas muy difíciles. Si crees que tu trabajo es detectar y confrontar a personas tóxicas por el hecho de detener a las personas tóxicas, te perderás por completo el punto de este libro. Un subtítulo que tenía pensado para este libro (después se cambió por el actual) era «escoger servir a Dios por encima de la sumisión a las personas tóxicas». El servicio es primero; todo lo demás fluye de eso. Si estoy conduciendo por la autopista deseoso de llegar a algún sitio, no voy a detenerme cuando vea basura en la cuneta. Sin embargo, si algo está bloqueando la carretera tengo que detener el automóvil, salir y quitarlo de en medio para llegar donde tengo que ir.

Esta debería ser tu actitud con las personas tóxicas. Déjalas en manos de Dios cuando puedas. Confróntalas y quítalas de en medio cuando debas. Pero siempre mantén tu enfoque en buscar primero el reino de Dios.

Enseñanzas

- Jesús y sus primeros seguidores hablan de una *urgencia* necesaria a la hora de llevar a cabo la obra de Dios.
- Una de las mayores necesidades de la iglesia hoy es más obreros que acepten el llamado de Dios a seguir buscando primero el reino de Dios.
- Buscar primero el reino de Dios significa que su agenda llega a ser más importante que la nuestra; ofrecemos todo lo que tenemos y somos a su servicio, al margen de nuestra vocación o etapa en la vida.
- Jesús define el dar fruto como una parte necesaria de la fidelidad. Más que enfocarnos en evitar el pecado, estamos llamados a aceptar con anhelo las buenas obras.
- Aprender a tratar con las personas tóxicas, para los propósitos de este libro, tiene que ver más con preservar nuestra misión que con defendernos.
- Los que tienen el ministerio «más callado» de la tierra puede que sean los más ruidosamente celebrados en el cielo.
- Seremos atacados al servir a Dios, pero tenemos que evitar distraernos. En la mayoría de los casos, nuestro trabajo no es defendernos; es enfocarnos en cumplir la agenda de Dios.
- No necesitamos descubrir a las personas tóxicas; ellas mismas se revelarán. Edifica tu vida sobre la obra positiva de buscar primero el reino de Dios, no en la obra negativa de exponer y derribar a las personas tóxicas.

CAPÍTULO 7

PERSONAS DE CONFIANZA

Mi esposa y yo siempre estaremos agradecidos con un maravilloso ministerio universitario de la Universidad de Western Washington en Bellingham (Washington), llamado Campus Christian Fellowship. El pastor de nuestro campus, Brady Boobink, no dejaba que ningún estudiante se graduara sin saberse 2 Timoteo 2:2 de memoria: «Lo que me has oído decir en presencia de muchos testigos, encomiéndalo a creyentes dignos de confianza, que a su vez estén capacitados para enseñar a otros».

Hablábamos a menudo sobre «llenar el mundo de 2 Timoteo 2:2». Brady enfocó nuestro ministerio en el evangelismo y el discipulado con un enfoque intencional en encontrar personas de confianza, calificadas para enseñar a otras, en las que poder invertir nuestra vida.

A los dieciocho años de edad yo no estaba seguro de tener tanto para invertir en otros, pero Brady usó la teología del reino para hacer que la misión sonara atractiva: no te preocupes por lo que aún no tienes. Sencillamente entrega lo que Dios te ha dado.

Nunca he dejado de buscar esas personas de confianza.

Poco después de llegar a Houston en 2010, recibí un mensaje de un estudiante de secundaria que estaba escribiendo una apología de la fe cristiana. Era un esfuerzo bastante ambicioso, pero este chico lo hizo muy bien. Ese joven y yo caminamos el resto de los años de instituto, sus años de universidad, otros estudios en Inglaterra y su regreso final a Houston, donde está comenzando una empresa.

Lisa sabe que cuando su nombre aparece en mi teléfono, a menos que esté haciendo algo muy urgente, respondo. Estoy al lado de este joven porque creo que es de confianza y está calificado para enseñar a otros.

Una pareja casada nos invitó a Lisa y a mí a almorzar en medio de una conferencia para matrimonios en la que yo estaba hablando. Viven en Dallas y el esposo, Mark, viaja a Houston una o dos veces al mes por negocios. Me pidió si querría ser su mentor cuando estuviera en la ciudad, pero con todo lo que estaba pasando en Second Baptist y mis libros y charlas fuera, no podía decir que sí. Sin embargo, accedí a verme con él para correr una vez al mes. No lo conocía muy bien, y una relación de mentoría es algo serio con lo que aún no estaba dispuesto a comprometerme.

Mientras corríamos, él compartió su visión para animar a los hombres en un área en particular. Hablamos informalmente sobre lo que él necesitaría para empezar antes de lanzar su ministerio. Y unos dos años después, él mencionó el consejo que había recibido de un antiguo Navy Seal de que necesitaba establecer una «formación de diamante» antes de ir a la batalla.

Para ese entonces, yo estaba dispuesto a ser parte de su «formación de diamante». Este es un hombre de confianza que creo que Dios puede usar y que usará. Es una inversión que vale la pena. Nos reunimos durante un par de años como amigos, y aún sigo considerándolo primero un amigo, pero ahora, tras haber visto que es digno de confianza, estoy dispuesto a hacer la obra espiritual de ser también parte de la supervisión de su ministerio.

Jesús escogió a sus discípulos, y nosotros deberíamos escoger a los nuestros. Como pastor, paso mucho tiempo con personas que están heridas y necesitan ayuda para resolver algún problema particular o entender cómo aplicar un sermón o versículo. Pero si estoy dedicando tiempo extra y pensamientos extra a alguien fuera de una amistad normal, es porque creo que estamos en una situación del tipo 2 Timoteo 2:2.

Deberíamos estar buscando personas en las que invertir. Si ya estoy viviendo con una agenda llena porque hay personas de confianza y trabajo relacionado con el reino que llenan mi calendario, es mucho más fácil decir no a alguien que solo quiere acaparar el tiempo y la atención de una manera tóxica. Si nuestra agenda ya está llena haciendo cosas buenas, no nos sentiremos tan culpables de decir no a encuentros menos productivos.

Esta prioridad de emplear nuestros mejores esfuerzos en personas de confianza es un llamado bíblico, no una preferencia personal. Por supuesto, como seguidores de Dios ya estamos abiertos, veinticuatro horas al día, a citas divinas para mostrar amor. El buen samaritano no comprobó si el viajero golpeado era de confianza. *Queremos ser generosos con todos, pero enfocarnos en unos pocos*, como hizo Jesús. Él sanó y sirvió, y después a menudo envió a los beneficiarios a casa.

Antes de que luches con cómo manejar a personas tóxicas, permíteme preguntarte en cuántas personas de confianza estás invirtiendo. No estoy intentando sacar a nadie de una relación difícil; mi primer enfoque es que las personas tengan relaciones sanas de discipulado. La razón por la que he aprendido a evitar a personas tóxicas y limitar mi tiempo con ellas no es porque no quiera que me molesten. Como cristiano, vivo para que me «molesten» en el sentido de que estoy llamado a amar a Dios en parte *amando a otros*. ¡Mi tiempo no es mío! Las necesidades de otras personas son antes que las mías.

No. Limito mi tiempo con personas tóxicas porque estoy dedicado al crecimiento de la iglesia de Dios, y hacer eso me exige estar buscando personas de confianza que están preparadas para enseñar a otros, y después responder siendo generoso con mi tiempo al invertir en su bienestar espiritual.

¿Puedo personalizar esto? Una de mis hijas ha estado en varias iglesias debido a sus mudanzas por el país. Una de las cosas más dolorosas para ella ha sido que pastores varones (como yo) a menudo reclutan a hombres más jóvenes, mientras que a las mujeres profesionales más jóvenes se les trata como si ni siquiera existieran (o simplemente se les pide que sean voluntarias en la guardería). Si eres una mujer mayor (aunque solo tengas unos treinta años eres mayor que una mujer de unos veinte años), sería muy valioso que tomaras a otra mujer bajo tus alas e invirtieras en ella.

Si tienes una profesión concreta, encuentra otras mujeres jóvenes que valoren la oportunidad de pasar tiempo con una mujer en su campo. Si estás en el ámbito académico, si te casaste muy joven y estás criando hijos sin un empleo fuera de casa, si eres soltera y lo estás «logrando» en el mundo de los negocios, encuentra mujeres más jóvenes en un camino similar y trata de alcanzarlas.

Sin embargo, no es que tengan que estar en el mismo camino vocacional que tú. Varios hombres con los que trabajo no entrarán al ministerio, pero aman a Dios. Quieren saber cómo orar. Quieren más del entendimiento de Dios. No estoy sugiriendo que tengamos que invertir solo en personas que estén haciendo (o pensando hacer) exactamente lo mismo que nosotros, pero busca a alguien en un viaje similar hacia Dios y acércate a esa persona. Ponte a su disposición.

El enfoque del que estamos hablando aquí no se trata de trabajar *menos*; se traba de trabajar de forma más *eficiente* y más *estratégica*.

John Climacus, que en el siglo XVII escribió lo que se convirtió en el manual de vida monástica más extendido y usado en la iglesia oriental, aúna muy bien todo lo que hemos estado diciendo: «En cualquier conflicto con incrédulos o herejes, deberíamos detenernos después de haberlos reprendido dos veces (cf. Tito 3:10). Pero cuando tratamos con los que están deseosos de aprender la verdad, nunca deberíamos cansarnos de hacer lo correcto (cf. Gálatas 6:9). Y deberíamos usar ambas situaciones para probar nuestra propia constancia».[1]

Tenemos que aprender a decir no a las personas tóxicas para poder dar un sí sentido a las personas de confianza.

Las personas de confianza de Jesús

Pablo puso en palabras la práctica de llenar el mundo con 2 Timoteo 2:2, pero Jesús puso el ejemplo. Jesús dejó que el joven rico se alejara de Él y en vez de perseguirlo, se dio la vuelta para ir con las personas de confianza, los discípulos, para explicar lo que había ocurrido.

Un ejemplo aún más impactante se produce durante la última cena. Antes de que Judas saliera para traicionar a Jesús, nuestro Señor podría haber hablado y sus once discípulos fieles hubieran tirado al suelo a Judas para impedir que se fuera. Pero en su lugar, Jesús prácticamente despide a Judas: «Lo que vas a hacer, hazlo pronto» (Juan 13:27).

Observemos lo que ocurre después. En cuanto Judas se fue, Jesús lanza algunas de las palabras más preciosas y poderosas de las Escrituras. Habla sobre cómo el Hijo del Hombre sería glorificado, les dice que se va (con lo que ellos serán capaces de saber lo que ocurrió después del hecho) y después lanza ese hermoso pasaje sobre el amor: «Este mandamiento nuevo les doy: que se amen los unos a los otros. Así como yo los he amado, también ustedes deben amarse los unos a los otros. De este modo todos sabrán que son mis discípulos, si se aman los unos a los otros» (Juan 13:34-35).

Después consuela a sus discípulos porque sabe que pronto se verán llenos de dolor, asegurándoles que aunque no puedan seguir inmediatamente, al final seguirán. Les dice que no dejen que sus corazones se carguen, les da ideas reveladoras de que Él es «el camino, la verdad y la vida»

(Juan 14:6), les dice con términos faltos de duda que Él no es solo un profeta, sino Dios encarnado («El que me ha visto a mí ha visto al Padre», Juan 14:9) y después habla sobre enviar al Espíritu Santo, seguido del secreto de ser fructífero (la vid y los pámpanos), *y mucho más*.

Despedir a una persona tóxica fue como abrir las compuertas para tener quizá el tiempo más poderoso de enseñanza que este mundo haya visto jamás. Estos capítulos rivalizan con las Bienaventuranzas en su poder, majestad y verdad.

Jesús deja que una persona tóxica se vaya a hacer su trabajo, se dirige a sus hombres de confianza, y los llena de verdad. Casi pareciera como si no se pudiera esperar a que la persona tóxica se fuera para poder invertir de forma tan poderosa y pesada en las mentes y corazones de las personas de confianza que quedaron.

Resistencia de confianza

Rosaria Butterfield enseñaba inglés y estudios femeninos en la Universidad de Siracusa en la década de 1990. Su principal campo académico era la teoría crítica, y estaba especializada en la teoría queer. Rosaria también aconsejaba a un grupo de estudiantes LGBT, redactó la política de la Universidad de Siracusa para las parejas del mismo sexo y presionaba activamente para lanzar los objetivos LGBT junto a su pareja lesbiana.[2]

Comenzó a investigar el derecho religioso en 1997 y «su política de odio contra las personas como yo». Después de escribir un artículo atacando a Promise Keepers, un ministerio enfocado en edificar a los hombres, recibió una respuesta de Ken Smith, un pastor local. Ken no discutió ni atacó a Rosaria por su artículo; tan solo le pidió «explorar y defender las presuposiciones que lo afianzaban».[3]

Debido a la curiosidad y con el único objetivo de investigar como cualquier otra cosa, Rosaria aceptó la invitación de Ken a cenar en su casa, «aun consciente de mi corte de cabello varonil y las pegatinas gay y proelección que llevaba en mi automóvil».[4] La hospitalidad de Ken y su esposa (no encendieron el aire acondicionado y sirvieron una cena vegetariana, dos asuntos que le importaban mucho a Rosaria) se convirtió en un umbral a través del cual Rosaria pudo cruzar para comenzar su camino de dos años hasta Jesús.

La humilde oración de Ken antes de cenar desarmó a Rosaria, pero después de la oración, ella inmediatamente levantó de nuevo sus defensas. «Recuerdo mantener la respiración y esperar a que me golpearan el estómago con algo sumamente ofensivo. En ese entonces creía que Dios estaba muerto y que si alguna vez estuvo vivo, el hecho de la pobreza, la violencia, el racismo, el sexismo, la homofobia y la guerra eran prueba de que no le importaba en absoluto su creación. Creía que la religión era, como escribió Marx, el opio de las masas, una construcción social imperialista hecha para paliar la angustia existencial de los discapacitados intelectuales. Pero el Dios de Ken parecía vivo, tridimensional y sabio, aunque firme. Y Ken y Floy no eran en modo alguno intelectualmente discapacitados».[5]

Los Smith siguieron invitando a Rosaria a comidas y conversaciones privadas, muchas de ellas en casa de Rosaria, y esperaron dos años hasta poder invitarle a la iglesia. Rosaria dice que si hubieran apresurado la invitación a la iglesia, «habría salido corriendo como un patinete por un precipicio, y nunca habría regresado».[6]

La piadosa hospitalidad de los Smith establece la base del tercer libro de Rosaria, *The Gospel Comes with a House Key: Practicing Radically Ordinary Hospitality in Our Post-Christian World*.[7] Rosaria no solo se convirtió en creyente, sino que también se ha convertido en una voz única en la comunidad cristiana como escritora, oradora, e invitada en varios programas.

Su historia es un claro recordatorio de que la resistencia inicial no es necesariamente «tóxica».

Observemos que Jesús no siempre se alejó al ver el primer síntoma de resistencia. Él averiguaba *por qué* una persona se estaba resistiendo y respondía en consonancia. Si la razón no era tóxica, Jesús a menudo se acercaba *hacia* alguien en vez de alejarse.

Por ejemplo, después de hacer Jesús un milagro con los peces, Simón Pedro «cayó de rodillas delante de Jesús y le dijo: ¡Apártate de mí, Señor; soy un pecador!» (Lucas 5:8).

La resistencia de Pedro estaba basada en el temor y la vergüenza. Lejos de alejarse, Jesús fue hacia este hombre de confianza, calificado para enseñar a otros, diciendo: «No temas; desde ahora serás pescador de hombres... Así que llevaron las barcas a tierra y, dejándolo todo, siguieron a Jesús» (Lucas 5:10-11).

Notemos que fueron *ellos* los que arrastraron las barcas y siguieron a Jesús. Siguiendo el ejemplo de Pedro, Santiago y Juan también «lo dejaron todo y le siguieron». Al alcanzar a Pedro, Jesús alcanzó a muchos otros.

Debido a su trasfondo, Rosaria Butterfield ha tenido una entrada muy particular en la vida de muchos otros que podrían ver la iglesia como una amenaza en vez de un rayo de esperanza. El enfoque sabio y paciente de Ken demostró ser una inversión en el reino tremendamente valiosa. Qué triste sería si pensáramos que la resistencia inicial de alguien significa que tal persona no es «de confianza» o que no está «calificada para enseñar a otros».

¿Cómo sabía Ken que Rosaria no era tóxica y valía la pena invertir en ella? Las personas podrían esperar que las conversaciones iniciales entre Ken y Rosaria fueran acaloradas, pero ambos niegan que fuera así. Ken destaca que «Rosaria y yo pudimos distinguir entre la aceptación y la aprobación». Rosaria ciertamente atacaba a la «mayoría moral», pero no se tomaba eso como algo personal, sino que respondía: «Sí, pero ¿quién es *Jesús*?».

Rosaria recuerda: «Ken realmente nunca mordió mi anzuelo, y yo no soy buena debatiendo... Siempre tuvimos buenas conversaciones».[8]

Lo que distinguía a Rosaria en ese momento de las personas que se resisten de manera tóxica de las que hemos estado hablando era una apertura a hablar. Ken admite abiertamente que su verdadera meta al acercarse a Rosaria era conseguir llegar a sus estudiantes. Él quería una oportunidad de que los jóvenes en Siracusa escucharan una defensa razonada de la fe cristiana. Rosaria no iba a permitir *eso*. En su lugar, le pidió a Ken si él podía tomar a «una de sus estudiantes» y darle una explicación completa de por qué «este libro [la Biblia] es verdad».

Si alguien te da una puerta que se abre del todo, no camines; ¡*corre* hacia ellos! Al alcanzar a Rosaria, Ken ha alcanzado a cientos de miles que han sido tocados por su fe, sabiduría e ideas.

Si estás trabajando con alguien que parece discrepar con todo lo que tú crees que es cierto pero no quiere oír por qué crees lo que crees, y las conversaciones son productivas (lo cual significa que tú has escuchado he intentado entender su postura también), estás haciendo exactamente lo que te llaman a hacer en 2 Timoteo 2:2 y Mateo 6:33. *La discrepancia no es tóxica*. La toxicidad habla del estado del corazón y la mente de una persona.

Rosaria era un poco hostil, ciertamente, pero la hostilidad por sí sola no aumenta hasta el nivel de una personalidad controladora y homicida que le encanta odiar, que no escucha y que solo quiere derribarte.

Si verdaderamente queremos caminar tras los pasos de Jesús, todos tenemos que estar dispuestos a *alejarnos* de encuentros tóxicos para poder *acercarnos* a personas de confianza.

Enseñanzas

- La vida cristiana obediente es una vida que busca encontrar personas de confianza en las que podamos invertir todo lo que Dios nos ha dado.
- Aprender a jugar a la defensiva y desconectarnos de personas tóxicas no tiene que ver con ahorrar tiempo para nuestro propio placer. Más bien, se trata de trabajar de forma más eficiente y estratégica a medida que buscamos primero el reino de Dios.
- Jesús modela la práctica de dejar que una persona tóxica se aleje y después invertir su tiempo enseñando a personas de confianza (en lugar de ir detrás de la persona tóxica).
- La amistad de Ken y Rosaria nos enseña que la resistencia y la discrepancia no son sinónimos de toxicidad. Mientras la relación sea productiva y no debilitante, de eso se trata el ministerio.
- Jesús discernía *por qué* una persona se resistía antes de decidir alejarse.

CAPÍTULO 8

CERDOS Y PERLAS

Siempre que predico sobre la mansedumbre, sé que suscitaré la ira de al menos una persona ferviente que estará inquieta durante el sermón, esperando para levantarse de su silla en cuanto termine la reunión para preguntarme: «¿Qué hay del caso en el que Jesús volcó las mesas de los cambistas en el templo?».

La Biblia es bastante explícita sobre el hecho de que Jesús estuvo marcado por la mansedumbre. El Antiguo Testamento profetizó que el Mesías sería humilde (Zacarías 9:9; Mateo 21:5). Jesús usó solamente dos virtudes para describirse, y una era la humildad (Mateo 11:29). Y cuando la iglesia primitiva, los que fueron testigos de la vida y ministerio de Jesús de primera mano, recordaban a Jesús, recordaban su humildad (2 Corintios 10:1). Dado que estaba profetizado que Jesús sería humilde, que Jesús se describió a sí mismo como manso, y que la iglesia primitiva lo recordaba como humilde, creo que se puede dar un sermón bastante convincente que nos anime a buscar nosotros también la mansedumbre.

Pero ¿qué de la escena de los cambistas?

La limpieza del templo es en verdad la escena que nos *confirma* la mansedumbre de Jesús en este sentido: la razón por la que este incidente toca nuestras células sensibles es porque fue muy diferente al modo normal de actuar de Jesús. Cuando una mamá o papá grita todo el tiempo, un niño aprende a desconectar de ese padre. Cuando un padre normalmente tranquilo levanta su voz, los oídos se ponen atentos. Notemos que este es uno de los pocos hechos de Jesús narrados *en los cuatro Evangelios*.[1] Había algo que lo hizo particularmente memorable para cualquiera que quisiera contar la historia de Jesús.

1. Mateo 21:12-13; Marcos 11:15-17; Lucas 19:45-46; Juan 2:13-22.

Virtudes como la mansedumbre no son siempre absolutas. Proverbios 26:4-5 contiene quizá el ejemplo más famoso de esto.

> No respondas al necio según su necedad,
> o tú mismo pasarás por necio.
> Respóndele al necio como se merece,
> para que no se tenga por sabio.

¿Qué es esto?

La aplicación de la sabiduría es parecido a la conducción a la defensiva. A veces tienes que usar los frenos para evitar un accidente; otras veces (mucho menos frecuente) es mejor pisar el pedal del acelerador, acelerar y alejarse del peligro. Jesús la mayoría de las veces era manso, lo cual es algo que a las personas contundentes les cuesta admitir. Jesús a veces fue estratégicamente controvertido, lo cual las personas tímidas tienden a ignorar.

Jesús se alejó de muchas personas tóxicas que querían hacerle daño. No se alejó de la cruz.

Lo que sucede es que nosotros por lo general hacemos de nuestra *disposición* una virtud en lugar de hacerlo de nuestra *obligación*. Si tienes solamente una jugada, la mansedumbre, se convertirá en un problema cuando el ataque del otro equipo te exija usar una estrategia diferente. Cuando tratamos con personas tóxicas, no siempre te puedes dar el lujo de hacer lo que te salga naturalmente.

Si eres como yo, que prefiere ser amable la mayoría de las veces, este puede ser un capítulo doloroso para ti. Yo preferiría escribir un libro sobre cómo debemos amar a todos de forma extravagante, sacrificial y entusiasta, y admitiré que debería haber cientos de libros sobre amar así a las personas por cada libro que haya parecido a este. Pero este tipo de libros no se escribe muy a menudo, lo cual permite que las personas tóxicas acechen a creyentes que no se lo esperan desde las sombras.

Jesús tuvo mucho cuidado de no permitir que esto sucediera. En sus propias palabras, expuso a las personas tóxicas y lo que estaban haciendo. Si crees que siempre está mal dar a alguien por perdido, aunque sea temporalmente, e incluso cuando te están destruyendo a ti y a tu familia, ¿qué vas a hacer con el hecho de que Jesús explícitamente nos advierte sobre jugar a la defensiva contra los «perros» y los «cerdos»?

Perros

Uno de los dichos más notorios de Jesús (en la mente de algunos) tiene que ver con el tipo de personas que estamos etiquetando como tóxicas. Y Jesús nos advierte que es mejor que aprendamos a jugar un poco a la defensiva cuando nos crucemos con tales personas: «No den lo sagrado a los perros, no sea que se vuelvan contra ustedes y los despedacen; ni echen sus perlas a los cerdos, no sea que las pisoteen» (Mateo 7:6).

Cuando Jesús dice a sus discípulos que no den lo sagrado a los perros, *no* se está refiriendo a Fifí o a Spot, la mascota de la familia. Los egipcios favorecían a los perros y poseían algunos de los más impresionantes, pero Jesús estaba hablando a los judíos, que definitivamente *no* tenían perros como mascotas. Los perros en el ámbito judío eran chuchos inmundos que merodeaban por los vertederos de la ciudad. Eran animales malos, salvajes, malolientes y sucios. Olvídate de Lassy, y piensa en un chucho depredador y salvaje con mal aliento, los dientes amarillos y heridas abiertas.

Jesús dijo que hay personas así, y no deberíamos dar a tales personas algo sagrado porque no lo van a apreciar.

Hay un claro contraste entre la vileza de los perros y la santidad del alimento. No es solo comida orgánica e integral, sino kosher, comida consagrada. Esta comida no es fácil de encontrar, preparar o almacenar, así que un judío nunca daría de comer kosher a un chucho que está acostumbrado a comer cosas asquerosas todo el tiempo; ¿por qué desperdiciar kosher con ellos?

Mi esposa alimentaba a nuestro Golden Retriever, Amber (probablemente el perro más dulce que haya vivido jamás) con comida «sagrada». Solíamos ir a una tienda de mascotas especial que vendía comida orgánica casera para mascotas. Yo no cuestionaba el costo porque Lisa decía: «La salud de Amber es importante para mí».

Por eso no podía evitar reírme cuando dábamos un paseo como familia y Amber empezaba a correr. Cuando la alcanzábamos, ella estaba mordisqueando un resto de perrito caliente que había encontrado por el camino.

Lisa le gritaba: «*Te alimento con comida casera integral ¿y ahora tú te comes un PERRITO CALIENTE de pan blanco?*».

Puede que Amber fuera una mascota muy dulce, pero también era, cuando lo piensas, una bestia ignorante. No entendía la necesidad de controlar su dieta. Para ella, un perrito caliente con un millón de conservantes en un pan blanco era comida tan celestial como el alimento orgánico, integral y casero.

Jesús les dice a sus seguidores que algunas personas espiritualmente no son más exigentes de lo que Amber era físicamente cuando se trataba del alimento. Puedes darles lo mejor, pero no lo apreciarán. Lo malgastarán. Rechazarán la mejor verdad, la más pura y la más convincente, *así que no malgastes mucho tu tiempo con ellos*. Aprende a jugar un poco a la defensiva.

Un cerdo y perlas

Cuando Jesús habló sobre las perlas, la mayoría de las personas hoy probablemente pensemos en un collar de perlas. En el tiempo de Jesús, un collar de perlas era algo extremadamente raro. Las perlas eran algo que se salía del presupuesto de cualquiera si no era una persona rica, y un *collar* de perlas sería algo reservado solo para la realeza. Las perlas eran muy difíciles de encontrar, y no se habían inventado aún las perlas sintéticas. Eso explica por qué Jesús habló sobre un hombre que vendió todo lo que tenía para conseguir una *sola* perla. Eran tan valiosas, que incluso una podría valer todas las posesiones de alguien.

Pero ¿qué sucede cuando le das algo de ese valor a un cerdo? La bestia intenta comérselo. La dura perla no se romperá cuando la mastique, nunca, así que la escupirá y cargará contra ti enojado. Pensará que le estás gastando una broma. Preferiría bazofia de cerdo, algo que podrías comprar en cantidad para toda una vida con el valor de la perla que acaba de escupir, que el tesoro que le diste.

Un cerdo es completamente incapaz de apreciar el valor de una perla.

Eso no significa que la perla no sea valiosa; tan solo significa que el cerdo es estúpido. Y tú estás malgastando tu tiempo dando un regalo valioso a una persona tóxica.

Sé que esto suena duro, pero quédate conmigo, porque he descubierto que esta frase que dijo Jesús es una prueba de Rorschach muy efectiva. Si vives con un alto sentimiento de misión (basado en Mateo 6:33 y 2 Timoteo 2:2), esta frase es oro; es sabiduría divina y útil, y tiene todo el sentido.

Si vives para ti mismo, la frase de Jesús te suena malvada, cruel e insensible.

Es sabia por esto: Jesús básicamente está diciendo que una persona espiritualmente muerta es tan insensible a la gloria de la verdad de Dios como lo es un cerdo al valor de una perla. Como viven por los instintos más básicos, no pueden tan siquiera reconocer el valor de la verdad de Dios. Quieren algo más básico. Viven espiritualmente en un nivel más primitivo. Piensan para sí: *¿De qué sirve el evangelio? No me lo puedo beber. No me lo puedo fumar. No puedo tener sexo con él. No me lo puedo gastar. No me hace reír, y no puedo convertirme en el centro de ello. ¡Puaj!*

Eso suena desagradable si se dice como un juicio, pero Jesús está diciendo a sus seguidores que tienen que hacer dicha evaluación no para sentirse superiores (eso sería un pecado) o para mirar por encima del hombro a los demás (lo cual también sería un pecado), sino para saber si están empleando e invirtiendo bien su tiempo *porque su misión es muy urgente*.

Como Jesús termina el Evangelio de Mateo con un llamado a predicar por todo el mundo, podemos discernir que no está diciendo que no deberíamos compartir el evangelio con los incrédulos, sino más bien que *deberíamos estar preparados para alejarnos* de los zelotes contrarios a Cristo que violentamente odian a Dios y se oponen activamente a Él. Si están en un estado tóxico, ni siquiera les salvará la verdad más clara y mejor.

Cuando el destino eterno de las personas está en juego, no tenemos tiempo para los detalles sentimentales. Jesús parece estar diciendo que es completamente posible volverse tan anti Dios, cerrarse tanto a la verdad, ser tan rebelde en tu corazón y en tu mente, que te conviertes en un «perro» espiritual o en un «cerdo» espiritual. Como escribe el apóstol Pablo: «El que no tiene el Espíritu no acepta lo que procede del Espíritu de Dios, pues para él es locura. No puede entenderlo, porque hay que discernirlo espiritualmente» (1 Corintios 2:14).

Cuando esta es la condición del corazón de una persona, solo un acto directo de Dios puede derretir esa alma, no tú. Tu mejor argumento no funcionará. Ser amable con ellos y servirles no funcionará. Disculparte por cada cristiano que haya pecado alguna vez contra ellos no funcionará. Desvincularte de cada pastor que haya dicho alguna vez algo que les ofendiera no funcionará. ¿Por qué? Porque tienen un corazón tóxico que quiere atacar y herir, no una mente que quiere aprender. Si te involucras con ellos, no cambiarán, *pero tú serás atacado*. Jesús quiere que juegues a la defensiva en tales situaciones.

Básicamente, Jesús está actuando en base a Proverbios 9:7-8, que nos advierte: «El que corrige al burlón se gana que lo insulten; el que reprende al malvado se gana su desprecio. No reprendas al insolente, no sea que acabe por odiarte; reprende al sabio, y te amará». Esta es la manera de Proverbios de decir: «No malgastes tu tiempo con los cerdos o los perros; mejor, encuentra personas sabias y de confianza e invierte en ellas».

No es culpa del fruto

Puedes tener la semilla más fértil que haya conocido la humanidad, volcarla en la autopista desde Florida a California, y no sucederá nada. No es que le pase nada a la semilla; el problema está en la superficie, que no la recibirá.

Si no tenemos cuidado, sin darnos cuenta podemos, aunque con buenas intenciones, degradar el evangelio pareciendo desesperados, como si nuestra propia fe estuviera validada solamente si la persona con la que estamos hablando finalmente está de acuerdo con nosotros. Que alguien esté de acuerdo con el mensaje de fe de Jesús no hace que sea más cierto, y su rechazo no hace que sea menos cierto. Es verdad por sí mismo. El que escucha la palabra es el que está siendo probado. La palabra en sí nunca está sometida a juicio. Nuestra fe no queda validada cuando podemos persuadir a otros para que estén de acuerdo con nosotros; nuestra fe está validada porque es cierta. Nuestra fe está validada por la resurrección.

El evangelismo no es simplemente una persuasión intelectual; requiere la convicción sobrenatural del Espíritu Santo para que sea eficaz. Si eso no está presente, estamos malgastando nuestro tiempo. El evangelismo es mucho más un trabajo *con* Dios que un trabajo *para* Dios.

Otra manera de ver esto es considerando el ministerio de evangelismo como un «triaje espiritual». Al igual que un cirujano en el campo de batalla a veces tiene que emitir el horrible juicio de que un soldado está demasiado mal como para salvarlo y, por lo tanto, tiene que dejarlo porque hay muchos otros que se podrían salvar si consiguiera llegar hasta ellos a tiempo, así tenemos que darnos cuenta de que emplear tiempo intentando salvar a alguien que no está listo para ser salvado significa perder a otros que sí lo están.

Quizá por eso Jesús le rogó a su iglesia que orase pidiendo más obreros (Lucas 10:2). Jesús se da cuenta de que en nuestros días (humanamente hablando) tenemos recursos limitados, así que debemos usar lo que tenemos para conseguir el máximo efecto.

Puede que algunos de ustedes objeten comprensivamente: «Pero si tratamos así a las personas, ¿quién será salvo?».

Así es como he aprendido a manejar este dilema. Cinco palabras me han ayudado a enfocarme y conservar mucho tiempo: *Sin convicción no hay consejo.*

Tenemos que aprender a discernir si Dios ya está trabajando en el corazón de esta persona o no. No perseguimos a la gente. Deberíamos ser pacientes y generosos con los que buscan de verdad. Pero si alguien parece resistirse a lo que estamos diciendo, no nos lo tomamos como algo personal y tampoco discutimos. Eso tan solo les hace menospreciarnos, lo cual a su vez tiende a hacer que desprecien nuestro mensaje. Hay una gran diferencia entre razonar y discutir, por cierto. Al final, tenemos que preguntarnos en algún lugar de nuestra mente: *¿Hay aquí algo de convicción?*

Podría ser que el plan de Dios para esa persona sea que tú digas una frase, escuches la objeción y te alejes, en espera de que alguien más retome la conversación, quizá alguien más apto para alcanzar a este tipo de persona (de nuevo, que tú no puedas persuadirle no significa que no haya otra persona más adecuada para hacerlo).

Compartir el amor y la verdad de Dios es un ejercicio *espiritual* y también intelectual. Recuerda que Jesús dijo: «la luz vino al mundo, pero la humanidad prefirió las tinieblas a la luz, porque sus hechos eran perversos. Pues todo el que hace lo malo aborrece la luz, y no se acerca a ella por temor a que sus obras queden al descubierto» (Juan 3:19-20).

Si estás trabajando con una persona tóxica y con el corazón endurecido, estás tratando con alguien que, sin un toque sobrenatural de Dios, odiará cualquier tipo de luz que tú hagas brillar, por muy amable, paciente y misericordioso que seas al compartirla. Ellos no quieren dejar su maldad ni que sea expuesta. El problema no está en la luz, pues la luz es perfecta, santa y buena. El problema es que ellos odian la luz. Tú no puedes cambiar eso.

Así que tienes que esperar mientras te entregas libre y generosamente a personas de confianza. No das por perdida necesariamente a esa persona tóxica, por supuesto (aunque en algunos casos, bien podrías). Con la guía de Dios, puedes orar para que Dios traiga convicción o para que el pecado y la destrucción que están escogiendo sean tan decepcionantes para ellos que finalmente se abran a la sabiduría y la verdad. Ámalos generosamente, siempre y cuando esa atención no te esté perjudicando ni impidiendo que realices tu llamado.

Solo porque tus palabras no les alcancen no significa en modo alguno que no se les pueda alcanzar. Dios sigue trabajando en ellos, a menudo a través de lo que Henry Cloud y John Townsend llaman «la ley de la siembra y la cosecha».[1] Dios ha diseñado este mundo de tal forma que el pecado y la toxicidad tienen sus propias consecuencias: «Cada uno cosecha lo que siembra. El que siembra para agradar a su naturaleza pecaminosa, de esa misma naturaleza cosechará destrucción; el que siembra para agradar al Espíritu, del Espíritu cosechará vida eterna» (Gálatas 6:7-8). Una vida de toxicidad continua se convierte en su propio castigo. *Deja que las consecuencias naturales de la conducta tóxica hagan su trabajo abriendo el corazón de una persona tóxica.* Si intentas llevar la cura antes de que el paciente sepa que necesita una cura, crearás resentimiento, no gratitud. Yo dejaré que un dentista trabaje en mis dientes si sé que lo necesito; si intenta forzarme a que me siente en esa silla, probablemente responderé con odio.

Cloud y Townsend advierten sabiamente que «las personas provocan insultos y dolor sobre ellos mismos cuando confrontan a personas irresponsables. En realidad, solo tienen que dejar de interrumpir la ley de la siembra y la cosecha en la vida de alguien».[2]

Por ejemplo, si tus padres te despedazan y avergüenzan, dices: «No vendré de visita ni hablaré con ustedes hasta que aprendan a tratarme con respeto». La consecuencia de su abuso es perder la oportunidad de interactuar contigo.

Cuando un compañero de trabajo es agresivo y deshonesto, no le cubras, no le excuses, e insiste en que te traten de una manera profesional, o de lo contrario te alejarás. Cuando tu jefe les pregunte por qué no se están reuniendo, tienes que ser sincero.

Probablemente has leído sobre la necesidad de dejar que los adictos lleguen a su punto más bajo (sin rescatarlos) para que finalmente quieran cambiar por sí mismos. Este es el mismo principio. Tú esperas que la conducta tóxica hará que la vida para la persona tóxica sea tan incómoda que abra su corazón y su mente a la convicción y el arrepentimiento de Dios.

Jesús nos dice en Mateo 6:33 que juguemos a la ofensiva agresivamente, pero unos pocos versículos después, en Mateo 7:6, diciéndonos que evitemos dar perlas a los cerdos, añade que de vez en cuando tendremos que jugar a la defensiva. *Combinar* la ofensiva y la defensiva puede producir una vida en la que podamos ser «más que vencedores» (Romanos 8:37).

Defensa propia

Cuando tratamos con el tipo de persona tóxica a la que Jesús asemejó a un cerdo, tenemos que emplear un tipo particular de defensa propia: guardar nuestro corazón de la amargura y el resentimiento. Para mí, mi mejor defensa en este sentido ha sido doble: orar por la persona tóxica y rehusar seguir en contacto con ella. Estoy hablando más con Dios y menos con la persona tóxica.

Orar por el bienestar de los que se nos oponen es lo que Jesús nos llama a hacer: «bendigan a quienes los maldicen, oren por quienes los maltratan» (Lucas 6:28). Oro para que Dios les dé convicción. Oro para que sientan tanto la presencia de Dios, que tengan sed del amor y de la gracia en vez de la ira y la malicia. También oro para que aprendan lo mucho más agradable que es animar, servir y edificar que criticar, menospreciar y destruir. Todos deberíamos orar por más obreros, porque Jesús nos pide hacerlo (Lucas 10:2). *Mucho* mejor que ver a una persona tóxica derrotada, humillada y desmantelada es verla transformada en un siervo amoroso de Cristo.

Por causa del reino, deberíamos esperar ver un fiel obrero más en vez de un enemigo menos.

No obstante, lo que también he aprendido a hacer es *no* entrar en contacto con ellos. Esto es lo que tienes que saber sobre la psicología y la espiritualidad de las personas tóxicas: *les gusta el conflicto.* Les alimenta, y tienen un apetito voraz de ello. Las personas tóxicas se alimentan de *aumentar* el conflicto, de causar más problemas y de atacar a más víctimas. Lo prueban y se vuelven más rabiosas. Viven para dividir, del mismo modo que un verdadero creyente se deleita en la paz.

Seguir tratando con ellos solo les irrita más y pone su enfoque en *ti*. Lo que he descubierto es que cuando dejas de jugar con ellos, cuando estás dispuesto a alejarte, ellos tienen que encontrar otra víctima. No pueden dejar de ser tóxicos, así que encontrarán otra persona con la que meterse. Te garantizo que si estás siendo asaltado por una persona tóxica, no eres la primera ni la única víctima. Probablemente hay decenas más. Una mujer a quien tuve que bloquear en Twitter presumía en Facebook acerca de la cantidad de ministerios y cristianos «reconocidos» que la habían bloqueado. Para ella era un punto de *orgullo*.

Puede sonar egoísta sugerir que les dejes ir a atacar a otra persona, pero el hecho de que estén atacando a otros no es culpa tuya. No les estás forzando a atacar, y tampoco significa que vayan a dejar de atacar a otros si ya te están atacando a ti. No funciona así. Puede que tú sirvas solamente como su postre. Alejándote, solo estás siendo fiel a la obra importante a la que Dios te ha llamado. Y es posible que el hecho de que te alejes pueda ser una de las formas de enseñarles que finalmente tendrán que cambiar sus caminos. Dan Allender y Tremper Longman aconsejan: «Uno de los mayores regalos que alguien puede darle a una persona inclinada al mal es la fortaleza para frustrar sus intentos de dominar».[3]

Mientras más entiendas la composición psicológica y la inclinación espiritual de una persona tóxica, más rápido desconectarás, y con tu silencio, dejarás que vayan con otra persona. Así como Jesús hizo y nos dice que hagamos, aprende a jugar a la defensiva y a *alejarte*.

Enseñanzas

- La Biblia nos llama a emplear diferentes estrategias para diferentes situaciones. No hay un método mágico que se deba emplear cuando servimos a Dios.
- En Mateo 7:6 Jesús establece los cimientos para jugar a la defensiva, reconocer que algunas personas son tóxicas y deben ser evitadas. Los «perros» y «cerdos» espirituales no cambiarán ni apreciarán nuestros esfuerzos, sino que nos atacarán e intentarán derribarnos.
- Buscar primero el reino de Dios y encontrar personas de confianza son tareas tan urgentes que puede que tengamos que emplear un triaje

espiritual. Saber que el tiempo es corto y que nuestro tiempo y energías son limitados, nos permite enfocarnos en los terrenos más fértiles.

- Si una persona no muestra convicción alguna, deberíamos pensar dos veces el hecho de ofrecer consejo. Se trata de trabajar *con* Dios en lugar de solo *para* Dios.
- En vez de intentar convencer a una persona tóxica para que abandone sus caminos, podemos permitir que «la ley de la siembra y la cosecha» ablande su corazón.
- Como las personas tóxicas tienen sed de atacar, relacionarnos con ellas les vigoriza, así que lo mejor es apartarse y dejar que se enfoquen en otra persona.
- Al apartarte, ora por la persona tóxica. Por causa del reino, es mejor tener un obrero arrepentido más que un enemigo menos. Apartarte de una persona tóxica no significa que la odies o que no te intereses por ella; tan solo significa que decides no interactuar con ella.

CAPÍTULO 9

EL AMOR DICE LA VERDAD

Aarón estaba fuera de sí por tener que trabajar para un jefe difícil, ya que quería representar a Cristo ante un individuo problemático (y claramente tóxico), quería mantener su sueldo pero también quería mantener su salud mental. Cada vez le resultaba más difícil cumplir estos tres objetivos.

Cuando su consejero finalmente dijo: «Sabes que tu jefe es una persona tóxica, ¿verdad? Esta conducta es *abusiva*, mostrada no solamente contigo, sino también con otras personas en su oficina», Aarón sintió como si se hubiera encendido una luz que le ayudaba a ver la situación con una nueva claridad. Su reciente historia finalmente cobró sentido. ¡Por supuesto que el lugar de trabajo era difícil! Y no, él *no podía* «arreglarlo». No se puede tener una relación saludable y fácil con una persona tóxica. Así que para Aarón, aplicar la etiqueta de «tóxico» no tenía que ver con menospreciar a su jefe, sino más bien se trataba de entender por qué sentía que a veces se estaba volviendo loco, al tener que ajustar sus expectativas y realinear sus estrategias para honrar a Dios en una situación difícil.

Las etiquetas pueden ser dañinas cuando se usan para atacar, pero a veces pueden llevar a la sanidad cuando se usan con discreción. En este caso, etiquetar a su jefe ayudó a Aarón a entender su pasado, reiniciar sus expectativas y desarrollar estrategias más eficaces para el futuro.

Alicia tuvo una experiencia similar. Había asistido a muchas conferencias de matrimonios (con y sin su esposo) y había leído muchos libros sobre el matrimonio, pero aún no podía entender por qué nada «funcionaba». Redobló sus esfuerzos con oración y humildad, todo mientras sentía que era un fracaso como esposa. Pensaba que tenía que encontrar esa estrategia mágica, y después, finalmente, su matrimonio podría sanar.

Cuando Alicia leyó el libro de Leslie Vernick, *The Emotionally Destructive Marriage* [El matrimonio destructivo emocionalmente], su experiencia matrimonial finalmente cobró sentido.[1] No estaba loca, tan solo se había casado con un esposo abusivo que le hacía enloquecer a base de engaños. El problema era que ella había estado recibiendo buenos consejos para parejas saludables, pero mal consejo para mujeres casadas con hombres abusivos. Una nueva etiqueta le ayudó a entender cómo reevaluar su futuro y lo que estaba haciendo.

En un escenario completamente diferente con un matrimonio diferente, Tim se sentía apaleado por la iglesia. Su matrimonio parecía muy distanciado, y la posición por defecto en muchos círculos evangélicos es que la culpa siempre es del marido. Tim participaba mucho en las tareas domésticas, aunque su esposa no trabajaba fuera del hogar. Estaba muy involucrado en la vida de los niños y la mayoría de las veces era el que los acostaba. Él iniciaba «la charla de Dios» con su familia, era fiel llevándolos a la iglesia, y se esforzaba mucho en ayudar a su esposa en los cumpleaños y aniversarios y en darle regalos por sorpresa sin motivo.

Su esposa no tenía en cuenta nada de esto porque pensaba que Tim tenía solo un plan: más sexo. En parte era verdad. Tim quería intimidad sexual más de una vez al mes, pero mantuvo un patrón de interés regular durante años sin que su esposa tan siquiera considerase la necesidad de aumentar la frecuencia de las relaciones íntimas. Su amoroso interés obviamente no estaba atado a los resultados porque los resultados eran pésimos; sin embargo Tim siguió amando y cuidando al margen de todo.

Cuando Tim hablaba con amigos, pastores e incluso consejeros, su posición por defecto era asumir que él no estaba haciendo su parte en el hogar (dejando a su esposa demasiado cansada), que no estaba realizando el contacto físico no sexual y la afirmación necesaria para conseguir que su esposa estuviera preparada, y que en general estaba fracasando como esposo. Tim pensaba que iba a volverse loco. Creía que ya estaba haciendo esas tres cosas y no entendía qué más podía hacer.

No fue hasta que otra pareja casada que tuvo la oportunidad de ver tanto a Tim como a su esposa en varias situaciones y le dijo: «Tim, estás casado con una mujer muy egocéntrica y manipuladora», que él sintió como si hubiera recuperado la cordura. La esposa había visto todo lo que había estado ocurriendo; incluso había intentado retar gentilmente a la esposa de Tim. Por ejemplo, sabía que la esposa de Tim pasaba varias horas al día en Facebook e Instagram y que le gustaba tener el poder sobre Tim que le otorgaba el hecho de decirle no al sexo regularmente. La falta de interés de ella no era una cuestión de falta de tiempo. Era una cuestión de indiferencia, egoísmo y manipulación.

Una pareja casada que dijo la verdad y afirmó a Tim hizo que se encendiera la luz en su mente: «No puedes hacer más de lo que ya has hecho, Tim. Ningún esposo podría. Ningún esposo es perfecto, pero tú estás amándola y sirviéndola igual de bien que cualquier esposa en la iglesia está siendo amada y servida. No se trata de ti, sino de ella».

Entender la verdad es la entrada a una nueva vida, y entender la verdad a veces requiere el uso de etiquetas. Honrar a alguien, al margen de que esa persona sea un jefe, padre o cónyuge, no significa que tengamos que fingir que son algo que no son. La honra y la sinceridad son dos cosas que pueden existir juntas.

Jesús puso etiquetas

Los Evangelios narran muchas ocasiones (más allá del pasaje de «los cerdos y las perlas» que estudiamos) en las cuales Jesús abiertamente llamó tóxicas a personas tóxicas, al menos «conceptualmente» (la palabra actual *tóxica* no tiene un equivalente en el griego antiguo).

Quizá recuerdes que Jesús llamó a Herodes «ese zorro» en Lucas 13:32. En los años setenta, cuando yo tenía el cabello largo y emplumado y vestía tejanos Star y zuecos, si una joven me hubiera llamado zorro, habría recordado el halago *durante días*. Pero un zorro en el primer siglo se consideraba una desagradable alimaña.

Jesús advirtió a sus discípulos: «Tengan cuidado... ¡ojo con la levadura de los fariseos y con la de Herodes!» (Marcos 8:15). Jesús pensaba que era necesario y útil avisar a sus seguidores en contra de la toxicidad de este grupo. Si sabes que alguien está haciendo un gran daño, no es «bueno» ignorarlo o fingir que son «buenas personas» que tienen un punto de vista distinto. De hecho, pasar por alto la toxicidad puede ser cruel para futuras víctimas a quienes no avisaste.

Al principio de su ministerio, Jesús llamó a Judas, diciendo a los discípulos: «¿No los he escogido yo a ustedes doce?... No obstante, uno de ustedes es un diablo» (Juan 6:70).

Jesús «etiquetó» a los fariseos durante su famosa enseñanza de las «siete advertencias» en Mateo 23, acusándolos de viajar por «tierra y mar» para hacer un convertido pero cuando lo hacen le convierten en «dos veces merecedor del infierno» (versículo 15). También les llama «¡ciegos insensatos!» (versículo 17), «hipócritas» (versículo 23), «guías ciegos» (versículo 24) y «serpientes» (versículo 33).

El apóstol Pablo siguió el ejemplo de su Salvador. Pablo confrontó a un mago que intentaba impedir que un inteligente y firme procónsul llamado Sergio conociera la fe. «Pablo, lleno del Espíritu Santo, clavó los ojos en Elimás y le dijo: "¡Hijo del diablo y enemigo de toda justicia, lleno de todo tipo de engaño y de fraude! ¿Nunca dejarás de torcer los caminos rectos del Señor?"» (Hechos 13:9-10).

Jesús y Pablo obviamente no creían que pasar por alto la maldad y el pecado de alguien por ser «bienintencionado pero erróneo» sea siempre el camino correcto. Ellos exponían la toxicidad de las personas, y no era algo malo de su parte. Por eso hay una diferencia entre etiquetar e insultar.

Etiquetar no es insultar

Una de las razones por las que puede que seamos tan reticentes a etiquetar a la gente es que pensamos legítimamente que insultar es algo malo. Pero etiquetar no es insultar. No estoy sugiriendo que Aarón desestime a su jefe gritándole para que toda la oficinas lo escuche: «¡Eres tóxico!». No creo que el matrimonio de Tim se vaya a sanar si él le dice a su esposa: «Tanto Drew como Mandy piensan que eres egoísta y manipuladora».

Insultar se trata de herir, hacer de menos y usar las palabras como un arma. Etiquetar tiene que ver con el entendimiento. Es útil, en un sentido, que Tim sepa que su esposa es egoísta y manipuladora porque lo que funciona para una esposa «saludable» puede que no funcione para su esposa. Aarón tiene que ajustar su estrategia para trabajar para un jefe tóxico, porque apelar a la razón y a los buenos modales no le llevará muy lejos, como le sucedería con un jefe saludable. Quizá Alicia tenga que aprender a no culparse por la conducta de su esposo. Las etiquetas pueden sanar y señalar en la dirección hacia delante.

Cuando estoy en una situación tóxica, cambio mis tácticas. No espero que la otra persona actúe de una manera no tóxica, pues eso tan solo me lleva a la decepción. En su lugar, me enfoco en decir la verdad, guardar mi cordura (intentar entender la conducta loca hace que te vuelvas loco), y redoblar la oración: «Padre celestial, ¿cuál es la mejor forma de honrarte y servirte en esta situación?». En un capítulo posterior, «Mirar como Jesús cuando trabajemos con un Judas», daremos consejos más prácticos y detallados para lidiar con una persona tóxica en una situación de la que no te puedes alejar.

Por ahora permíteme decir que cuando interactúo con una persona tóxica tengo dos objetivos: quiero *hacer lo correcto*, seguir buscando primero el reino de Dios, y *ser una persona correcta*, no ser tóxico al responder, sino actuar con amor (si eso lleva a la confrontación o a alejarme depende de la situación). No puedo controlar a una persona tóxica. No puedo cambiar a una persona tóxica. No puedo entender a una persona tóxica. *Pero puedo guardar mi misión y mantener mi carácter.* Estas son las únicas cosas que puedes controlar cuando vives o trabajas alrededor de personas tóxicas, y de eso se trata el etiquetar, de ayudarte a mantener tu parte de la interacción.

El pecado del insulto

Ahora una advertencia: deberíamos tener cautela de etiquetar a alguien demasiado pronto. Un consejero bíblico me dijo que algunas esposas llegan a una sesión de consejería armadas con una lista de categorías DSM-5[1] y ponen esas a sus esposos: «Es un narcisista».

La mayoría de nosotros (me incluyo aquí especialmente) no estamos calificados para hacer diagnósticos profesionales. No te apresures a aplicar la etiqueta de «tóxico» y menospreciar así a alguien solo porque te resulte incómodo o no se parezca mucho a ti. Te podrías estar perdiendo una oportunidad para que tu propia debilidad, temores, inseguridades o pecados sean expuestos en una comunidad cristiana saludable, en la que todos tenemos diferentes personalidades y formas de relacionarnos. *Solo porque alguien te moleste no significa que sea tóxico.* Dios creó tanto a las personas enérgicas como a las personas flexibles; es pecado creer que otros están

1. El manual de la Asociación Psiquiátrica Americana Diagnostic and Statistical Manual of Mental Disorders, 5ta edición, es la guía de salud mental más aceptada por los profesionales de salud mental y consejeros para diagnosticar trastornos mentales.

en pecado solo porque tengan un estilo de relacionarse diferente al tuyo. Eso es orgullo. Eso te hace convertirte en el estándar por el que todos los demás deberían regirse en vez de Jesús.

Pero ha habido veces en mi propia vida en las que aplicar una etiqueta trajo luz, entendimiento, esperanza y sanidad. Así es como puedes conocer la diferencia: el fruto de etiquetar es positivo; intentas servir a Dios y operar de una forma que honre la comunión y la comunidad a la vez que mantienes tu carácter. La motivación es el amor, servir a Dios y servir a otros con el espíritu correcto. No estamos intentando *hacer daño*; estamos intentando *entender* y discernir cómo servir mejor a Dios.

El fruto de insultar es destructivo. Se trata de destruir la reputación de alguien. Nunca deberíamos llamar tóxico a alguien para hacerle daño o lastimar su reputación delante de otros. Eso es insultar.

No se habla mucho sobre el «insulto» en nuestros días, pero es un gran pecado. Los antiguos lo describían como intentar rebajar a propósito la reputación de alguien. Luis de Granada (escribiendo en el siglo XVI) nos dice que este ha sido un gran pecado por mucho tiempo: «El pecado abominable del insulto está tan extendido en nuestros días que es difícil encontrar una sociedad, una familia, un individuo que no sea culpable de ello. Hay algunas personas tan perversamente inclinadas que no pueden soportar escuchar ninguna cosa buena de otro, pero están siempre atentas a los fallos de su vecino, siempre listas para hacer pedazos su carácter».[2]

La razón por la que el insulto es tan malo es que «consiste en el triple daño que hace, es decir, sobre aquel que habla, sobre el que escucha con aprobación, y sobre la víctima que es asaltada en su ausencia».[3]

¡Un pecado pero tres heridos! Una iglesia sólida o un grupo pequeño puede ser despedazado en semanas si el insulto no tiene freno. No deberíamos participar en el insulto ni diciéndolo *ni* escuchándolo. Me apenaría mucho que las personas usaran este libro para atacar a otros en vez de para preservar su propia misión.

En medio de etiquetar necesariamente, algo en lo que quizá podemos buscar un consejo calificado con creyentes maduros para entender lo que está sucediendo, nunca debemos recurrir al insulto con odio.

Deberíamos escuchar con atención las palabras de Luis de Granada: «A partir de ahora, considere el carácter de su vecino como un árbol prohibido que usted no puede tocar. No sea menos lento en alabarse a usted mismo que en censurar a otros, porque lo primero indica vanidad y lo segundo querer caridad. Hable de las virtudes de su vecino, pero calle sus faltas».[4]

Habiendo dicho esto, si estás aconsejando (formal o informalmente) a alguien que está lidiando con una persona tóxica, tienes que llamar tóxica a una persona tóxica. Hacer esto *no* es insultar. Usando las palabras de Francisco de Sales: «No debemos, para evitar el vicio del insulto, favorecer, halagar o alimentar el vicio; pero debemos hablar abierta y libremente del mal, y culpar lo que se puede culpar... Es caridad gritar contra el lobo, dondequiera que esté, y más especialmente cuando está entre las ovejas».[5]

No ayudarás a nadie fingiendo que una persona tóxica no es tóxica, o haciendo de menos las preocupaciones válidas. No puedes aprender a lidiar con una persona tóxica fingiendo que es saludable. Discutir de una manera redentora cómo mantener tu misión y carácter ante una influencia tóxica no es chismear, es comunidad. Chismear de alguien o hablar sobre alguien solo para desahogarnos es el pecado del insulto, y se tiene que evitar. Advertir a alguien acerca de una personalidad tóxica es una cosa; hablarle a alguien sobre una persona tóxica (que no tiene ninguna razón de ser advertida) solo por hablar, tener algo interesante que decir o rebajar a la persona tóxica es pecado.

El doctor Steve Wilke explica lo que es chismear de una forma sencilla y entendible: «Chismear es cuando hablas con alguien sobre otra persona cuando él o ella no son parte del problema o de la solución».[6]

Las etiquetas tienen un lugar: sanar y ser estratégico. Nunca uses las etiquetas para atacar o despedazar.

Enseñanzas

- Por tu propia cordura y eficacia ministerial, puede que te sea útil aprender a aplicar etiquetas. Si no entiendes lo que estás enfrentando, no serás capaz de encontrar una estrategia redentora.
- Jesús y Pablo usaron etiquetas para describir a otros.
- Etiquetar se distingue de insultar en que etiquetar busca entender, mientras insultar busca dañar.
- Aunque reconocemos la necesidad de usar etiquetas, deberíamos hacerlo humildemente. Insultar es un pecado serio que debemos evitar.

CAPÍTULO 10

UN HOMBRE CON UNA MISIÓN

Me gustaría que Satanás fuera perezoso.

Tiene acorralados a casi todos los males, sobresaliendo en lo peor de lo peor. Sería muy conveniente si también tuviera tendencia a ser perezoso, pero cuidado, no lo es.

Lejos de ello.

Ni aparentemente lo son sus seguidores.

Recibir una misión de Dios es quedar rodeado de muchos oponentes agresivos y enemigos hiperactivos. Sus ataques son inteligentes, creativos y variados. Las personas tóxicas usan la agresión declarada y la agresión pasiva. Fingen ser nuestros amigos, y después cuando eso no funciona, nos amenazan como enemigos. Actúan como si quisieran protegernos y después intentan controlarnos. Golpean desde la izquierda, y cuando nos bloqueamos por ese lado, vienen desde la derecha.

Ten en cuenta que tan solo distraerte es una victoria para ellos. Si finalmente no pueden *destruir* tu trabajo, al menos quieren *retrasarlo*.

Nuestra tarea, según Mateo 6:33 y 2 Timoteo 2:2, requiere que mantengamos un enfoque muy preciso con sabiduría, discernimiento y determinación.

Uno de los mejores vencedores de todos los tiempos de un ataque tóxico generalizado es Nehemías, quien en el siglo V A. C. recibió el llamado de Dios de reconstruir las murallas de Jerusalén. El brillante y hábil manejo de Nehemías de las personas tóxicas que se le opusieron nos aporta un patrón sabio y espiritualmente sensible a la hora de tratar con adversarios maliciosos.

Por si no conoces el trasfondo, Joaquín, rey de Judá, se rebeló contra Nabucodonosor, rey de Babilonia, en el año 586 A. C., con resultados desastrosos. El ejército de Babilonia destruyó a Jerusalén y redujo su famoso templo a cenizas. No habían pasado cincuenta años cuando Ciro de Persia derrotó a los babilonios y obtuvo el control de lo que había sido Jerusalén. Dio al pueblo judío permiso para regresar a la ciudad en el año 536, y se reconstruyó una versión más nueva y más pequeña del templo, el cual se dedicó en el 516.

Reconstruir una «versión económica» del templo fue un pequeño gesto principalmente religioso que no creó mucha fricción o atención en los pueblos vecinos. Jerusalén seguía escasamente poblada, como un pueblo remoto diminuto, en el mejor de los casos. Esdras intentó cambiar esto y dirigió a mil quinientos hombres y sus familias para reubicarse y esencialmente repoblar Jerusalén en el año 455 A. C.

Cerca de un año después, Nehemías, copero del rey Artajerjes, buscó y recibió un permiso para irse de la presencia del rey y reconstruir las murallas de Jerusalén. Aunque la reconstrucción del templo no había suscitado ningún enemigo, la determinación de Nehemías de reconstruir las murallas de Jerusalén desató ataques tóxicos feroces y asesinos.

La pregunta natural a plantearse es: «*¿por qué?*». ¿Por qué fue tan importante la reconstrucción de la *muralla* (en contraposición al templo, que se había realizado sesenta años antes)?

El templo tenía una importancia religiosa, algo que no era particularmente amenazante para los persas, pero un muro alrededor de Jerusalén tenía importancia *política*. Era una declaración tanto *civil* como *religiosa*. Por eso fue necesario el permiso del rey, el cual Nehemías recibió de Artajerjes.

Una de las lecciones de esto es que los líderes civiles, que hacen el trabajo civil, están «buscando primero el reino de Dios» tanto como los obreros religiosos. Si Dios está detrás de tus esfuerzos, y si Dios es la influencia que te motiva, y es a Dios a quien intentas agregar, sin duda estás buscando primero su reino, incluso aunque no sea algo relacionado con la iglesia. El cambio civil de hecho puede ser más amenazador para algunos oponentes tóxicos que la reforma religiosa. Mientras «lo mantengas dentro de los muros de la iglesia«, ellos están tranquilos, pero si actúas como si Dios quisiera influenciar a la sociedad, será mejor que estés alerta.

¡Alto!

Como ocurrirá con muchas verdaderas obras de Dios, las personas tóxicas se levantaron con una pasión fervorosa para detener a Nehemías, pidiéndole una reunión: «entonces Sambalat y Guesén me enviaron este mensaje: "Tenemos que reunirnos contigo en alguna de las poblaciones del valle del Ono"» (Nehemías 6:2).

Las personas tóxicas pueden parecer razonables. ¿Cómo podría Nehemías no querer ir a una reunión? A fin de cuentas, ¿no están los seguidores de Dios llamados a alcanzar a otros? ¿Qué habría de malo en juntarse para charlar?

Las personas enfocadas en la misión no tienen tiempo para tonterías sentimentales. Nehemías vio más allá de la fachada, vio la verdadera intención de estos hombres y rechazó reunirse. Esta es la razón:

> En realidad, lo que planeaban era hacerle daño. Así que envié unos mensajeros a decirles: «Estoy ocupado en una gran obra, y no puedo ir. Si bajara yo a reunirme con ustedes, la obra se vería interrumpida». Cuatro veces me enviaron este mensaje, y otras tantas les respondí lo mismo.
>
> NEHEMÍAS 6:2-4

Nehemías reconoce que este ruego es un ataque tóxico de distracción, no un esfuerzo de buena fe. Él vive en la verdad y aplica el discernimiento. No vale la pena invertir su tiempo en una reunión sin sentido. En lugar de malgastar esfuerzos metiéndose en una necia discusión, lo expresa en términos funcionales, diciendo en esencia: «Estoy demasiado ocupado para distraerme con ustedes».

Los enemigos tóxicos son persistentes. Viven para sembrar el caos. En lugar de encontrar propósito y enfocarse buscando el reino por sí mismos, emplean su tiempo en atacar a otros que están construyendo el reino. Raras veces aceptan un no por respuesta, como vemos aquí. Siguen con tres fuegos adicionales, intentando desgastar a Nehemías.

Esta es una advertencia a la que vale la pena prestar atención. Me da vergüenza admitir que soy particularmente débil en lo personal cuando me sucede esto. Puedo decirle no a alguien una vez, a veces con una pobre excusa, y sacando lo mejor de mí quizá puedo decir no dos veces, pero por lo general consigo, la tercera o cuarta vez, debido a una falsa culpabilidad y a una actitud orgullosa, mostrar una actitud de agradar a las personas.

¡Pero Nehemías no!

Él se mantiene fiel a su obra y su llamado. Sambalat responde a la negativa final de Nehemías recurriendo a las amenazas:

> La quinta vez [¡qué *molesto*!] Sambalat me envió, por medio de uno de sus siervos, el mismo mensaje en una carta abierta, que a la letra decía: «Corre el rumor entre la gente –y Guesén lo asegura– de que tú y los judíos están construyendo la muralla porque tienen planes de rebelarse. Según tal rumor, tú pretendes ser su rey, y has nombrado profetas para que te proclamen rey en Jerusalén, y se declare: "¡Tenemos rey en Judá!". Por eso, ven y hablemos de este asunto, antes de que todo esto llegue a oídos del rey"».
>
> NEHEMÍAS 6:5-7

Primero, la petición era tener una reunión «razonable». Después se convirtió en una amenaza, *¡y tenemos un testigo!* «Si no haces lo que queremos que hagas, las personas incorrectas se enterarán de esto, y seguro que lo pagarás».

Como si Nehemías estuviera haciendo algo *mal*.

Cuando una persona tóxica no se sale con la suya, su siguiente maniobra a menudo consiste en hacer que tus motivos parezcan siniestros. Mentirán a otros sobre por qué no te reunirás. Insistirán en que detengas lo que estás haciendo e interactúes con ellos o de lo contrario *pagarás el precio*. Intentarán conseguir el apoyo de otros para presionarte. Las personas tóxicas a menudo sobresalen reclutando a otros en sus guerras de distracción cuando no pueden distraerte cara a cara.

¿Por qué les importa? ¡Tú eres su misión! Estás buscando primero el reino de Dios, y ellos están buscando primero distraerte. Sé que no tiene mucho sentido, pero te volverás loco si intentas encontrar sentido a los ataques tóxicos, porque *no* tienen sentido. Son insignificantes y mezquinos. Si cada uno se dedicara a buscar primero el reino de Dios, no tendríamos la motivación ni el tiempo para dedicarnos a los ataques tóxicos contra otros.

Alecia[1] experimentó esta dinámica de «distracción» en una relación con una compañera de trabajo llamada Jennifer. La compañera de trabajo abrumaba a Alecia con peticiones de ayuda personal relativas a asuntos ajenos a la oficina. Como creyente, Alecia hacía todo lo que podía para ayudar, pero enseguida se dio cuenta de que las cosas se le estaban yendo de las manos. Era incapaz de ayudar a Jennifer, y los ruegos de Jennifer estaban afectando el propio trabajo de Alecia. Cuando Alecia intentaba retirarse, Jennifer daba un paso al frente, enviando a Alecia correos electrónicos de seis páginas y mensajes de teléfono de once minutos. Si no respondía *inmediatamente*, habría una tragicomedia sobre lo dolida que estaba Jennifer porque Alecia no había estado ahí cuando Jennifer la necesitaba.

Enseguida Alecia estaba desgastada y no podía sacar su trabajo adelante. Pasaba tanto tiempo intentando evitar a Jennifer como enfocándose en sus propias responsabilidades.

Esta es una advertencia: nosotros los cristianos a menudo nos sentimos culpables por cansarnos de alguien, suponiendo que estamos siendo egoístas, pero agotarnos manejando la toxicidad nos hace ser más débiles y estar más distraídos en nuestro llamado a cumplir la misión de Dios para nuestras vidas.

Alecia finalmente hizo lo que hacen las personas saludables: estableció algunos límites.

«Jennifer», le dijo, «vamos a dejar de tener conversaciones personales. Mantengamos nuestra comunicación a nivel profesional».

Cualquier persona saludable vería eso como una petición razonable en el ámbito de trabajo y accedería.

Pero no Jennifer.

Unos días después, otros compañeros de trabajo comenzaron a acercarse a Alecia con cierta «preocupación» sobre cómo podía ser tan injusta con Jennifer.

«Jennifer estaba muy herida, Alecia. Siente que la has abandonado, y no sabe qué ha hecho mal. Y tú no quieres hablar con ella al respecto».

Alecia estaba fuera de sí y quiso el consejo de un pastor.

---

1. No es su verdadero nombre.

«Alecia», le pregunté, «¿cómo saben ellos que no quieres tener conversaciones personales largas con Jennifer? ¿Se lo dijiste?».

«No».

«¿Te escucharon hablando con ella?».

«No».

«Así que la única manera en que pueden saberlo es porque Jennifer ha ido a ellas con el chisme».

La mayoría de las personas entienden que *chismear* es tóxico. Usé esa palabra a propósito, ya que me pareció que Jennifer estaba siendo inteligente y astuta. De hecho, ella *sabía* lo que había hecho mal. Alecia había sido clara y profesional, pero a Jennifer no le gustó la *conclusión* de Alecia, y como hacen las personas tóxicas, intentó hacer que todo pareciera poco claro y turbio chismeando sobre Alecia a sus espaldas.

Alecia tenía que entender que Jennifer *todavía* estaba siendo tóxica. Buscaba controlar el tiempo y la atención de Alecia. Fue un ataque inteligente reclutar a otros para hacer sentir a Alecia que no estaba actuando como una persona creyente, pero seguía siendo un ataque, y Alecia tenía que tratarlo en consonancia.

«Tan solo diles: "Escuchen, es obvio que Jennifer ha hablado con ustedes acerca de esto porque yo no lo he hecho. ¿Quién está actuando como una cristiana aquí? ¿Acaso nos dice la Biblia que hablemos a espaldas de otros cuando no hacen lo que queremos? ¿Y por qué están ustedes escuchando este chisme?"».

Después le insté a confiar en su propia reputación ante este ataque reciente.

«Pregúntales: "¿Parezco maliciosa en alguna otra relación? ¿Acaso ven que soy una persona que no se interesa por nadie?"».

Esta es la trampa descarada de la que tienes que estar alerta. Algunas personas querrán malgastar tu tiempo y drenarte usando un falso sentimiento de necesidad. Cuando eso deja de funcionar, no se rinden. Si no pueden ganarse tu simpatía, intentarán ponerte a la defensiva. Atacarán para que tú quieras defenderte. Lo que ocurre es que tan solo quieren tu atención. Quieren seguir controlando una parcela de tu tiempo, esfuerzo y energía. Que tú simpatices con ellos o te enojes con ellos no importa tanto como el hecho de que les prestes atención y pases tiempo interactuando con ellos.

Como vimos antes, todo se trata de control. De nuevo, no tiene sentido; parece ridículo que alguien establezca como misión distraerte de tu misión, pero eso es lo que hacen las personas tóxicas.

Yo no entendía esto al empezar en mi ministerio. Quería ayudar a todos. Cuando me daba cuenta de que estaba desbordado en ciertas ocasiones e intentaba retirarme (no soy un consejero formado ni teólogo profesional, y tengo muchas limitaciones en mi intelecto y entendimiento), las personas tóxicas pensaron: «Todavía puedo tener una relación con él si le ataco, porque él responderá a eso».

Es una relación enfermiza y molesta, pero para ellos *sigue siendo una relación*, y como personas tóxicas que son, llegan a disfrutarlo.

No caigas en esta trampa. Mantén tus ojos abiertos ante el retorcido ataque que Sambalat estaba lanzando contra Nehemías. Ninguna persona en su sano juicio creería que Nehemías estaba haciendo lo que estaba haciendo para proclamarse rey. Las personas tóxicas carecen de una verdadera misión, así que crean falsas misiones.

Nehemías estaba motivado por el amor, la fe y la obediencia. Las personas tóxicas están motivadas por el egoísmo, el odio y el conflicto. No puedes ganar cuando estás interactuando con ellos porque *estás jugando a un juego totalmente diferente*. Ni siquiera las reglas son las mismas, así que debes hacer lo que hizo Nehemías:

> Yo envié a decirle: «Nada de lo que dices es cierto. Todo esto es pura invención tuya». En realidad, lo que pretendían era asustarnos. Pensaban desanimarnos, para que no termináramos la obra. «Y ahora, Señor, ¡fortalece mis manos!».
>
> NEHEMÍAS 6:8-9

Cuando las personas te distraen de tu misión para Dios, encuentra refugio en Dios: «Y ahora, Señor, ¡fortalece mis manos!». En vez de hablar con ellos o malgastar tu tiempo con ellos, redobla tu oración. Consigue el corazón, valor, consuelo y afirmación de Dios. ¿Por qué malgastar tu tiempo intentando aplacar a una persona tóxica (como si pudieras detener su odio) cuando podrías pasar tiempo recibiendo el amor y la instrucción del Dios del universo?

Una de las mejores defensas contra los ataques tóxicos, entonces, es buscar lo que John Climacus llamó la verdadera mansedumbre, «una condición permanente de esa alma que se mantiene inalterada ya sea que hablen bien o mal de ella, ya sea o no que se le honre o alabe».[1] Como veremos al final de este capítulo, la meta es un alma orientada en torno a la aprobación de Dios, totalmente libre de cualquier ataque tóxico o halago vano. Tenemos un jefe, nuestro Padre celestial, y nuestro enfoque debería estar en agradarlo *a Él*, queriendo escucharle decir: «¡Hiciste bien, siervo bueno y fiel!» (Mateo 25:21).

¿Por qué no podemos ser amigos?

Las súplicas no funcionaron con Nehemías. Las amenazas tampoco funcionaron. Así que sus enemigos fingieron ser amigos que querían «protegerlo» de otros: «Fui entonces a la casa de Semaías [...] que se había encerrado en su casa. Él me dijo: "Reunámonos a puerta cerrada en la casa de Dios, en el interior del templo, porque vendrán a matarte. ¡Sí, esta noche te quitarán la vida!"» (Nehemías 6:10).

Semaías es un nombre religioso, la mayoría de las veces dado a levitas, profetas y sacerdotes. Tobías y Sambalat buscaron «cobertura religiosa» para distraer a Nehemías del llamado que Dios le había dado. Le habían advertido de las implicaciones políticas («se lo contaremos al rey»); Nehemías no cayó en la trampa, así que ahora le presentan el argumento religioso: «Seguro que escucharías a un profeta...».

Sin embargo, para «protegerse», ¿qué tendría que hacer Nehemías? ¡Tendría que suspender su misión! No hay manera en la que este hombre de Dios vaya a ser engañado con eso.

> Pero yo le respondí: ¡Yo no soy de los que huyen! ¡Los hombres como yo no corren a esconderse en el templo para salvar la vida! ¡No me esconderé! Y es que me di cuenta de que Dios no lo había enviado, sino que se las daba de profeta porque Sambalat y Tobías lo habían sobornado. En efecto, le habían pagado para intimidarme y hacerme pecar siguiendo su consejo. De este modo, podrían hablar mal de mí y desprestigiarme.
>
> NEHEMÍAS 6:11-13

Nehemías sabe que está tratando con personas tóxicas inteligentes, pero no se obsesiona con ellas. Eso sería otra trampa más. En su lugar, simplemente se las entrega a Dios. Sin calumnias, sin chismes, sin malicia. Tan solo oración: «¡Dios mío, recuerda las intrigas de Sambalat y Tobías! ¡Recuerda también a la profetisa Noadías y a los otros profetas que quisieron intimidarme!» (Nehemías 6:14).

Tristemente, las personas de la «iglesia» pueden ser tan tóxicas como las personas que no son de la iglesia, como lo demuestran aquí Semaías y Noadías. Nehemías reconoce sabiamente que su tarea no es lanzar una campaña contra ellos o derrocarlos. Eso también hubiera sido una destrucción. Lo mejor es orar por ellos y dejar que Dios actúe desde ahí. A fin de cuentas, se supone que ellos deben representar a Dios en primer lugar.

Terminado

El resultado final del enfoque, determinación y hábil manejo de la oposición tóxica que llevó a cabo Nehemías es una victoria impactante y estupenda: «La muralla se terminó el día veinticinco del mes de *elul*. Su reconstrucción había durado cincuenta y dos días» (Nehemías 6:15).

Es bastante extraordinario que Nehemías y sus trabajadores pudieran terminar la muralla alrededor de Jerusalén en solo cincuenta y dos días. Suscita la pregunta: ¿por qué no se construyó la muralla décadas antes si se podía hacer en menos de dos meses?

La respuesta es sencilla. Antes de Nehemías, no había ninguna persona sabia, con discernimiento y enfocada en la misión que estuviera dispuesta a hacer frente a las personas tóxicas que estaban decididas a que la muralla no se construyera. Las personas con una mentalidad de misión pueden lograr mucho más en una cantidad mucho menor de tiempo cuando se mantienen enfocadas y no permiten que las personas tóxicas les distraigan.

La mejor manera para confundir a las personas tóxicas es ignorarlas mientras terminas la tarea que ellos quieren que detengas. Sirve a Dios fielmente y con celo, y déjalas que se compadezcan con el diablo cuando fracasen sus propios planes.

El verdadero testimonio

Ahora observemos algo espiritualmente espectacular. Al no distraerse con las peticiones de las personas tóxicas, al limitar sus amenazas no cayendo en falsas súplicas de amistad, Nehemías sirvió más a las personas tóxicas *resistiéndoles* que lo que hubiera conseguido *cediendo* ante ellos.

¿Cómo es posible?

No hay nada que frene más a las personas tóxicas que observar a un buen siervo de Dios mantenerse fiel a su llamado y realizando la obra de Dios. Es inspirador: «Cuando todos nuestros enemigos se enteraron de esto, las naciones vecinas se sintieron humilladas, pues reconocieron que ese trabajo se había hecho con la ayuda de nuestro Dios» (Nehemías 6:16).

Lo mejor que puedes hacer para dar testimonio a una persona tóxica es mantenerte enfocado en tu tarea, rehusar distraerte o jugar a su juego, orar en vez de chismear, y después *terminar el trabajo*. Encuentra a las personas de confianza en las que Dios te ha llamado a invertir tu tiempo. Lleva a cabo la tarea que sabes que es urgente. *Entonces ellos verán que Dios es Dios, y ellos no*. Ese es el mensaje que más necesitan oír. Esa es la mejor manera en la que tú puedes darles testimonio. Si la toxicidad les funciona, nunca dejarán atrás sus estrategias tóxicas. Lo mejor que puedes hacer por una persona tóxica que se opone injustamente a ti es asegurarte de que no tenga éxito a la hora de distraerte de la misión que Dios te ha dado. Testifícale mediante el éxito que Dios ha inspirado y te ha otorgado.

Así de retorcida es la oposición tóxica. Cuando una persona tóxica se dirige a ti y te distrae, está intentando convertirse en tu dios con «d» minúscula (de nuevo, se trata sobre el control). ¡Quieren ser ellos los que te dirijan y motiven! «Apelaré a tu buena naturaleza; si eso no funciona, te amenazaré; si eso no funciona, fingiré ser tu amigo e intentaré engañarte; reclutaré a otros, tanto autoridades civiles *como* religiosas, para que me respalden, ¡pero estoy decidido a que finalmente hagas ¡lo que quiero que hagas!».

Un siervo de Dios dice como respuesta: «Yo sirvo al Dios verdadero, no a ti; yo hago su voluntad, no la tuya. A mí me dirige su misión, no tus ataques. Tú no eres mi dios, y yo ni te serviré ni te prestaré atención».

Esta es una lección que las personas tóxicas tienen que aprender.

Un intento más

Una última lección de Nehemías: las personas tóxicas a menudo rehúsan admitir su derrota. Tal fue el caso de los enemigos de Nehemías. Más adelante, en Nehemías 6, leemos: «Tobías, por su parte, trataba de intimidarme con sus cartas» (versículo 19).

Incluso después de haber terminado la muralla, Tobías seguía insistiendo, lo cual destaca otra posible trampa: si las personas tóxicas no pueden *detener* tu misión, intentarán *distraerte* mientras mantienes tu misión.

Tu tarea es seguir ignorando a las personas tóxicas y encontrar a las personas de confianza en las que invertir. Escucha lo que el sabio Nehemías hizo a la luz de este ataque continuo: «A mi hermano Janání, que era un hombre fiel y temeroso de Dios como pocos, propuse a cargo de Jerusalén, junto con Jananías, comandante de la ciudadela» (Nehemías 7:2).

Nehemías había encontrado a sus «personas de confianza» calificadas para enseñar a otros, y en ellos se enfocó, y eso deberíamos hacer nosotros. ¿Por qué malgastar tiempo discutiendo con una persona tóxica que solo quiere distraerte cuando puedes unir fuerzas con alguien que tema a Dios más que a la mayoría de las personas y avanzar la obra?

El resultado final

La fidelidad y habilidad de Nehemías a la hora de manejar a personas tóxicas tuvo como resultado que muchas personas alabaran a Dios. Esdras dirigió un servicio de adoración para todos los ciudadanos de Jerusalén, ahora reuniéndose detrás de una muralla segura. Así es como Nehemías lo describe: «Entonces Esdras bendijo al Señor, el gran Dios. Y todo el pueblo, levantando las manos, respondió: "¡Amén y amén!". Luego adoraron al Señor, inclinándose hasta tocar el suelo con la frente» (Nehemías 8:6).

En lugar de intentar que las personas tóxicas estén felices o satisfechas (lo cual es una pérdida de tiempo, ya que ni quieren ni se les puede ablandar), *vive para ayudar a que personas de confianza sirvan y adoren a Dios.* Nuestra tarea es abrir nuevas avenidas de adoración con personas que quieran reverenciar a Dios. En lugar de vivir para hacer que las personas tóxicas se sientan bien con nosotros, *vivamos para hacer que personas de confianza se emocionen con las cosas de Dios.*

El libro de Nehemías termina de una manera muy bella, incluso poética, con un versículo que ha cambiado el enfoque de mi vida. Tras llegar a un claro entendimiento de un problema (Jerusalén expuesto, sin muralla), aceptar la misión de solucionarlo, aprender a no distraerse o dejar que los oponentes tóxicos le derroten, invertir en personas de confianza para que lleven a cabo la obra y lideren a toda una nación a una nueva etapa de adoración, Nehemías revela el verdadero deseo de su corazón: «¡Acuérdate de mí, Dios mío, y favoréceme!» (Nehemías 13:31).

Cuando más útiles somos para Dios es cuando nos preocupamos exclusivamente de cómo *Dios* nos recuerda y aprendemos a no preocuparnos por cómo nos ven o hablan de nosotros las personas tóxicas. Tenemos un Dios, el Dios creador, y es idolatría permitir que pequeños «dioses» nos dirijan, nos disuadan o incluso nos distraigan.

Cuando Enfoque a la Familia retransmite una de mis entrevistas, tengo un par de días felices. Los libros en Amazon aumentan sus ventas. Las personas recuerdan que existes y a menudo escriben en Twitter o Facebook cosas bonitas sobre lo que dijiste. Y todo el mundo está feliz.

Bueno, no todos.

Hay una mujer que aparentemente cree que su misión en la vida es trolear Facebook, encontrar a alguien que diga algo bonito acerca de mí, y después enderezarles contándoles lo malo que soy, cuán destructivos son mis libros, y que nadie debería escuchar nunca lo que digo.

En mis momentos de debilidad he respondido, queriendo explicar cosas a la persona original que puso el comentario, ayudándoles a entender lo que sucede realmente. Pero después el detractor responde de nuevo, y se forma un lío.

Una vez, finalmente terminé escribiendo una carta a la mujer en cuestión: «No voy a discutir con usted. Cualquiera puede ver la manera en que me ha tratado y que yo nunca he respondido del mismo modo, sino que he dejado que Dios sea el juez entre ambos». En este caso, sentí claramente que Dios me decía que empleara el tiempo y las energías escribiendo una frase útil para un blog o libro (invirtiendo en personas de confianza) en vez de malgastar *diez segundos más* intentando responder a sus ataques.

Ella se alimenta del conflicto. Es lo que le hace cobrar vida, y no ayudo a nadie a hacer posible eso.

La mayoría de las veces escucho a Dios y sigo adelante, pero como soy débil a veces cedo y me vuelvo a enredar (si me ves haciendo eso en el futuro, siéntete libre para referirme a este capítulo).

Nehemías 13:31 se ha convertido en mi nuevo versículo para esas épocas de tentación: «¡Acuérdate de mí, Dios mío, y favoréceme!».

Eso es lo único que importa. No lo que ella piensa de mí; no lo que otros en las redes sociales piensan de mí. Todos deberíamos vivir para que *Dios* nos recuerde y favorezca. Vive para escuchar a tu Creador, Señor y Salvador decir: «¡Hiciste bien, siervo bueno y fiel!» (Mateo 25:21).

Aprendamos a enfocarnos, cumplir nuestra misión, resistir las distracciones y vivir para ser recordados y favorecidos por el único Dios verdadero.

Y eso significa decir no a los distractores tóxicos.

Enseñanzas

- La experiencia de Nehemías ofrece un gran ejemplo de cómo terminar una tarea sin distraernos por las personas tóxicas.
- Buscar primero el reino de Dios puede ser una obra tanto civil como religiosa.
- Sea por la razón que sea, las personas tóxicas tienen como misión detener o retrasar la misión de otras personas.
- Si sus súplicas aparentemente agradables no nos distraen, las personas tóxicas pueden recurrir a las amenazas y/o a reclutar a otras personas para cuestionar nuestros motivos.
- Dos buenas defensas contra la distracción tóxica son orar a Dios en vez de interactuar con los ataques tóxicos, y mostrar mansedumbre, un estado espiritual en el que no nos afectan los halagos ni los ataques de otros.
- Cuando personas con una mentalidad de misión se mantienen enfocadas y sin distraerse, es asombroso lo mucho y lo rápido que pueden terminar las cosas.

- Servimos más a las personas tóxicas terminando nuestra tarea que cediendo ante ellas. El éxito espiritual apunta a las personas de nuevo a Dios y recuerda a las personas tóxicas que ellas no nos controlan.
- En lugar de intentar que las personas tóxicas estén satisfechas con nosotros, deberíamos emplear nuestros esfuerzos en ayudar a personas de confianza a servir y adorar a Dios.
- Nuestra mejor defensa contra los ataques tóxicos es vivir para ser recordados y favorecidos *por Dios*.

CAPÍTULO 11

MIRAR COMO JESÚS CUANDO TRABAJEMOS CON UN JUDAS

A veces, no puedes alejarte por completo de las personas tóxicas. Puede que sean compañeros de trabajo, familiares, jefes, miembros de iglesia, vecinos, suegros y otros. Un hombre, al que llamaremos Mike, trabajaba en una situación en la que había un contrato con un hombre claramente tóxico llamado Joe. Mike describe a Joe como un «narcisista de nivel 10». Animado por su enorme éxito empresarial y por tener un alto nivel intelectual, Joe ha creado un mundo que gira en torno a él.

Joe no tiene verdaderos amigos, y ha sido infiel a su (ahora ex-) esposa varias veces, de modo que usa su dinero como una forma de mantener a la gente a su alrededor pagando muy bien a sus empleados y repartiendo grandes beneficios.

«Él dará a alguien miles de dólares», dice Mike, «pero se trata de que ellos estén en deuda con él. Lo que quiere es ser tu dueño».

La razón por la que Mike puede trabajar con Joe sin volverse loco es que (1) él mismo es una persona muy fuerte (espiritual y emocionalmente), y (2) no intenta controlar también a Joe.

«El único control que tengo sobre Joe es cuánto limito su control sobre mí. No me subo con él a las montañas rusas. Si está muy enojado, no me duelen sus ataques. Si está eufóricamente alegre, no acepto sus elogios. Tiene altibajos; yo decido ser constante y regular. No dejo que él defina mi estado de ánimo ningún día».

Joe quiere el respeto de Mike, está dispuesto a pagar por ello. En una ocasión, Joe preparó unas vacaciones elaboradas y prepagadas para una empleada y su esposo. Era un crucero muy caro, todo en primera clase.

La empleada se negó. Acababa de tener un hijo, y su salud no era la mejor, y además la fecha no encajaba en la situación laboral de su esposo.

«Ya lo he pagado», respondió Joe. «Tienes que ir».

Lo que ella no sabía, y lo que Mike sabía, es que ella estaba a punto de tener una cita para testificar contra Joe, y Joe estaba decidido a sacarla del país para que no pudiera hacerlo. El esposo de la empleada dio un paso adelante, diciendo que *no irían* al crucero. Así que Joe, conociendo al médico de la empleada, acudió a él, le dijo que estaba preocupado por la salud de ella, e hizo que el médico le ordenara seis semanas de descanso en cama, un plan cuidadosamente calculado para mantenerla fuera de la oficina.

Joe alardeaba de que había pagado el crucero (no usado), que estaba cubriendo su «descanso en cama», y qué jefe tan ejemplar era él, pero en privado Mike no lo toleraría. «La estás manipulando», le dijo. «No se trata de su salud; se trata de controlar tus problemas legales, y la estás convirtiendo en un costo aceptable».

La opinión de Mike era importante para Joe, así que Joe trazó un plan para ganárselo. Apareció en la hora del almuerzo un día y dijo: «He hecho una reserva en este asador estupendo».

«No puedo ir», dijo Mike.

«Vamos, será la mejor comida que hayas probado nunca».

«Lo siento, Joe, pero tengo otros planes».

Joe le entregó una caja a Mike.

«¿Qué es esto?».

«Tan solo ábrelo cuando yo no esté».

Mike lo abrió y contó cinco mil dólares en efectivo. Llamó a Joe, y Joe le dijo: «Ah, lo has abierto. Entonces, ¿somos amigos?».

«No. Sigo pensando que estás actuando como un idiota. Puedes venir y retirar este dinero, o se lo daré a tu exesposa [de la que Joe se estaba divorciando]».

«¡No hagas eso! Iré enseguida».

Mike sobrevive al hecho de trabajar junto a Joe entendiendo cómo se motiva Joe, y con su propia integridad Mike evita que él se convierta en su dueño.

«Joe ha construido el universo perfecto de personas a las que controla, así que yo me aseguro de no estar en ese universo. Si entras en ese universo, Joe tiene dos opciones: hará cualquier cosa para *conseguir tu lealtad*, pero si no le das eso hará cualquier cosa *para arruinarte*. Yo estoy lo suficientemente establecido en mi otra empresa donde no puede arruinarme, y él lo sabe».

Si *podemos* alejarnos de las personas tóxicas, probablemente y por lo general deberíamos hacerlo. Pero cuando la necesidad financiera, las obligaciones laborales, las relaciones familiares o incluso el logro de la misión que Dios nos ha dado necesita que encontremos una manera de vivir o trabajar con una persona tóxica, podemos aprender mucho siguiendo el ejemplo de Jesús con Judas.

Jesús y Judas

Aunque Jesús a menudo se alejaba y dejaba que otros se alejaran, es obvio y claro que dejó a una persona tóxica muy cerca de su lado: su traidor, Judas. Enfoquémonos en tres estrategias clave, basadas en la interacción de Jesús con Judas, sobre cómo podemos vivir o trabajar junto a personas tóxicas sin volvernos locos.

Jesús no consideró que su misión fuera impedir que las personas tóxicas pecaran

Quizá a ti te parezca más obvio, pero para mí fue impactante cuando entendí que Jesús sabía que Judas era un ladrón y nunca decidió detenerlo. Juan nos da una pista de esto: «Judas Iscariote, que era uno de sus discípulos y que más tarde lo traicionaría, objetó: ¿Por qué no se vendió este perfume, que vale muchísimo dinero, para dárselo a los pobres? Dijo esto no porque se interesara por los pobres, sino porque era un ladrón y, como tenía a su cargo la bolsa del dinero, acostumbraba robarse lo que echaban en ella» (Juan 12:4-6).

Si Juan sabía que Judas era un ladrón, *Jesús* sabía que Judas era un ladrón. De hecho, Jesús sabía que Judas era peor que un ladrón. En Juan 6:70-71 Jesús dijo: «¿No los he escogido yo a ustedes doce? [...] No obstante, uno de ustedes es un diablo. Se refería a Judas, hijo de Simón Iscariote, uno de los doce, que iba a traicionarlo». Jesús sabía que Judas era tóxico.

Podía haber impedido que Judas robara y también su futura traición sacándolo de su grupo en cualquier momento.

Pero no lo hizo.

¿Por qué?

Jesús siempre tenía en mente la misión más grande. Para buscar primero el reino de Dios, tenía que formar una banda de discípulos. También tenía que morir en la cruz. No se distraía con batallas individuales de piedad con sus discípulos, como nosotros tendemos a hacer con las personas que nos rodean. Tratar el hurto de Judas sería como un neurocirujano que corta las uñas a alguien. Había asuntos más importantes que tratar, y la misión de Jesús no era impedir que todos los demás pecaran.

Esta es realmente una idea liberadora para los creyentes. Tu misión no es confrontar todos los pecados que lleguen a tus oídos o conozcas, incluso quizá entre tus familiares o compañeros de trabajo tóxicos. Por supuesto, si eres padre de un hijo que todavía vive en casa, confrontar el pecado es una parte apropiada de la enseñanza espiritual. Pero en reuniones familiares, con amigos y ciertamente compañeros de trabajo de corazón duro, nuestro trabajo no es ser «detectives del pecado» que descubren cómo otros están metiendo la pata y después causar un caos compartiendo nuestras opiniones con quienes no quieren escucharlas.

Jesús pudo haber pasado las veinticuatro horas de cada día intentando confrontar todos los pecados de sus discípulos. «Pedro, ¡deja de airarte!». «Tomás, todavía dudas de mí, ¿no es cierto?». «Tadeo, estás queriendo agradar a la gente otra vez. A nadie le gustan los aduladores».

En lugar de eso, se enfocó en entrenar y equipar a personas de confianza. Enfocarse en el pecado de otros te hace enfocarte en lo tóxico. Enfocarte en *entrenar* hace que tu enfoque esté en lo bueno y en quienes son de confianza. La segunda es una vida mucho más agradable y finalmente mucho más productiva.

Como nuestra meta es buscar primero el reino de Dios y su justicia, y encontrar personas de confianza en el proceso, tenemos que dejar algunas cosas a nuestro lado. ¿Tu tío trae a otra mujer a la que dobla en edad a la cena de Acción de Gracias? No es nuestro problema. ¿El compañero de trabajo bebió demasiado en la fiesta de la oficina? Si no eres el jefe, ese no es tu problema. Además, un pecado no es nunca el problema. La separación de Dios, mentes hechas pedazos, heridas sin tratar y sin sanar: esos son los verdaderos problemas.

Siéntete libre para disfrutar de las personas y amarlas sin tener que actuar como si fueras su conciencia. Cuando te pregunten con sinceridad di la verdad, como hizo Mike con Joe. Tan solo has de saber que el hecho de que haya pecado en presencia tuya no te exige actuar como si fueras un abogado defensor, juez y jurado. Mike, del que hablamos antes, tiene una vida llena, su propio negocio y una familia con hijos que aún viven en casa, por no mencionar su trabajo en la iglesia. Si la meta de su vida fuera señalar cada uno de los «pecados» de Joe, no podría hacer otra cosa, y trabajar con Joe sería insostenible.

Tengamos en mente el cuadro mayor. En lugar de cambiar drásticamente la fiesta asegurándote de que todos sepan que no apruebas lo que está haciendo ese niño, primo, tío o padre, busca un alma hambrienta a la que poder animar, bendecir, inspirar y retar calladamente. Encuentra a la persona más «de confianza» e invierte en ella.

Jesús no permitió que la toxicidad de Judas le afectara

¿Cuánto dinero estarías dispuesto a gastar para conseguir una hora haciendo a Jesús todas las preguntas que siempre has querido hacerle?

¿Cuánto darías por regresar al primer siglo y pasar un fin de semana entero con Jesús, viéndole hacer milagros, escuchando sus enseñanzas, participando en conversaciones privadas, viéndole orar e interactuar con otros?

Si estás leyendo un libro como este, imagino que mucho.

Todo lo cual hace que la traición de Judas parezca aún más desagradable. Jesús le dio un asiento en la primera fila para ver la vida más importante jamás vivida, y Judas lo vendió.

Y sin embargo, en la última cena, cuando Jesús lavaba los pies de sus discípulos, Jesús se aseguró de que Judas estuviera presente. En una imagen de la que me asombra su auténtica maravilla, Jesús usó las dos manos más santas que hayan existido jamás, las dos manos más preciosas en la historia de la humanidad, las manos clavadas por nuestra salvación; Jesús tomó *esas* manos exquisitas y lavó los pies de su tóxico traidor.

Incluso ante la falta de gratitud y la malicia, Jesús mantuvo la puerta abierta a una reconciliación relacional. Amó a Judas hasta el final, diciendo básicamente: «No puedes hacer que te odie. Tu toxicidad no se convertirá en mi toxicidad».

Igualmente asombroso para mí es lo que ocurrió durante el acto de la traición. Cuando Judas se acerca a Jesús para entregarlo a los soldados, Jesús mira a Judas y dice: «Amigo, ¿a qué vienes?» (Mateo 26:50).

¿*Amigo*?

¿Qué tal *canalla*? ¿Qué tal *víbora*?

Jesús dijo «amigo» porque Él no tenía ninguna molécula tóxica en su cuerpo. No había ningún lugar donde la toxicidad pudiera echar raíces.

Dios está radicalmente *a favor* de las personas. Quiere que todos lleguen a conocer la verdad (1 Timoteo 2:4). Como sus seguidores, nosotros también debemos estar a favor de las personas, incluso si nos oponemos a lo que están haciendo. Si tenemos que vivir y trabajar con personas tóxicas, nuestro llamado es asegurarnos de que su toxicidad no nos afecte. No las tratamos como ellas nos tratan. No devolvemos mal por mal. Amamos. Servimos. Guardamos nuestro corazón para que su mal ejemplo no nos envenene.

A sus treinta y tantos años, Nicole trabaja en una industria que no ha sido amable con las mujeres.[1] Está empezando a cambiar porque debe hacerlo, pero Nicole sigue siendo un poco pionera a la hora de tener que tratar con la parte de «todavía no». Cree que ha sido marginada en parte por ser mujer, y algunas de las respuestas de sus compañeros de trabajo varones me parecen rotundamente misóginas. Cuando ella llamó la atención a un compañero de trabajo por cometer un error que le costó a la empresa cientos de miles de dólares, él le preguntó si estaba enojada porque estaba en sus «días del mes».

¿Por qué sigue Nicole? Como fuerte creyente, está convencida de que ese es el llamado de Dios en su vida. «No podría lidiar con la toxicidad que enfrento si no estuviera totalmente segura de quién soy en Cristo. De hecho, que yo sea cristiana puede provocar tanto el ridículo en mis compañeros de trabajo como el hecho de ser mujer. Piensan que los cristianos son ignorantes, que están en contra de la ciencia y que son débiles fariseos».

---

1. Algunos lectores quizá se pregunten de forma natural en qué industria está Nicole, pero por razones de anonimato, ella me ha pedido que no dé más detalles. Estoy agradecido por su testimonio y quiero honrar su confianza.

Nicole tiene una hermana mucho más joven, y quiere ser un ejemplo para ella. «Si dejara mi empleo cada vez que alguien dice algo misógino o anticristiano, las personas tóxicas ganarían. Si pierdo mi sitio en la mesa, pierdo influencia, y he llegado a creer que eso sería egoísta. Las mujeres más jóvenes y otros cristianos tendrían que sufrir y pelear esa batalla. Mis logros me han dado una medida de respeto con el CEO, así que no es tan fácil deshacerse de mí como si yo fuera alguien que acaba de llegar y aún no ha demostrado nada. Pero ¿tengo que aguantar mucho? Sí, así es».

Nicole trabaja mucho para no permitir que una atmósfera venenosa envenene su propia alma. Ora por sus compañeros de trabajo. A veces llama a alguna amiga a mitad del día para tener una conversación «saludable, edificante» en vez de andar asustada por los comentarios acalorados de la sala de conferencias. Escucha algún podcast, recuerda que la obra de Dios está avanzando, está tocando muchas vidas; y Él ha puesto a Nicole para ser luz en un lugar a veces oscuro. Su misión en la vida no es luchar contra los compañeros de trabajo tóxicos; es terminar su misión y guardar su propia alma en el proceso.

Lo que Nicole y Mike tienen en común es una *fuerza interior.* Nicole no tiene miedo de defenderse. «Cuando tratas con personas poderosas como nuestro CEO, tienes que saber que se supone que debes contribuir. Por eso estás ahí. No permites que otros colegas te definan o te limiten, y mantienes el enfoque. Mi tarea no es hacer que el lugar de trabajo sea mejor para las mujeres; a fin de cuentas, mi trabajo es tener éxito en aquello para lo que me pagan, y eso indirectamente es lo que ayudará a otras mujeres que vienen detrás.

«Me recuerdo que cada plataforma que he recibido es un punto de confianza que Dios me da. No es por accidente, y tengo que ser una buena administradora. Dios me tiene aquí por una razón, y algo que he aprendido en cuanto a tratar con las personas tóxicas es que *cada vez es más fácil.* Ya no tienes tanto miedo cuando lo has experimentado unas cuantas veces. Sabes cómo termina. En cierta forma, es casi como un entrenamiento. Cada vez eres más fuerte, cada vez puedes levantar más peso, y tener más capacidad pulmonar».

La fe de Nicole la mantiene arraigada. «Pocas personas saben cómo relacionarse de forma saludable con un CEO muy poderoso y exitoso. Pueden quedar aplastadas cuando intentan leer entre líneas cada vez que él hace un comentario, o quedar aplastadas cuando no comenta nada. Yo he decidido que él no ocupará ese papel en mi vida. Estoy establecida en quién soy yo como hija de Dios. No necesito que otro padre me afirme o valide. A fin de cuentas, el trabajo validará mi empleo. Puedo controlar mi trabajo; no puedo controlar cómo otros lo hacen girar.

«Y, francamente, aunque esto no siempre es cierto, he descubierto que los matones más enérgicos son por lo general los más inseguros. A menudo siento lástima por ellos, tanta como disgustos me dan. Sé que si me hablan como lo hacen, no pueden tener un buen matrimonio, no pueden tener una vida feliz. Hay demasiada inseguridad, celos, mezquindad e indecencia en su alma como para que sean felices. Debe ser doloroso para ellos mirarse en el espejo de vez en cuando y admitir en qué se han convertido.

»Por lo tanto, no voy a dejar que una persona así que está arruinando su propia vida arruine también la mía. No voy a dejar que otros determinen dónde trabajo. Si toda la oficina fuera tóxica y eso estuviera afectando mi salud y mi propia familia, probablemente me iría. Pero puedo aguantar a unas cuantas personas tóxicas. Tienes que hacerlo para estar en este negocio».

Nicole ha aprendido a mantener su trabajo *y su carácter*, así como Jesús lo hizo con Judas.

Jesús habló la verdad ante la misma locura

Aunque Jesús invitó a Judas a volver a la relación hasta el momento mismo de la traición, lavando sus pies e incluso llamándolo amigo, nunca dio a entender que lo que Judas estaba haciendo no fuera tóxico. De hecho, advirtió a Judas en la última cena que si iba a seguir con sus planes, las cosas no terminarían bien para él: «¡ay de aquel que lo traicionara! Más le valdría a ese hombre no haber nacido» (Marcos 14:21).

Cuando Judas lo besó en Getsemaní, Jesús respondió: «Judas, ¿con un beso traicionas al Hijo del hombre?» (Lucas 22:48).

Cuando trabajas junto a personas tóxicas, no tienes que fingir que no son tóxicas. No tienes que fingir que tienen buenas intenciones pero que están mal aconsejadas.

La razón por la que eso es una buena noticia es que nos ayuda a mantener la cordura. Las personas tóxicas son expertas en retorcer las cosas, hacernos sentir locos por admitir la verdad (lo que los consejeros llaman enloquecer mediante engaños). Pero como seguidores de Jesús, estamos comprometidos con la verdad porque estamos comprometidos con Jesús, quien dijo: «yo soy el camino, la *verdad* y la vida...» (Juan 14:6, énfasis añadido).

Sin la verdad como refugio, interactuar con personas locas puede hacerte empezar a sentir loco. Pero Dios es un Dios de orden. La locura es un signo claro de toxicidad.

¿Recuerdas cómo se comportaba Mike con Joe? Joe parecía desesperado por conseguir la aprobación de Mike, ya fuera mediante sobornos o amenazas. Mike se mantuvo firme: «Estás manipulando. Nada de lo que digas o hagas puede hacerme cambiar de idea o hacer que finja ser otra cosa».

Mike no dice que todo lo que Joe haga está mal, pero cuando le pregunta directamente, *nunca* finge que todo está bien cuando no lo está. Se niega a intentar encontrar sentido a los sinsentido, o buenas intenciones en la manipulación.

Esto sonará como un cliché, pero he descubierto que las oraciones extra aportan un nivel de cordura a una situación en la que parece reinar la locura. Hay algo en pasar tiempo hablando y escuchando al Dios de la verdad que restaura la cordura cuando te ves forzado a pasar tiempo en un lugar que te hace sentir que estás perdiendo la cabeza.

Al confiar en que Dios entiende todo lo que está pasando verdaderamente, y al recordar que Dios es el único capaz de hacer que todo rinda cuentas, podemos descansar en su entendimiento, promesa y protección: «No se inquieten por nada; más bien, en toda ocasión, con oración y ruego, presenten sus peticiones a Dios y denle gracias. Y la paz de Dios, que sobrepasa todo entendimiento, cuidará sus corazones y sus pensamientos en Cristo Jesús» (Filipenses 4:6-7).

Enseñanzas

- A veces no podemos alejarnos, sino que tenemos que aprender a vivir o trabajar alrededor de personas tóxicas. Esto nos exigirá que seamos más fuertes que nunca.

- No intentes controlar a un controlador. Trabaja junto a él como se te exige, pero no dejes que sus altibajos se conviertan en tus altibajos. Mantén un nivel de distancia saludable entre los dos.
- Pon lo primero en primer lugar. Nuestra tarea no es impedir que las personas pequen. Enfócate en invertir en personas de confianza.
- Guárdate de dejar que la toxicidad de otra persona te tiente a responder de una forma similarmente tóxica. No podemos controlar lo que hacen y dicen las personas tóxicas, pero podemos controlar lo que *nosotros* hacemos y decimos.
- Nicole nos recuerda que quizá tengas que trabajar con o para una persona tóxica, pero no tienes que permitir que esa persona te valide. Puedes automotivarte sabiendo quién eres en Cristo.
- No permitas que alguien que está arruinando su vida arruine también la tuya. Deja el trabajo en el trabajo (o el drama familiar en las reuniones familiares).
- Agradece a Dios que nunca tenemos que fingir que la locura no es locura. Vivimos por la verdad. No tenemos que fingir que las personas tóxicas no son tóxicas; solo tenemos que aprender una manera no tóxica de interactuar con ellas.

CAPÍTULO 12

APRENDER A SER ODIADO

Al haberme criado corriendo en el noroeste del Pacífico, por lo general no me importa un poco de lluvia durante una carrera a finales de primavera o en el verano. De hecho, la lluvia puede ser un buen respiro del calor y la humedad de Houston.

Una noche, sin embargo, durante una tormenta del tamaño de Texas, tenía el parque más grande de Houston casi para mí solo. Parecía que solo estábamos tres valientes luchando contra el clima en el recorrido de cinco kilómetros de Memorial Park. La lluvia se convirtió en truenos y después relámpagos. Se volvió tan violenta que un árbol cayó a mi izquierda. La lluvia caía bastante horizontal, golpeándome desde un lado. Se hicieron charcos y mis zapatos empezaron a empaparse. Era demasiado, incluso para un chico de Seattle, así que empecé a realizar ejercicios de velocidad y me apresuré hasta mi automóvil.

Había estado orando durante toda la carrera, y en tales ocasiones puedo sentir a Dios enseñándome mientras lo hago. En mi mente, creo que la tormenta me aportó un claro y aterrador cuadro de la ira de Satanás contra la obra y los obreros de Dios. La tormenta era una personificación física de la violencia, el error y los múltiples ataques realizados contra la Iglesia de Dios por los enemigos de Dios.

Y a veces lo mejor que podemos hacer es buscar refugio de esos ataques.

Era una verdad difícil para mí recibir la advertencia de Dios de que ser amigo de Dios es ser enemigo de sus enemigos:

> «Si el mundo los odia, recuerden que a mí me odió primero. Si pertenecieran al mundo, el mundo los amaría como a uno de los suyos,

pero ustedes ya no forman parte del mundo. Yo los elegí para que salieran del mundo, por eso el mundo los odia. ¿Recuerdan lo que les dije? "El esclavo no es superior a su amo"».

JUAN 15:18-20, NTV

Por supuesto, no vemos a los enemigos como «enemigos» en el sentido de que Jesús nos llama a amar incluso a nuestros enemigos (Mateo 5:44). Pero así como Dios guía a sus seguidores a amar incluso a sus enemigos, así aquellos cuyo padre es Satanás son guiados a odiar incluso a sus amigos: a quienes oran por ellos y se preocupan de sus almas.

Un par de ejemplos impactantes:

- El periodista inglés Christopher Hitchens coprodujo un documental ferozmente crítico sobre la Madre Teresa titulado «Ángel del infierno».
- Madame Guyon (1648-1717), cuyos escritos produjeron mucho ánimo a personas tan destacadas como François Fénelon, John Wesley y el Conde Zinzendorf, fue encarcelada durante ocho meses después de escribir *A Short and Easy Method of Prayer* [Un método breve y fácil de oración]. Los enemigos la envenenaron mientras estaba en prisión, y sufrió los efectos de ese envenenamiento durante los siete años siguientes: *por inspirar a las personas a orar.*

Las historias en las Escrituras y la historia cristiana son muchísimas, y es prácticamente imposible buscar primero el reino de Dios sin ser criticado, odiado o perseguido en el proceso. Un conocido evangelista de la era colonial predicó un famoso sermón titulado «Persecution: Every Christian's Lot» [«Persecución: la suerte de cada cristiano»].[1] Él ponía el énfasis en la palabra *cada*.[1]

Jesús fue injuriado, ejecutado como un criminal, considerado una amenaza, y totalmente despreciado, ¿y nosotros demandamos que nos halaguen? Pablo dijo que los primeros apóstoles fueron maldecidos y

1. Ver Marcos 10:29-30 (énfasis añadido): «y les aseguro que todo el que haya dejado casa o hermanos o hermanas o madre o padre o hijos o bienes por mi causa y por la Buena Noticia recibirá ahora a cambio cien veces más el número de casas, hermanos, hermanas, madres, hijos y bienes, junto con persecución; y en el mundo que vendrá, esa persona tendrá la vida eterna».

llamados «la escoria de la tierra» (1 Corintios 4:13), ¿y todavía nos afecta cuando una sola persona con treinta seguidores en Twitter nos ataca?

Para empeorar más aún las cosas, algunos cristianos inciden en esa persecución dándonos una clase sobre que la única razón por la que somos perseguidos por el mundo y la *verdadera* razón por la que somos rodeados es que somos odiosos. Eso, en muchos casos, podría ser cierto. Si nos falta gracia y misericordia, y hablamos con una santurronería odiosa, no deberíamos sorprendernos si nos dan un puñetazo en la nariz de vez en cuando. Pero sugerir que, si amáramos como lo hizo Jesús, el mundo se derretiría ante nosotros, dejaría su oposición, cantaría nuestras alabanzas y se uniría a nuestras filas, es estar absolutamente ciego a cómo fue tratado el Jesús que amaba de forma perfecta, y cómo muchos de sus más fieles y nobles seguidores han sido tratados en los dos últimos milenios.

La realidad de nuestras acciones amorosas, nuestra generosidad y nuestras medidas orientadas al servicio no harán que el mundo deje de aborrecernos, aunque nosotros deberíamos seguir amando celosamente. Nunca ha sido así, y nunca lo será. Lo único que hará que el mundo deje de odiarnos es que nos pongamos de acuerdo con el mundo, incluso aunque el mundo discrepe con Jesús.

La iglesia de hoy tiene que prestar atención a la advertencia dada a Tiatira en Apocalipsis 2:19-20. Tiatira *destacaba* en amor, servicio y obras: «Conozco tus obras, tu amor y tu fe, tu servicio y tu perseverancia». Sin embargo, Jesús la castiga por tolerar la enseñanza sobre la inmoralidad sexual. Esta iglesia destacaba en amor pero toleraba el pecado sexual, *y Jesús tiene eso contra ella*. El amor es esencial, pero los actos amorosos sin testificar de la verdad bíblica es el camino del cobarde hacia la santurronería, un intento furtivo y mal dirigido de seguir aparentemente a Jesús mientras evitamos la ira del mundo.

Cuando tomamos ese camino cobarde, no estamos amando verdaderamente a otros, y no estamos amando a Jesús. Nos estamos amando *a nosotros mismos*.

Francisco de Sales llama a todos los cristianos a amar pero nos recuerda que no deberíamos esperar ser amados a cambio: «Cuando el mundo nos mira con un ojo malvado, nunca podemos estar de acuerdo con ello... El amor es benevolente y bueno, dice San Pablo, pero el mundo es malicioso; el amor no piensa lo malo, mientras que el mundo, por el contrario, siempre piensa lo malo, y cuando no puede condenar nuestras acciones, acusa nuestras intenciones... Hagamos lo que hagamos, el mundo hará guerra contra nosotros».[2]

Jeremy Taylor (clérigo anglicano del siglo XVII) está de acuerdo: «Si los hombres no dejan a un lado... su amor declarado a su pecado secreto, pueden matar a un apóstol y a la vez ser tan ignorantes como para "pensar que están haciendo un buen servicio a Dios"; pueden sacudir reinos y romper la paz de una iglesia bien ordenada, y levantarse contra sus padres, y ser crueles con sus hermanos, y animar a las personas a la sedición; y todo esto con... un espíritu orgulloso».[3] Ellos hacen esto, dice Taylor, porque es más agradable para ellos derribar toda una iglesia que admitir que lo que hacen es pecado. Para ellos, es más fácil desafiar la verdad que vivir por ella, así que atacan ferozmente a cualquiera que se atreva a decir la verdad. Viven según el lema: *Ponte de acuerdo conmigo, o pagarás el precio.* Esto es control y homicidio envuelto en una campaña tóxica.

Jesús dijo que el mundo le aborrecería no porque Él no amara, sino porque «yo testifico que sus obras son malas» (Juan 7:7). El único hombre que amó a todos perfectamente fue odiado no porque *le faltara amor,* sino porque *se opuso al mal.*

¿Cómo respondemos a estas personas tóxicas que nos atacan con un contentamiento malvado?

Ataques cristianos

Sheila Wray Gregoire es una bloguera canadiense, escritora y oradora. En cuanto a temas, ella va donde pocas personas tienen valor de ir, hablando de problemas en el matrimonio que raras veces entran en conversaciones «políticamente correctas». He visto a Sheila abordar temas sensibles con una gracia inspirada por Dios balanceada con la cantidad justa de verdad, solo para leer los viles comentarios que siguen, todos sugiriendo que haga un agujero, se meta a él y muera.

Así es como Sheila aprende a discernir si está tratando con una persona tóxica o con alguien a quien tiene que escuchar:

> Uno de los mayores avances que tuve al tratar la crítica fue darme cuenta de que no todos intentaban participar en un debate saludable. Algunas personas criticaban justamente lo que escribí

o intentaban involucrarse en ello; otros quizá usaban palabras o frases similares, pero el tono era diferente. No intentaban criticarme; intentaban hacerme descarrilar. La única manera de satisfacerlos sería simplemente callar, y eso es algo para lo que no estoy preparada.[4]

Lo que Sheila dice aquí encaja perfectamente en el tema de este libro: escoger servir a Dios en vez de someternos a las personas tóxicas.

Sheila tiene la sabiduría y la experiencia suficientes para saber que a veces las personas adquieren un lenguaje cristiano de formas manipuladoras. Ella me escribió: «Aprender que no todo el mundo que usa un lenguaje cristiano tiene que ser escuchado fue una gran carga que me quité de encima. En lugar de obsesionarme por si lo que decían tenían mérito o no, me preguntaba: "¿Simplemente vemos las cosas de forma distinta y ellos están preocupados, o están intentando detener mi ministerio?". Decidí que me sentiría libre para ignorar a quienes están en este último grupo».

Solo porque alguien *suene* como un cristiano o use un lenguaje cristiano no significa que esté ofreciendo verdad cristiana. Hasta que no entendamos esto, nos desalentaremos y confundiremos por los ataques tóxicos envueltos en lenguaje cristiano.

Jesús enfrentó esto con los fariseos. Ellos hablaban con un respeto fingido: «Maestro, sabemos que eres un hombre íntegro y que enseñas el camino de Dios de acuerdo con la verdad» (Mateo 22:16).

Jesús vio sus verdaderas intenciones y habló claro. «*Conociendo sus malas intenciones*, Jesús replicó: ¡Hipócritas! ¿Por qué me tienden trampas?» (Mateo 22:18, énfasis añadido).

El lenguaje («eres un hombre íntegro»; «enseñas el camino de Dios de acuerdo con la verdad») sonaba bueno y santo, pero los motivos eran siniestros. Una persona sucia puede llevar ropa limpia, pero eso no hace que la persona que está debajo sea limpia.

La religión, bajo el disfraz de gracia, puede ser una fuerza poderosa para el bien. La religión sin gracia puede corromper. La religión santurrona vierte gasolina sobre el fuego: «¡Solo estoy defendiendo la fe!», en lugar de traer convicción acerca de nuestras acciones tóxicas.

Si eres verdaderamente un seguidor de Cristo, no solo hablarás el mensaje de Cristo; también usarás los *métodos* de Cristo.

Sheila tuvo que aprender esta lección:

> Durante años he estado retorciéndome para intentar entender cómo algunas personas que dicen las cosas correctas sobre el evangelio pueden ser tan dañinas y tan desalentadoras para mi ministerio. Entonces me di cuenta de que estaba juzgando a las personas demasiado por lo que decían creer en vez de por cómo actuaban. Jesús dijo que conoceremos a sus siervos por su amor, no por su doctrina (aunque la doctrina, por supuesto, es importante). Demasiados predican a Cristo con ambiciones egoístas o con una vana soberbia, y no por amor al mundo y a los hijos de Dios. De alguna forma, darme cuenta de eso me causó gran tristeza: ¿Cómo podían nuestras iglesias estar llenas de tales instrumentos de desánimo? En otros aspectos me causó gran alivio. No tengo que satisfacer a nadie que se llame cristiano. Solo tengo que acercarme más a Jesús para poder oír su voz sobre mi propio llamado; y al final, yo soy responsable ante Jesús y ante aquellos a los que Él ha puesto en mi círculo íntimo; no soy responsable de responder a todo el mundo solo porque se llame cristiano.

Kevin Harney, un pastor en Monterey (California), que también viaja mucho con sus seminarios «Organic Outreach», tiene mucha experiencia lidiando con cristianos que se presentan como bien intencionados pero resultan ser tóxicos.

Un caballero solía acercarse a Kevin después de *cada* sermón y decir algo en la línea de: «Estuvo bien lo que dijiste, pero podrías haber añadido...». «Tu punto fue bueno, pero creo que tienes que ser cuidadoso para no dar la impresión de...».

Finalmente, Kevin tuvo que decirle: «¡Basta!». Desanimaba mucho cada semana escuchar que su sermón podía haber sido «tan solo un poco» mejor. El número de personas que asisten a la iglesia Shoreline en comparación con su estacionamiento exige que Kevin termine de predicar a los 29 minutos y 59 segundos para poder desalojar el estacionamiento para la siguiente reunión. Tiene que dejar muchos pensamientos en el suelo de la sala de montaje, y no necesita que un miembro de su iglesia se lo recuerde. Además, esta crítica semanal de cinco o diez minutos impedía que Kevin saludara a visitantes y fieles asistentes que tenían preguntas o peticiones de oración genuinas. Así es como Kevin ha aprendido a manejar a los odiadores tóxicos en general:[5]

1. Mantener mis ojos en Jesús (Hebreos 12:2). Jesús fue golpeado, rechazado y odiado por muchos. En tiempos de ataque y dolor, soy inspirado, enseñado y empoderado cuando mis ojos están puestos en Él.
2. Mantener mis ojos en otros grandes santos que han existido antes de mí (Hebreos 12:1). Tanto personas bíblicas como personas de la historia de la Iglesia nos muestran un camino de soportar el sufrimiento y mantenernos fuertes. Cuando recuerdo su viaje, soy fortalecido.
3. Recordar que sufrir por el nombre de Jesús es un honor, de manera extraña (Filipenses 1:29). La perspectiva en estos momentos es poderosa.
4. No sufrir sin necesidad (Hechos 16). A veces Pablo sufrió cuando no tenía por qué. En este encuentro, él decidió no usar la carta de «Soy ciudadano romano» y permitió que se le «flagelase severamente». Otras veces, habló antes de ser golpeado y lo detuvo (Hechos 22:22—23:11). ¿Por qué permitir que te golpeen una vez y otra no? Creo que fue un asunto de discernimiento espiritual. Si los golpes avanzaban la obra de Jesús... él lo soportaba. Si los golpes no tenían un resultado redentor, Pablo hablaba y lo detenía antes de que sucediera.
5. Si el ataque y la persona abusiva provienen de una persona cristiana, ejercitar la disciplina de la iglesia (Mateo 18:15-17). A veces, la mejor respuesta es tratar con la persona tóxica y atacar llamándola a la madurez, el arrepentimiento y una nueva forma de vida.

Deja que te sirvan

Uno de los «beneficios» de ser atacado por personas tóxicas es que Dios puede usarlo para examinar nuestra alma y perfeccionar nuestra motivación. El escritor del siglo XVII John Climacus escribe acerca de tres etapas por las que debemos pasar al aprender a manejar la conducta tóxica: «La primera etapa de paciencia bendita es aceptar el deshonor con amargura y angustia del alma».[6] En esta etapa, odiamos lo que nos está sucediendo; nos despedaza. Quizá perdemos algo de sueño, pero *lo aceptamos como necesario en nuestro servicio a Dios.* No dejamos que las personas tóxicas nos redirijan u obstaculicen. Nos duele, *pero no nos detiene.* Esa es la primera etapa.

«La etapa intermedia es ser libre del dolor en medio de tales cosas».[7] Tras pasar por la etapa uno (por lo general tras hacer frente a ataques tóxicos en múltiples ocasiones), nuestros músculos espirituales se habrán fortalecido, y de hecho no sentiremos el dolor de manera tan intensa, o incluso ni los sentiremos. Reconocemos que las personas tóxicas serán tóxicas, y decidimos no dejar que eso nos moleste. No nos sorprende, y ni siquiera nos impacta emocionalmente. Esto exige que seamos libres no solo de las opiniones de las personas tóxicas, sino también de las opiniones de otros, algunos de los que quizá crean en los ataques de la persona tóxica. Esta etapa habla de un nivel de madurez espiritual más alto que no se consigue fácilmente. Tristemente, la gran mayoría de nosotros llegaremos aquí solo después de haber viajado por múltiples episodios de oposición tóxica. Si nunca te han tratado ferozmente, es difícil crecer en tu habilidad de hacerle frente sin perder la paz, el gozo y el consuelo.

Climacus continúa describiendo la etapa tres, la cual llama «la etapa perfecta, si eso es alcanzable», la cual él caracteriza como ser capaz de «ver la deshonra como una alabanza».[8] Aprecio que él dé a entender que la etapa tres es elusiva, ya que creo que la mayoría probablemente estaremos entre las etapas uno y dos. Sin embargo, con un fuerte sentido de la misión, podemos, sin lugar a dudas, ver la oposición como un éxito: «Cuando un hombre es solo un ciudadano privado, un marinero, un agricultor, los enemigos del rey no tomarán las armas contra él. Pero cuando le ven aceptar el sello del rey, el escudo, la daga, la espada, el arco, el uniforme de un soldado, entonces crujen sus dientes y hacen todo lo que pueden para destruirle... La guerra contra nosotros es una prueba de que estamos luchando en la guerra».[9]

Climacus resume todo esto con: «Que los primeros [los que están en la etapa uno] se alegren y los segundos sean fuertes, pero benditos son los terceros, porque se gozan en el Señor».[10]

Entonces, ¿cómo aprendemos a ser odiados? Aprendemos a aborrecer lo que *nos está* sucediendo mientras que a la vez amamos lo que está sucediendo *dentro* de nosotros.

Mira a largo plazo

Finalmente, cuando lidiamos con oposición tóxica, nos ayuda el hecho de mirar a largo plazo. Cuando actúas con valor por obediencia, lo que ocurre después se puede ver inmediatamente como un empeoramiento, pero ese no es el momento de evaluar si hiciste o no lo correcto. Como veremos en otro capítulo, cuando es confrontado, el mal sigue intentando llevarse su parte.

Tras una conversación muy dolorosa con una persona a la que Lisa y yo queremos mucho, una conversación que no terminó de modo alguno como nos hubiera gustado, intenté animar a Lisa diciéndole que dentro de cien años, esta persona nos daría las gracias. Incluso si no teníamos razón, debería saber que dijimos lo que dijimos por puro amor; y si tenemos razón, como creemos que es el caso, ella debería decir: «Gracias por no permitirme tomar un desvío potencialmente ruinoso o deshonrar a Cristo de esta forma quedándose callados».

Quizá nunca seamos apreciados por las duras conversaciones que tenemos en esta tierra; pero en la eternidad, cuando todos acepten la verdad y belleza y el señorío del Rey Jesús, toda persona que se nos opone conocerá nuestras intenciones, nuestro corazón y, cuando las persianas sean quitadas, la sabiduría de vivir nuestra vida según la Palabra de Dios. Ellos nos darán gracia por las veces que estábamos equivocados y gratitud por las que teníamos razón, incluso por la «razón» con la que ellos no estaban de acuerdo en ese tiempo.

No quiero decir con esto que crea que tengo razón en todo. Estoy seguro de que no. Sin duda alguna hay versículos y aplicaciones en las que metí la pata y la meteré en el futuro.

Todo cristiano debería estar marcado por la humildad y la gracia. Es posible que en mi estado caído, lo que yo considero odio por su parte sería una amorosa reprensión basada en la verdad dada por obediencia a Dios, y yo debería recibir esa corrección.

No soy *yo* finalmente el que define si alguien es tóxico o no. La *verdad* determina si alguien es tóxico. Siempre existe la posibilidad de que la persona tóxica y yo estemos *ambos* equivocados, incluso cuando no estemos de acuerdo.

Tenemos la responsabilidad de decir la verdad adecuadamente, con compasión, y sin disculparnos, sin intentar controlar a nadie ni matar la reputación de nadie, pero sería una parodia convertirse en una persona tóxica mientras se defiende ostensiblemente la verdad. Las personas tóxicas, por definición, no respetan la personalidad de otros. Debemos respetar a las personas tóxicas, incluso cuando nos oponemos a ellas, o de lo contrario corremos el riesgo de convertirnos en una de ellas.

Jesús es el ejemplo perfecto de los que dicen la verdad pero no controlan. Si quieren alejarse, que se alejen, y después *tú* te alejas. No los sigues en Facebook; no lanzas una contraofensiva de chismes en la iglesia; no malgastas ni un solo segundo intentando destruirlos. En vez de eso, encuentras a las personas de confianza que escucharán, e inviertes ahí tu tiempo.

No es fácil aprender a ser odiados, pero los cristianos fieles serán odiados. Si no aprendemos esta difícil lección, nuestra misión se resentirá en consonancia.

Enseñanzas

- Tristemente, convertirse en amigo de Dios es convertirse en enemigo de otra persona (aunque no le tratemos como tal). *Seremos* atacados.
- Al igual que Sheila, tenemos que aprender a distinguir entre un debate saludable y un ataque venenoso. El último está marcado por un espíritu de control y homicidio.
- Cuando alguien usa lenguaje cristiano, no siempre significa que esté actuando con motivos cristianos.
- Kevin Harney ha aprendido a responder a los ataques tóxicos manteniendo sus ojos en Jesús, siendo inspirado por los ejemplos de santos anteriores, recordando que sufrir por Jesús es un honor, aprendiendo a evitar el sufrimiento innecesario y, cuando es apropiado, encontrando refugio en la disciplina cristiana.
- John Climacus ofrece tres marcas que alcanzar cuando aprendemos a manejar los ataques: aceptar los ataques con angustia, experimentar los ataques sin angustia, y considerar la deshonra como una alabanza.
- Mirar a largo plazo nos ayuda a lidiar con las confrontaciones que no están teniendo el resultado que esperábamos.
- Tenemos que equilibrar la humildad (reconociendo que siempre es posible que nosotros estemos equivocados) con el valor (no tener miedo de hablar).

CAPÍTULO 13

EL ESQUELETO DE LAS ESCRITURAS

En 2014, cuando la existencia de la Bahía de Guantánamo era aún bastante contenciosa, un capellán de la marina me invitó a ministrar en el complejo militar de Estados Unidos que alberga a los detenidos capturados durante los ataques de Al Qaeda sobre Estados Unidos.

Una de las primeras cosas que observé fue que el nombre de todos los soldados sobre su uniforme estaba sujetado con velcro. Cuando pregunté el porqué, me dijeron que había que quitar los nombres cuando se interactuaba con algunos de los detenidos porque muchos de ellos entraban en una guerra psicológica siempre que un soldado entraba en su celda.

«¿Qué tipo de guerra psicológica?», pregunté.

«Sargento Montague, usted es de Minneapolis, ¿verdad? Tenemos amigos allí, ya sabe. Estoy seguro de que les encantaría hacer una visita a su familia».

Lo mejor era quitar los nombres y evitar la exclusión.

Un edificio albergaba a las personas conocidas como «salpicaderos». Estos hombres ya no tenían acceso a los materiales para fabricar bombas convencionales, así que fusionaban elementos naturales como saliva, heces, orina y vete tú a saber qué más (no voy a decirlo), lo mezclaban todo, y se lo lanzaban a un guardia que entraba a su celda.

El abuso verbal que usaban los detenidos a menudo era incesante, acabando con la paciencia de los soldados como un invierno del oeste de Michigan que parece que nunca termina. Una guardia fue castigada y disciplinada cuando finalmente gritó: «*¡Cállate!*» a un detenido que le había estado insultando sexualmente y amenazando a su familia durante semanas.

Su disciplina revela la seriedad con que el liderazgo de la Bahía de Guantánamo se tomaba el hecho de no volverse tóxicos ellos mismos ante la cara de la toxicidad. Me doy cuenta de que algunos creen que la idea en sí de la detención en la Bahía de Guantánamo es tóxica en sí misma, pero este no es un lugar para debates políticos. Antes de mi llegada, por supuesto, se habían cometido algunos errores graves en la Bahía de Guantánamo y se debatieron públicamente. Pero vi a líderes haciendo su mejor esfuerzo para avanzar con integridad en las sombras de algunos personajes muy oscuros.

La Bahía de Guantánamo me puso cara a cara con un nuevo tipo de mal. ¿Cuánto odio debe haber en tu corazón para matar a personas que nunca has conocido? Y después, cuando eres capturado, ¿lanzar «bombas» orgánicas a las personas que te están alimentando?

A veces, como cristianos somos demasiado ingenuos con respecto a la realidad del mal, la necesidad de confrontarlo *y* la necesidad de protegernos unos a otros de Él. Y de nuevo, quizá algunos creen que el mal estuvo marcado más por la detención que por la resistencia al mismo. En cualquier caso, pocos niegan que exista el mal tóxico.

Y sin embargo, muchos intentan negarlo. Nuestra sociedad por lo general quiere culpar a todo *menos* al mal para explicar algo que se ha torcido. Dallas Willard habla de la forma en que la sociedad intenta rodear la necesidad de tratar directamente los efectos del mal mientras niega la existencia del mal: «Somos como granjeros que diligentemente plantan cosechas pero no pueden admitir la existencia de malas hierbas e insectos y solo piensan en poner más fertilizantes. Similarmente, la única solución que conocemos para los problemas de la humanidad hoy es la "educación"».[1]

Educar a una persona malvada sin considerar el mal no elimina el mal; simplemente hace que la persona esté más equipada para esparcir su maldad. Los cristianos, entre todas las personas, deben aprender a reconocer, confrontar y tratar los efectos del mal.

Un esqueleto

Un adulto tiene 206 huesos. Sin embargo, si eliminas uno particularmente importante, como el hueso de la cadera, no soportarás el dolor. No podrías caminar, correr o estar de pie, aunque los otros 205 huesos estén en perfecto estado.

O digamos que eliminas los siete huesos que componen nuestro cuello. Aunque te queden los otros 199 huesos, sin esas siete vértebras cervicales la vida será muy difícil. Para que nuestro cuerpo funcione bien, necesita *todas* sus partes.

Lo mismo es cierto de las Escrituras.

Las Escrituras tienen un esqueleto útil que ofrece mucha sabiduría para la realidad y tratamiento de las personas tóxicas en nuestra vida. Aunque tiene más que eso, cuando hablamos de las personas tóxicas podemos enfocarnos en tres partes de este esqueleto: creación, caída y redención. Así como en el cuerpo humano, cada uno de estos «huesos» es esencial; no se debería eliminar ni uno solo.

En este esqueleto, la creación es buena y santa, pero después viene la caída. Los cristianos reconocen la presencia profunda y real del mal y el pecado, mientras también se aferran a la esperanza de la redención. No pasamos de la creación a la redención, como si el mal no existiera. Tenemos que lidiar con el mal, reconocer el mal y confrontar el mal mientras esperamos nuestra redención definitiva. La redención ya ha comenzado (con la muerte y resurrección de Cristo), pero aún no está completa. El mal ha recibido un golpe muy grave, pero todavía no está acabado.

La redención nos da esperanza en la misma cara del mal; nos da el valor para confrontar el mal abrumador, pero no finge que el mal no existe. De hecho, sin el mal no hay necesidad o propósito para la redención.

Así que una mente cristiana piensa en el mundo como algo que Dios creó siendo bueno, pero también como algo *radicalmente caído*. La esperanza detrás de la redención nos impide caer en la desesperación, nos da una visión espiritual perfecta. Reconocemos el mal en vez de menospreciarlo, pero tampoco cedemos al mal más de lo debido. Por eso reconocemos el poder de Dios para vencer el mal, y abrazamos el llamado de la Iglesia a confrontar y resistir el mal.

Imaginar la creación (matrimonio, crianza de los hijos, amistad, empresa, gobierno y vida de la Iglesia) sin maldad es estar medio ciego. Dios creó el matrimonio. Dios creó la autoridad parental. Dios tuvo la idea de que sus seguidores se reunieran en iglesias. A través de su Palabra, respalda el gobierno; pero el mal intenta penetrar, asolar y destruir todo diseño creacional. Una buena creación (la energía nuclear) se puede usar para propósitos nefastos (una bomba nuclear). La buena institución del matrimonio se puede convertir en una cobertura para abusar del mal. La autoridad parental, aunque bendecida por Dios, se puede convertir en algo malicioso y abusivo, con la intención de dañar en lugar de desarrollar.

No debemos ver nada de este mundo, ni siquiera las instituciones que Dios ha creado y diseñado, como algo que el mal no puede tocar. Cuando hablamos de su mantenimiento y propósito como si pasáramos directamente de la creación a la redención, nos arriesgamos a dejar a la gente desprotegida y desapercibida en el mal cavernoso que existe entre la creación y la redención.

Es algo horrible que un hombre o una mujer finalmente admitan que se casaron con una persona malvada y tóxica. Piensa en ello por un segundo, y podrás imaginarte la pesadilla que eso debe ser. Lo que han experimentado puede empezar a tener algo de sentido cuando finalmente se aplica la etiqueta correcta, pero solamente la admisión demanda algunos remedios severos casi demasiado difíciles de contemplar. Estos hermanos o hermanas en Cristo necesitan el apoyo de la iglesia más que nunca, y sin embargo a menudo sienten que ese apoyo se aleja, como si el mal no existiera o importara. «Inténtalo con más fuerzas y ora más, y tu matrimonio mejorará».

Del mismo modo, un adulto puede tardar años en admitir internamente que la obsesiva «preocupación» de su mamá o su papá podría ser evidencia de una toxicidad controladora en vez de un cuidado genuino. ¿Quién quiere pensar que tiene que escapar de sus padres, cuando cualquier persona saludable sueña con tener buenos padres, maravillosos y cuidadosos?

Nadie quiere admitir que tiene un pacto de ningún tipo con una persona tóxica. Como maestros y amigos, nuestro trabajo a veces es ayudar a las personas a entender no solo la creación de Dios (y con ello la necesidad de respetar la debida autoridad, incluso cuando sea difícil hacerlo), sino también los efectos de la caída (y por lo tanto la necesidad de romper con personas tóxicas). Si hablamos solo de «autoridad» *sin* reconocer cómo ha sido afectada por la caída, corremos el riesgo de habilitar el mal en vez de confrontarlo.

Ignorar a las personas tóxicas es ignorar el mal. Es fingir que la caída nunca sucedió. Es cooperar con el mal e incluso proteger el mal en lugar de confrontarlo.

Lo más cerca que estamos del mal

La otra razón por la que es tan importante recordar que el mal existe no es solamente para protegernos del mal que muestran *otros*; tenemos que tener cuidado con el mal que hay dentro de *nosotros*. Vivimos en un mundo caído, y vivimos con deseos caídos. Si me olvido del mal, no estaré vigilante de mi propia pereza, sino que buscaré alguna forma noble de caracterizarla. Defenderé deseos peligrosos con sermones a mí mismo sobre «libertad en Cristo», o veré mi conducta controladora como «bienintencionada».

Un buen amigo mío está casado con una mujer hermosa. Una vez observó que un cliente que hacía fila para pagar la estaba desvistiendo mentalmente con una mirada fija y desvergonzada. Hablaron de ello de camino a casa, y ella confesó: «Me sucede todo el tiempo; y sí, parece una violación. *Es* una violación. Puedo sentirlo». A veces puede sentirlo incluso cuando el tipo está detrás de ella. Cuando un tipo hace que una mujer se sienta así para él poder tener un instante de placer, eso es maldad desatada.

Y todos los hombres en este planeta son capaces de hacer eso.

Está mal olvidar que podemos actuar de una manera malvada.

No solo somos personas creadas. No solo somos personas caídas. Como cristianos, tenemos que vivir en *redención*. Reconocemos nuestros malos deseos, pero al rendirnos a la nueva vida en Cristo y la presencia del Espíritu Santo, aprendemos a luchar contra nuestros malos deseos en lugar de ceder a ellos.

Pero así como alguien que ha sido diagnosticado y después tratado exitosamente de cáncer de piel, tenemos que estar alerta ante cualquier señal que nos indique que la enfermedad de la que hemos sido salvados regresa. Es difícil admitir que estamos actuando con motivos malos, pero hay algo en la manera en que el Espíritu Santo nos convence que permite que tal muestra la sintamos como el más puro y definitivo despertar de amor que un alma pueda conocer jamás.

Nunca entenderé cómo Dios hace lo que hace, pero créeme: recibir la conciencia de tu propio mal mientras simultáneamente eres lavado y perdonado por ello se siente como un abrazo maravillosamente celestial. Somos muy bendecidos por poder servir a un Dios que deja claro que entiende a sus hijos y quiere sanarnos, no condenarnos.

El mal pasa factura

Una de las decisiones más horribles que cualquier presidente de Estados Unidos haya tenido que tomar jamás fue la decisión de Harry Truman de lanzar una bomba atómica sobre Japón. Es horrible ver las imágenes y oír las historias de miseria desatadas en Hiroshima y Nagasaki. Yo he ministrado en Japón, me encanta esa nación y su gente, y lo que han soportado es abominable.

Otros estarían de acuerdo pero añadirían que Japón atacó a Estados Unidos primero y destacarían que todos los relatos históricos creíbles documentan la febril determinación de Japón de seguir peleando en la guerra hasta el final. Aunque fue horrible que tantos cientos de miles tuvieran una muerte tan espantosa en los bombardeos, muchos más japoneses (por no decir soldados estadounidenses y aliados), dicen ellos, probablemente habrían muerto si la guerra se hubiera prolongado. *Niños en edad escolar* habían sido entrenados para luchar hasta la muerte cuando sus padres murieron.

El presidente Truman se vio ante una terrible decisión. No puedo discutir con nadie que diga que fue tan terrible que no pudo ser justo. ¿Cómo puedes mirar una parte de la humanidad que se evaporó y no estremecerte con un desdén censurable? Pero es simplista sugerir, sin equivocación: «Eso estuvo mal» mientras negamos el resultado inevitable de *no* hacerlo. Probablemente hubiera habido más guerra, quizá incluso más heridos, más crueldad y casi con toda certeza más muertos (incluyendo la muerte de niños).

Se reduce a esto: *el mal se cobra con creces lo que es suyo.*[1] No se puede confrontar el mal sin ver que el mal te roba cuando se le empuja por la puerta. Así es el mundo en el que vivimos. Dios libró al bebé Jesús diciéndole a José que se fuera de Belén y escapara a Egipto, porque Herodes estaba decidido a matar al bebé. Todos sabemos lo que ocurrió después. Herodes ordenó que todos los niños varones de Belén murieran. A Dios no le sorprendió eso. Sabía que el nacimiento de Jesús y la llegada de los Magos desatarían los temores de Herodes. Al mismo tiempo, el nacimiento de Jesús, claro está, era necesario.

---

1. No estoy llamando malvado a Japón. Estoy describiendo el mal sistemático y espiritual que existía durante todo el conflicto.

La muerte y resurrección de Jesús ha salvado, podríamos decir, a miles de millones, pero su nacimiento resultó en la muerte de muchos niños, en «la matanza de los inocentes» que produjo el decreto de Herodes (Mateo 2:16). Herodes fue muy paranoico durante este periodo, y es un cuadro revelador: Jesús vino para destruir la muerte, pero la muerte estaba decidida a causar unas cuantas bajas más antes de ser derrocada.

Tenemos que recordar que cuando estamos lidiando con personas tóxicas, a veces no hay opciones en las que nadie salga herido.

Cuanto mayor soy, más odio la guerra. La desprecio. Desearía que todos los líderes mundiales buscaran con afán cualquier otra opción distinta a la guerra antes de enviar a un solo soldado a la batalla. Pero decir que la guerra nunca es necesaria o que nunca ha sido necesaria es no ver la triste realidad de que hay algunos males que solo la guerra ha sido capaz de detener: el nazismo, los Jemeres rojos, la limpieza étnica en Bosnia, y cosas parecidas. Esto no es negar que muchas guerras han sido estúpidas, malas, innecesarias e incluso demoniacas. Simplemente es admitir que algunas guerras, por atroces que puedan haber sido, quizá fueron necesarias para detener un mal incluso mayor.

Lo que nos enseña esto es que confrontar el mal no es algo limpio. No puedes luchar contra el mal y decir: «Bueno, no se dañaron los sentimientos de nadie, y todos están felices; vamos a darnos un abrazo y arreglado».

Pero eso es lo que esperamos cuando intentamos confrontar a personas tóxicas, ¿no es cierto? Y si la persona tóxica se enoja y la relación se complica, de algún modo pensamos que el cristiano ha fallado. No pensaremos eso, por supuesto, si recordamos el esqueleto de las Escrituras: creación, *caída* y redención. Por desgracia, vivir en redención *no* significa que nadie resulta herido.

Astuto en la misma cara del mal

Tanto Jesús como Pablo elogian una combinación de sabiduría e inocencia cuando lidiamos con el mal.

> **JESÚS:** «Los envío como ovejas en medio de lobos. Por tanto, sean astutos como serpientes y sencillos como palomas. Tengan cuidado» (Mateo 10:16-17).

PABLO: «Apártense de ellos. Tales individuos no sirven a Cristo nuestro Señor, sino a sus propios deseos. Con palabras suaves y lisonjeras engañan a los ingenuos» (Romanos 16:17-18).

No nos damos la vuelta y fingimos que el mal no existe. Tenemos que aprender a manejarlo, siempre con la esperanza de la redención pero nunca con la indefensión de la ingenuidad. En su comentario sobre *Romanos,* N. T. Wright explica:

> La sagacidad sin inocencia se vuelve sinuosa; la inocencia sin sagacidad se vuelve ingenua. El loable deseo de pensar bien de alguien se tiene que atemperar con el reconocimiento de que algunos tienen su propia agenda y simplemente están dando una apariencia de amistad y piedad mediante su habilidad de hablar suave. A menos que esto se detecte pronto y se confronte, los problemas se amontonarán para después, y como una herida no tratada, se infecten.[2]

Toda guerra está causada por el mal, pero no todas las guerras son malvadas. Cada divorcio está causado por el pecado, pero no todos los divorcios son pecaminosos. El pecado está detrás de cada acto de separar a un niño de sus padres, pero no siempre es pecado separar a un niño de unos padres abusivos.

Entender, admitir y vivir en la realidad de esta tensión es esencial para entender dónde nos vemos forzados a ir en futuros capítulos. El mal es horrible. La toxicidad es terrible; y muchas veces, es un trabajo sucio interactuar con personas tóxicas. La idea de que podemos pasar de la creación a la redención saltándonos el mal o sin que el mal nos dañe es ingenua; no es bíblica. *Herimos a la gente que está siendo herida si no podemos decir que el mal es malo o que la toxicidad es tóxica.*

La única autoridad absoluta

La Biblia sostiene claramente que la autoridad es esencial para el bienestar humano, pero la única autoridad absoluta es la de Dios. Aunque somos llamados a obedecer al gobierno (Romanos 13:1), hay claras enseñanzas acerca de cuándo es necesario desobedecer al gobierno (Éxodo 1:15-17;

Hechos 5:29). Al menos históricamente, Pablo parece sugerir que hay algún tipo de «autoridad» en el matrimonio: «Esposas, sométanse a sus esposos, como conviene en el Señor», pero entonces se apresura a añadir: «Esposos, amen a sus esposas y no sean duros con ellas» (Colosenses 3:18-19). Les dice a los hijos que obedezcan a sus padres: «Hijos, obedezcan a sus padres en todo, porque esto agrada al Señor», y después dice inmediatamente: «Padres, no exasperen a sus hijos, no sea que se desanimen» (Colosenses 3:20-21).

Jonathan Leeman establece una útil distinción cuando escribe: «Generalmente hablando, aparecen dos tipos básicos de gobierno en la Biblia: los que sabían que estaban *bajo* Dios y los que pensaban que *eran* Dios o que eran iguales a Dios. El primer tipo protegía al pueblo de Dios. El segundo lo atacaba. El primero sabía que ellos eran siervos (Romanos 13). El segundo no, y así actuaban como impostores y bestias divinos (Salmo 2; Apocalipsis 13; 17:1-6)».[3]

¿Qué nos dice esto? A Dios le importa la autoridad, pero la autoridad humana siempre es vulnerable a recibir abusos y pervertirse. Pablo nunca olvida que lo que Dios crea como bueno se puede usar para mal. Si un padre usa su autoridad para golpear a su hijo o hacer pasar hambre a un hijo, esa autoridad se puede revocar. Se debería obedecer al gobierno, pero si el gobierno nos dice que deshonremos a Dios, ya no reconocemos su autoridad. El pacto matrimonial es vinculante y debería respetarse, pero cuando un cónyuge convierte cada hora en un estofado tóxico, apagando la vida y el servicio del otro, del mismo modo que deberíamos sacar al hijo del hogar o al ciudadano del Estado, podemos sacar a ese cónyuge del matrimonio.

La Biblia dice que estas son buenas instituciones, pero cuando se usan para el mal, el cristiano obedece a Dios, la *única* autoridad absoluta. *Respetamos la autoridad pero resistimos el mal.* Hay un mundo donde las cosas buenas pueden salir mal. Cuando lo leemos en contexto, la Biblia claramente no se esconde a la hora de hacer provisiones para estas situaciones.

¿Te has dado cuenta alguna vez de cómo el mal tiene tendencia a reclutar a otros en su destrucción? El mal no solo quiere hacer daño; quiere *corromper*, razón por la cual es tan pernicioso dejar a alguien en una situación tóxica.

Paul McCartney fue el último de los Beatles en probar la heroína. Se había resistido a las drogas durante mucho tiempo ante la incesante presión de sus compañeros de banda y otros. George Harrison admitió: «[Paul] se sentía muy excluido, y todos éramos ligeramente crueles con él..."Nosotros consumimos y tú no"».[4]

Uno de los biógrafos de Paul describe una escena desgarradora: «Richard Lester recuerda ver "un ejercicio totalmente escalofriante de maldad controlada" cuando dos de las mujeres más hermosas que él había visto jamás mostraron todos sus encantos para hacer que Paul probara la heroína».[5]

Me gustaría que pudieras leer los correos electrónicos que he recibido diciéndome lo que algunas esposas han hecho para intentar salvar su matrimonio. Han transigido éticamente de maneras de las que ahora se avergüenzan, haciendo todo lo posible para aplacar a un hombre tóxico a fin de evitar el divorcio. Pedirle a un cristiano que no actúe como cristiano es el colmo del mal. Mirando atrás, estas esposas lamentan quedarse y transigir antes que salir y divorciarse porque han experimentado de primera mano cómo el mal siempre busca *corromper*.

La gente dice que odia a los «cristianos regresivos» que intentan «salvar» a otros, pero hacer prosélitos funciona en ambas direcciones. Ya sea mediante placer seductor, abuso de sustancias, prejuicios, odio, lujuria o avaricia, el mal es un reclutador ferviente, malvado y a veces incesante. Tenemos que posicionarnos firmes contra el mal y apoyar a quienes están siendo asaltados por este. No debemos fingir que el mal no existe.

Mirando atrás, aunque estoy agradecido de haber hablado mucho a nuestros hijos de Jesús, me gustaría haber hablado un poco más sobre la realidad del mal. El mal es un tema incómodo, pero si no hablamos de él, el mal está libre para hacer guerra contra nosotros bajo las sombras de la oscuridad.

Como personas salvadas por gracia; como una comunidad con la seguridad de nuestra esperanza en la gracia, la bondad y el perdón de Dios; como un pueblo que sabe que al final Dios lo arreglará todo, debemos estar dispuestos a mirar al mal a la cara y protegernos unos a otros de sus asaltos. En este esqueleto de las Escrituras, creación, caída y redención, veremos lo que sucede (y cómo responder) en los matrimonios y familias tóxicas.

Enseñanzas

- No podemos permitirnos ser ingenuos acerca de la maldad en este mundo.
- Aunque el esqueleto general de las Escrituras es mayor, lidiar con personas tóxicas nos exige enfatizar la creación, la caída y la redención.
- Una de las peores cosas acerca de olvidarnos de la realidad del mal es cuando olvidamos nuestra propia tentación a hacer el mal.
- El mal pasa factura. Cuando confrontamos conductas o personas tóxicas, puede que no haya una opción en la que nadie resulte herido.
- Tanto Jesús como Pablo nos dicen que seamos sagaces sobre la realidad del mal.
- Dios ha establecido muchas formas de autoridad, pero la única autoridad absoluta es la suya. Respetamos la autoridad, pero resistimos el mal cuando la autoridad se corrompe o abusa.
- El mal se dedica a hacer prosélitos. Quiere reclutar a otros para extender su toxicidad.

CAPÍTULO 14

UNA NUEVA LEALTAD

Uno de los aspectos más desgarradores de la obra del reino se experimenta cuando nuestros seres más queridos no comparten nuestra fe o se oponen de manera activa.

La vida real dicta que los lazos familiares pueden mantener unidas a varias personas tóxicas hasta cierto grado, pero la vida del reino significa que no tenemos que dejar que ellos tengan la última palabra. Jesús pone la lealtad a *su* sangre por encima de la lealtad a la sangre *familiar.*

> «No crean que he venido a traer paz a la tierra. No vine a traer paz, sino espada. Porque he venido a poner en conflicto "al hombre contra su padre, a la hija contra su madre, la nuera contra su suegra; los enemigos de cada cual serán los de su propia familia".
>
> El que quiere a su padre o a su madre más que a mí no es digno de mí; el que quiere a su hijo o a su hija más que a mí no es digno de mí; y el que no toma su cruz y me sigue no es digno de mí. El que se acerque a su propia vida, la perderá, y el que renuncie a su propia vida por mi causa, la encontrará».
>
> MATEO 10-34-39

Quizá el cuadro más emotivo de Jesús escogiendo la fe por encima de la familia fue cuando estaba colgado en la cruz y le dijo a Juan, su discípulo, en lugar de a Santiago, su medio hermano, que cuidara de María. Los católicos romanos creen que Santiago era primo de Jesús en vez de medio hermano, pero el principio sigue siendo el mismo: Jesús escoge al fiel discípulo antes que al familiar de sangre más cercano para cuidar de su madre. Juan 7:5 refleja a Santiago como incrédulo durante la vida de Jesús, algo que cambió radicalmente cuando Jesús visitó a Santiago después de la resurrección (1 Corintios 15:7). Judas, otro medio hermano (o primo), también llegó a ser creyente y escribió una carta en el Nuevo Testamento que lleva su nombre. Por lo tanto, habría al menos dos familiares varones cercanos a los que Jesús podía haber encargado cuidar de su madre viuda. En lugar de eso, Jesús escogió a un hombre de fe antes que a un familiar de sangre.

Cuando les damos a los lazos familiares la máxima lealtad, entramos en idolatría. Antes de que cualquier mujer sea esposa, ella es hija de Dios con un serio llamado sobre su vida. Antes de que ustedes sean los padres de su hijo, son obreros reclutados por Dios: «Otro discípulo le pidió: Señor, primero déjame ir a enterrar a mi padre. Sígueme —le replicó Jesús—, y deja que los muertos entierren a sus muertos» (Mateo 8:21-22).

Vivimos en una era en la iglesia en la cual la lealtad familiar se presenta a veces como la lealtad más alta, pero eso no encaja ni en las enseñanzas ni en la práctica de Jesús: «Si alguno viene a mí y no sacrifica el amor a su padre y a su madre, a su esposa y a sus hijos, a sus hermanos y a sus hermanas, y aún a su propia vida, no puede ser mi discípulo. Y el que no carga su cruz y me sigue, no puede ser mi discípulo» (Lucas 14:26-27).

La palabra *sacrifica* aquí es una palabra de *comparación*. No significa que sacrifiques emocionalmente (tener mala voluntad hacia) a tus familiares. Significa que, comparado con tu lealtad a Jesús, alguien que te observe diría que no hay comparación alguna. Tu amor por Jesús y compromiso con su obra son tan fuertes que nadie, ni siquiera tu familiar más cercano, puede alejarte de tu verdadera lealtad. Te vas a ir con Jesús cada vez.

Cuando Jesús estaba fuera ministrando, no permitía que el drama familiar lo distrajera. En una ocasión, le interrumpió una visita familiar y casi parece rudo en su indiferencia. No es que Jesús sea apático con su familia; es que está apasionado con su misión:

> Mientras Jesús le hablaba a la multitud, se presentaron su madre y sus hermanos. Se quedaron afuera, y deseaban hablar con él. Alguien le dijo: —Tu madre y tus hermanos están afuera y quieren hablar contigo.
>
> —¿Quién es mi madre, y quiénes son mis hermanos? —replicó Jesús. Señalando a sus discípulos, añadió: —Aquí tienen a mi

madre y a mis hermanos. Pues mi hermano, mi hermana y mi madre son los que hacen la voluntad de mi Padre que está en el cielo.

MATEO 12:46-50

Otra forma de ver esto es que Jesús valoraba pasar tiempo con las «personas de confianza», sus seguidores, fervientes discípulos y oyentes sinceros, antes que con familiares de sangre, algunos de los cuales (antes de la resurrección) parecían tener dudas. ¿Y quién sabe? Quizá la disposición de Jesús de *alejarse* de su familia que le resistía abrió la puerta para que ellos se *acercaran* a Él después de la resurrección.

El ejemplo de Jesús es clave aquí porque los lazos familiares son, por lo general, la plataforma desde la que permitimos que las personas tóxicas tengan la entrada más grande en nuestra vida (aunque, por supuesto, cuando escogemos un cónyuge no escogemos a nuestros padres). *Cuando te recuerdas: «Yo pertenezco a Dios primero y a mi familia después», te estás aportando la claridad para determinar el curso de tu futura relación.*

Nuestros lazos más íntimos no son con nuestros familiares de sangre; son con nuestra familia de la *fe,* aquellos que hacen «la voluntad de mi Padre que está en el cielo». Si ellos son los verdaderos hermanos y hermanas de Jesús, se deben convertir también en nuestros hermanos más cercanos. Sin embargo, tristemente, las personas tóxicas también residen en la familia de la fe. Seguimos viviendo en el triple esqueleto de las Escrituras: creación, caída y redención, donde cada institución, incluida la Iglesia, está sujeta a la caída.

Trátalos como si fueran saludables

Vivir bajo una nueva lealtad significa enfocarnos en hacer lo correcto y dejar de preocuparnos por cómo responderá a ello la familia extensa. Nuestro enfoque está en agradar a un Dios santo, no a un individuo espiritualmente poco saludable. Las decisiones familiares se vuelve mucho más simples cuando mantenemos nuestra lealtad final en mente. Si Dios es mi primer interés verdadero, las opiniones de otros se vuelven en gran medida irrelevantes.

La esposa de Brian, Angie, y la mamá de él no se llevan bien, aunque Angie lo ha intentado. Ella es una cristiana sensible que ora fervientemente por su suegra, pero en cada fiesta, el abuso pasivo-agresivo que recibe de su suegra le cuesta semanas de recuperación. Un año llegó a su límite. «Ni siquiera puedo digerir la idea de pasar estas Navidades con tus padres», le dijo a Brian.

La mamá de Brian regularmente predica el «evangelio de la familia» por encima de todo lo demás, especialmente cuando hay festividades. No estar presente en Navidad se vería como una declaración de guerra.

Brian me preguntó qué es lo que debía hacer.

Yo no pensaba que fuera tan difícil de entender, aunque pueda parecer difícil ponerlo en práctica.

«Trata a tu mamá como si fuera saludable, espiritualmente hablando», le dije. «Si mi hijo me llamara y me dijera: "Papá, lo siento, pero por el bienestar de mi matrimonio no podemos pasar la Navidad con ustedes este año" me rompería el corazón, pero yo respondería: "Hijo, estás tomando la decisión correcta. Tu esposa es primero." Cualquier persona saludable le diría a un esposo que respaldara a su esposa. Por lo tanto, trata a tu mamá como si fuera saludable, explica lo que ocurre, e invítala a responder como lo haría una persona saludable. Si no lo hace, *ella* tiene un problema y no tú».

Los cristianos tienen que dejar de preocuparse de los efectos secundarios dañinos de las personas poco saludables que se sienten retadas por decisiones saludables. No podemos controlar la manera en que alguien responde, y su respuesta no nos incumbe. Controlamos nuestros propios esfuerzos para ser tan buenos, verdaderos, amables y gentiles como Dios nos llama a ser mientras vivimos con prioridades saludables y ordenadas por Dios. Como me dijo el consejero bíblico, Brad Hambrick, dolerse es hacer un mejor uso de la energía emocional que aterrarse o criticar, así que mantén ahí el énfasis. Aprende a dolerte por las relaciones fracturadas, y después aprende a soltarlas. No dejes que la decepción se convierta en duda de ti mismo y autoflagelación. Solo porque desearas que algo fuera de cierta manera, no significa que sea culpa tuya que no lo sea.

En su libro *Even in Our Darknes* [Incluso en nuestra oscuridad], Jack Deere escribe sobre un hijo que literalmente se quedó sin lugares donde dormir debido a una conducta tóxica continuada y persistente. Como último esfuerzo, Jack permitió que su hijo se mudara con ellos y viajara con ellos, pero otra de sus hijas tenía tanto miedo a la conducta descontrolada de su hermano que se encerró en el baño del hotel.

Las palabras de Jack son desgarradoras pero sabias. Le dio a su hijo un ultimátum: entrar a un programa de rehabilitación o irse, aunque eso significara vivir en la calle. «Estás matando a todos a tu alrededor. No te puedo salvar de ti mismo, pero puedo salvarlos a ellos de ti».[1]

Es devastador tener que llegar a ese punto, pero a veces se vuelve necesario con algunas personas tóxicas, incluso con algunos familiares. *No puedo salvarte de ti mismo, pero puedo salvarlos a ellos de ti.*

Romper lazos con un familiar o que ellos nos rechacen es algo muy difícil. Si tienes que viajar por ese triste camino, aprende a encontrar paz primeramente en tu esperanza más segura. No solo estás perdiendo a un familiar terrenal tóxico. Desde la perspectiva del cielo, estás ganando y siendo protegido por una familia celestial santa que te afirma.

Nuestra esperanza más segura

Como creyentes que buscan primero el reino de Dios, tenemos una esperanza y certeza que nadie más puede igualar, y es el fundamento con el que podemos romper con familiares tóxicos, incluso cuando nos parezca que nos están arrancando el corazón del pecho. La Biblia es clara en que poner nuestra carga sobre Dios es recibir su cuidado especial y su presencia. Isaías 52:12 nos dice que «el Señor marchará a la cabeza; ¡el Dios de Israel les cubrirá la espalda!».

El Salmo 28:7 promete: «El SEÑOR es mi fuerza y mi escudo; mi corazón en él confía; de él recibo ayuda». Cuando confiamos en Dios, *Él nos ayuda.* Él es escudo para nosotros, lo cual significa que si tus hijos te abandonan, no estás solo y *nunca* estarás solo. Si tus padres te dan la espalda, tienes un Padre celestial más poderoso que te afirmará. Si tu cónyuge te declara la guerra, tienes un Dios guerrero que te defenderá. Estas verdades nos dan fortaleza y valor para protegernos de la desesperación y el desánimo que llegan al lidiar con personas tóxicas que están al ataque.

Cuando la mamá de Robert Morgan se quedó viuda después de décadas de matrimonio, al principio se sentía sola e inconsolable. Sin embargo, gradualmente, según iba poniendo su confianza en Dios, le dijo a su hijo: «Me he adaptado muy bien a la vida de soltera, porque nunca he estado tan segura de que *no* estoy sola. El Señor y yo hablamos todo el día. Cuando me despierto por la mañana, me está esperando para saludarme, y cuando me acuesto por la noche, Él se queda levantado y me guarda».[2]

Ella nunca quiso quedarse viuda, pero cuando tuvo que andar por ese camino fue cuando entendió la compañía de Dios. Quizá hayas sufrido la muerte de una relación en vez de la muerte verdadera de una persona que te hace sentir «viudo», pero la aplicación es la misma. Hay una intimidad especial que surge cuando pones tu esperanza en Dios. Dios está contigo, reuniéndose contigo, dándote valor, consuelo y protección. Nunca enfrentamos un ataque tóxico sin tener un firme defensor. Dios conoce la verdad, y al final su opinión es la única que cuenta.

Idolatrar a la familia nos deja vulnerables a la salud emocional y espiritual de nuestros seres queridos *caídos*. Su aceptación o rechazo, que con frecuencia es caprichoso, malvado e incierto, nos persigue, nos hiere y nos marca. Ordenar tu vida en torno a la adoración y servir a Dios *primero* produce la estabilidad de ser amado, cuidado, protegido y consolado por un Padre celestial perfectamente coherente e inmutable.

Recuerda cómo *termina* la enseñanza de Jesús en Mateo 6:34: «Más bien, busquen primeramente el reino de Dios y su justicia, y todas estas cosas les serán añadidas. Por lo tanto, no se angustia por el mañana, el cual tendrá sus propios afanes. Cada día tiene ya sus problemas».

Sigue buscando el reino. Confía en que Dios camina contigo en medio de las consecuencias.

Enseñanzas

- Jesús nos llama claramente a poner la lealtad a Él por encima de la lealtad a cualquier otra persona, familiares incluidos.
- Como nuestras acciones son lo único que podemos controlar, la mejor forma de lidiar con familiares tóxicos es tomando decisiones como si fueran saludables y sabios en su manera de pensar. Cuando discrepen de las decisiones saludables, será problema de ellos y no nuestro.

- Cuando sentimos que nuestro corazón se rompe por las tensiones con miembros de la familia, Dios se mostrará sin duda alguna como nuestra esperanza, nuestro consolador, nuestro defensor y nuestro mejor amigo. Que otros nos rechacen puede dar pie al nacimiento de una intimidad espiritual más profunda con Dios.

CAPÍTULO 15

EL ATAQUE MÁS DESPIADADO

Nada importa más para un verdadero cristiano que agradar a Dios, porque el Espíritu Santo en nuestro interior inclina nuestro corazón para valorar la opinión de Dios más que la de cualquier otra persona. No obedecemos a Dios principalmente por temor a su ira o por el deseo de evitar el infierno; le amamos y queremos agradarle porque Él es el deleite de nuestra alma.

Las personas tóxicas perciben eso diabólicamente y a menudo lo usan como un arma para herir a los fieles. Como saben lo mucho que los cristianos saludables quieren agradar a Dios, para salirse con la suya intentan torcer nuestro afecto para manipularnos. Una de sus críticas más comunes, la cual es tóxica y malvada en sí misma, es cuestionar nuestra fe: «¿No se supone que los cristianos deben perdonar? ¿Cómo es posible que tú no estés actuando como un cristiano?».

Realmente no les importa si estamos actuando como cristianos, tan solo quieren que hagamos lo que ellos quieren que hagamos, y utilizan nuestra fe como un arma para manipular y controlar. He visto esto una y otra vez. Es la estratagema favorita de muchas personas tóxicas, así que pongamos esto al descubierto.

Protección contra el cinco por ciento

Austin creció con unos padres físicamente abusivos. Su papá era un alcohólico cuyo temperamento siempre hervía por debajo de la superficie, esperando estallar. La violencia de su mamá era principalmente verbal, pero a veces dolía incluso más que el abuso físico. Austin intenta no pensar en las diatribas abusivas que sufrió de niño, pero a veces aún puede sentir la ira del cinturón de su padre contra su espalda. Aquellas palizas tenían que ver más con la ira de su padre que con la conducta de Austin. Golpear a Austin era un «alivio» para su papá, no una disciplina que nacía de la preocupación por el bienestar de Austin.

A pesar del horror de su infancia, Austin tiene una falta de amargura basada en la gracia refrescante, creyendo que Dios usó la vida de su familia disfuncional para llevarlo a una temprana fe en Jesús. Un vecino invitó a Austin a una escuela bíblica de vacaciones un verano, y Austin aprovechó la oportunidad para alejarse de su casa durante una semana. Las «cosas de Jesús» eran irrelevantes ante el hecho de que tendría un respiro de la atmósfera tóxica de su casa.

En el campamento, Austin tuvo una conversión genuina. En lugar de alegrarse por lo que le había ocurrido, sus padres lo miraron con desdén. «Veamos lo religioso que eres cuando vayas a la secundaria», se mofaban.

Austin admite que obedecía por motivos mezclados. Estaba decidido a comportarse no solo para agradar a Dios, sino también porque no quería que sus padres tuvieran razón en su escepticismo. Su fe creció durante la secundaria y la universidad, donde conoció a una mujer piadosa que se convirtió en su esposa.

Cuando Austin llegó a los treinta años, sus padres se dieron cuenta de que habían metido la pata con Austin y sus hermanos. Se sentían solos sin sus hijos y pensaron que la llegada de los nietos sería una buena oportunidad para hacerlo bien con niños pequeños. Sin embargo, el papá de Austin todavía bebía mucho, y Austin no había visto ninguna señal de que la ira y la aguda lengua de su mamá estuvieran totalmente bajo control, así que cuando sus padres comenzaron a pedirle a Austin y a su esposa que dejaran a sus hijos pasar un fin de semana solos con ellos, Austin fue respetuoso pero firme. Dejó claro que nunca dejaría a sus hijos solos con ellos.

Su papá le desafío. «Pensaba que eras cristiano».

«Lo soy», respondió Austin.

«¿No se supone que los cristianos deben perdonar? Tú no nos has perdonado, ¿no es así? Si de verdad nos hubieras perdonado, dejarías que tus hijos pasaran la noche con nosotros».

Las personas tóxicas son maestras dando clases a los cristianos sobre cómo se «supone» que se deberían comportar. Aunque ellos mismos nunca hayan actuado como cristianos, les encanta demandar que los cristianos vivan del modo que *ellos* suponen que los cristianos deben actuar. Toda su «Biblia» se compone de catorce palabras: «Perdonen como Dios les ha perdonado, y no juzguen o ustedes también serán juzgados».

Austin no mordió el anzuelo. Aún de forma más sabia, dejó claro que si alguno de sus padres intentaba socavar su decisión acudiendo a sus hijos e invitándolos a sus espaldas, perdería la oportunidad de verlos de nuevo, incluso con sus padres presentes.

Honrar a tus padres no significa poner a tus hijos en una situación en la que no estés seguro al cien por ciento de que ellos estarán seguros. Si crees que hay un cinco por ciento de probabilidades de que algo salga mal, lo más amoroso que puedes hacer es guardarte contra ese cinco por ciento.

Los padres de Austin crearon esta situación, forzando a Austin a responder en consonancia. Él no puede adueñarse de la decepción de ellos o sentirse mal por la ira de ellos. Si ellos estuvieran verdaderamente arrepentidos, bendecirían las acciones de Austin diciendo: «Eres un buen padre. Estás haciendo lo que hacen los buenos padres y lo que nosotros deberíamos haber hecho cuando tú eras pequeño». Esta actitud demostraría un verdadero arrepentimiento.

Cuando el papá de Austin lo acusó de no actuar como un cristiano, solamente estaba dando continuidad a un patrón de toda una vida de golpear a Austin. Este golpeo era verbal, pero penetraba hasta el fondo. En sí mismo era un ataque verbal tóxico.

No muerdas el anzuelo cuando alguien diga que no estás «actuando como un cristiano». Busca el consejo de alguien que verdaderamente esté siguiendo a Cristo.

Los ex

Las peores sospechas de Diane finalmente se confirmaron cuando, a pesar de negarlo repetidamente, la infidelidad de su esposo quedó abiertamente al descubierto. Estaba haciendo mucho más que «asuntos de trabajo» en esos viajes fuera de casa con su asistenta, como Diane siempre había sospechado.

Como a menudo hacen las personas tóxicas, el ex de Diane era un maestro enloqueciendo mediante engaños, haciendo que una víctima cuerda sintiera que se estaba volviendo loca por decir la obvia verdad. Cualquier persona saludable podía ver que el ex de Diane la estado engañando, pero

Jason le hacía sentir como una idiota insegura por sacar conclusiones sobre lo que terminó siendo la verdad.

Diane le dijo que no estaba dispuesta a compartir esposo, así que Jason se mudó con la amante, hacia la cual, previamente, negaba tener ninguna atracción romántica. Y, por supuesto, culpó a Diane de la muerte de su matrimonio. Les dijo a sus hijos: «Su mamá me echó. ¿Dónde más podía vivir? Su madre no confía en los hombres. Tiene ideas locas e inseguras, y probablemente está llenando la mente de ustedes con mentiras sobre lo que hice. No sucedió nada entre Cristal y yo hasta que su madre me obligó a irme de la casa».

Que Jason (que dice ser creyente) pensara que una separación le daba una licencia bíblica para «comenzar» inmediatamente una relación sexual con otra persona era una descarada omisión que, por fortuna, los hijos de Diane vieron venir. Al menos los mayores.

He visto suficientes aventuras amorosas como para saber que la parte culpable a menudo se cansará de la amante. Estos tipos dejan a buenas mujeres cristianas por alguien que está dispuesta a acostarse con un hombre casado que aún tiene hijos pequeños viviendo en casa. Esa es la cumbre del egoísmo, y el egoísmo nunca se limita a un aspecto del carácter. Tal persona será cada vez más tediosa. Finalmente, el capricho romántico se desinflará, y el ex se dará cuenta de que la nueva amante no tiene ni la mitad del carácter, la fortaleza y las bendiciones de la mujer que teme a Dios. Y a menudo querrá regresar, no por convicción o preocupación por su familia, sino por un deseo egoísta de mejorar su situación.

Advertí a Diane que eso podría suceder. Ella pensaba que estaba loco hasta que llegó la llamada.

«Diane, he estado pensando, quizá actuamos demasiado deprisa. Los dos somos cristianos. Deberíamos intentar estar juntos. Es lo que Dios querría, ¿no crees?».

Diane respondió: «Estoy abierta a cualquier cosa que Dios dirija, pero el primer paso tiene que ser que salgas de la casa de Cristal».

«¿Cómo voy a dejar a Cristal si no me prometes primero que me recibirás?».

En otras palabras, Jason solo quería hacer lo correcto si eso le daba una mejor opción. Cuando Diane dijo que no estaba interesada en jugar a ese juego, él volvió a disparar: «Pensaba que los cristianos teníamos que perdonar. Tú no me has perdonado, ¿verdad? No estás actuando como una cristiana. ¿Cómo *no* iba a querer Dios que volviéramos a estar juntos?».

Si hubieras escuchado a Jason chismear sobre su esposa, quizá te hubieras convencido de que *Diane* es la que estaba pecando. De nuevo, esta es la charla abusiva que suelta la peor carga que podrías lanzar a un creyente.

No te lo creas.

Violento

Las personas tóxicas por lo general son mucho mejores siendo tóxicas de lo que nosotros somos lidiando con ellas. Ellas han sido tóxicas la mayor parte de su vida, están familiarizadas con manipular a otros, y disfrutan del conflicto como un perro disfruta revolcándose sobre una ardilla muerta.

A los que no nos gusta el ataque somos lentos en aplicar la etiqueta de *tóxicos* porque no se nos ocurre que alguien pudiera obtener placer de hacer desgraciados a otros. Las personas tóxicas intentan hacer que te vuelvas loco; algo es cierto, pero ellas actúan como si lo que tú sabes que es cierto no lo fuera. Los fariseos intentaron hacer eso con Jesús. En el Evangelio de Juan, Jesús preguntó: «¿Por qué tratan entonces de matarme? —Estás endemoniado —contestó la multitud—. ¿Quién quiere matarte?» (Juan 7:19-20).

Observemos lo que ocurre aquí. Llaman a Dios «endemoniado». De forma similar, las personas tóxicas llamarán «malvados» a los cristianos cuando los malvados son quienes están actuando de manera tóxica. En segundo lugar, negaron lo que Jesús sabía que era cierto (que ellos querían matarlo) intentando hacerle sentir como un necio por lo que Él sabía que era correcto. Todos sabemos cómo terminó. Ellos *lo mataron*, así que obviamente *querían* matarlo. Jesús estaba diciendo la verdad, pero ellos intentaron que se sintiera como un necio por hacerlo.

Si conoces a alguien que está haciendo algo mal y que te hace sentir que tú estás loco por decir la verdad, eso es maldad en acción. Así es como opera el mal.

En otra ocasión, cuando Jesús destacó la maldad de los líderes religiosos, una vez más intentaron darle la vuelta a la situación, poniéndola en contra de Jesús: «¿No tenemos razón al decir que eres un samaritano, y que estás endemoniado?» (Juan 8:48).

Jesús, el Cordero de Dios puro, ¡endemoniado! Sin embargo, observemos cómo Jesús evita totalmente el ridículo ataque de ser «samaritano». Ni siquiera lo menciona: «No estoy poseído por ningún demonio —contestó Jesús—. Tan solo honro a mi Padre; pero ustedes me deshonran a mí» (Juan 8:49).

Él no es el problema; *ellos* son el problema.

Notemos también que Jesús hace precisamente lo que nosotros deberíamos hacer cuando interactuamos con personas tóxicas: se recuerda a sí mismo su motivación principal, que es honrar a su Padre celestial. Cuando una persona tóxica nos ataque, pensemos primero en estas palabras: *Yo honro a mi Padre celestial sobre todas las cosas. Agradarte a ti o hacer que estés de acuerdo conmigo no es mi principal meta en la vida.*

Tras explicar sus motivaciones, Jesús pone el asunto de nuevo sobre la persona tóxica, donde debe estar. *Esto no se trata de mí porque yo estoy honrando a mi Padre; esto se trata de ti porque tú me estás deshonrando a mí.*

Las personas tóxicas, cuando se les señala su odio, control y asesinato, a menudo intentarán ponerlos sobre ti. «Bueno, tú estás...». No tenemos que vivir vidas perfectas para reconocer las imperfecciones. Cuando las personas tóxicas quedan al descubierto por estar actuando de una manera tóxica (el verdadero problema en ese momento), intentarán desesperadamente que se trate de *ti*, no de ellos. No juegues a su juego, porque no ganarás. Ellos son mejores que tú, porque han jugado durante mucho tiempo y con muchas personas, y lo más seguro es que tú seas relativamente inexperto en interactuar con personas de ese tipo.

Antes de recibir corrección, considera la fuente. Si mi esposa (una creyente consagrada y madura), cualquiera de las cuatro personas a las que este libro está dedicado, o un pastor a quien respeto me llama aparte y me dice: «Gary, estás comprometiendo tu fe. No estás actuando como un creyente debe actuar en esta situación», yo escucharía con mucha atención y oraría al respecto, *suponiendo que puedo estar equivocado.* Pero cuando alguien que ni siquiera es creyente (o que no ha estado actuando como un creyente durante meses o años) hace algo parecido, es sabio considerar la fuente.

Piénsalo de esta forma. Siendo un creyente saludable, ¿le dirías alguna vez a alguien despreocupadamente que no es cristiano ni actúa como cristiano? Tú sabes que eso es una acusación seria. Aprende a ver más allá de la trampa: *ellos no quieren que actúes como un cristiano tanto como quieren que hagas lo que ellos quieren,* y están usando a Jesús como un arma para herirte. Él no es un Señor al que ellos sigan y respeten. Cualquiera que intente usar a Jesús como un arma en vez de un Salvador demuestra que no conoce lo primero sobre seguir a Jesús.

No tienes que participar

Intentar entender a personas locas simplemente te hace sentir que tú mismo estás loco. Cualquier tercera parte objetiva y responsable vería la decisión de Austin de no permitir que sus hijos pasen tiempo solos con sus padres y la alabarían. Cualquier pastor le diría a Jason que un arrepentimiento verdadero significa dejar primero a Cristal y después empezar a construir desde ahí.

No tienes que participar en el engaño de las personas tóxicas. No sirve de nada argumentar de forma lógica con una persona ilógica, y no llegarás muy lejos debatiendo de teología con alguien que está ciego espiritualmente. Simplemente di: «He tomado una decisión. Si verdaderamente crees que estoy comprometiendo mi fe, apreciaré tus oraciones, pero esto es lo que va suceder».

Al final, buscamos consejo sabio y vivimos según el credo de Nehemías: «¡Acuérdate de mí, *Dios mío*, y favoréceme!» (Nehemías 13:31, énfasis añadido). Lo que importa más que si una persona tóxica piensa que estás actuando como un cristiano o no es si *Dios* piensa que estás actuando como un cristiano. Aléjate con Jesús mientras dice: «Yo honro a mi Padre».

Enseñanzas

- Una grave acusación que frecuentemente las personas tóxicas lanzan contra los cristianos es: «¿Cómo es posible que no actúes como un cristiano?».
- Jesús modeló cómo manejar que te acusen de ser malo cuando comienza demostrando que su motivación es agradar a su Padre celestial en lugar de intentar que las personas tóxicas se sintieran bien con sus palabras, acciones o decisiones.
- Las personas tóxicas intentarán hacer que el problema tenga que ver con cómo estás reaccionando tú a su toxicidad en vez de con su propia toxicidad. No muerdas el anzuelo.
- Recuerda que las personas tóxicas realmente no están interesadas en si estás actuando o no como un cristiano; solo intentan usar el nombre de Jesús para conseguir que hagas lo que ellos quieren.

CAPÍTULO 16

PADRES TÓXICOS

La lección bíblica más antigua que recuerdo la enseñó Helen Snyder, que asistía desde hacía mucho tiempo a la Primera Iglesia Bautista en Puyallup, en Washington. Se sentó sobre sus rodillas mientras nos enseñaba y subrayaba el mandamiento de honrar a los padres. Helen usó el pasaje de Efesios 6:2-3: «Honra a tu padre y a tu madre —que es el primer mandamiento con promesa— para que te vaya bien y disfrutes de una larga vida en la tierra».

Este versículo con sus implicaciones quedó grabado dentro de mí, es el primer mandamiento con promesa: *para que te vaya bien*.

En Marcos 7, Jesús vitupera a los fariseos por intentar saltarse este mandamiento desviando al templo el dinero que se debería haber dado a sus padres. Es una confrontación brutal, así que lo entendí, incluso a temprana edad. *Tienes que cuidar a tus padres. Tienes que honrar a tu padre y tu madre.*

Es fácil entender la importancia de este mandamiento, porque Jesús lo subrayó y porque Pablo recordó a la iglesia primitiva que lo aceptara, incluso en la vida del nuevo pacto. La autoridad dada por Dios debe ser respetada, o de lo contrario comienza a reinar el caos.

Pero como ya hemos tratado, solo hay una autoridad absoluta: la de Dios.

Por fortuna, Dios me puso en una familia con padres saludables y espiritualmente vivos. Sin embargo, algunas personas se crían en familias (por terrible que sea escribir esto) de la que necesitan ser salvados.

G. K. Chesterton veía con los tonos y matices de un novelista exitoso. Adoptaba posiciones fuertes, muy apasionadamente, y no tenía miedo de llamar malo a lo malo, incluso cuando se le quería vestir como algo «bueno». Fuerte defensor de la vida familiar, Chesterton una vez describió la infancia de Elizabeth Barrett como habiendo vivido en la «casa de un loco» porque Edward Barrett trataba a su hija Elisabeth «como parte del mobiliario de la casa».[1] Escuchemos su descripción magistral del mal enmascarado de bien: «El peor tirano no es el hombre que gobierna mediante el temor; el peor tirano es el que gobierna mediante el amor y toca en él como si fuera un arpa».[2]

Observemos que el deseo de controlar a otros está frecuentemente en la raíz de la conducta tóxica.

Comentando sobre las ideas de Chesterton, Álvaro de Silva, editor de *Brave New Family: G. K. Chesterton on Men and Women, Children, Sex, Divorce, Marriage and the Family* [Nueva familia valiente: G. K. Chesterton sobre hombres y mujeres, niños, sexo, divorcio, matrimonio y familia], destaca que «en algunas familias tradicionales, el bienintencionado reclamo de autoridad por parte de los padres puede ser tan generalizado que, en lugar de ser un hogar, se puede parecer más a un moderado campo de concentración».[3]

En esos casos, lo que Dios creó para bien, el hombre lo utiliza para mal. Dios da a un padre y a una madre la autoridad para servir y amar, no para ordenar cruelmente un mundo para su propio consuelo y fantasía pervertidos. De Silva explica: «Debe haber autoridad en una familia, pero la familia no es meramente autoridad o una excusa para la autoridad, para enseñorearse de otras personas».[4]

Cuando un papá «disfruta» gobernando sobre personas porque sí, no en un espíritu de servicio, sino en un espíritu déspota; cuando controla a su esposa y a sus hijos porque puede; cuando no ve su papel como de servicio, sino como el lugar donde su gran ego puede recibir un masaje, la Escritura es el último lugar al que debería acudir para justificar su despotismo. En el nombre del amor está gobernando con maldad, y eso es verdaderamente malvado, porque corrompe el significado del amor; menosprecia a su esposa, a la que está llamado a nutrir; y confunde a sus hijos, que necesitan aprender el significado y la práctica del verdadero amor (por supuesto, por favor notemos que una mamá y esposa puede también caer en la misma conducta tóxica).

Si nuestra misión es confrontar el mal, debemos estar dispuestos a hablar incluso sobre el daño que han hecho unos padres malvados. Hacerlo es tremendamente doloroso, especialmente para los hijos de padres tóxicos. El reconocido psiquiatra y autor M. Scott Peck sugirió: «Llevarse bien con el mal en la familia propia es quizá la tarea psicológica más difícil y dolorosa que un ser humano pueda ser llamado a enfrentar. La mayoría fracasa, y lo mismo ocurre con sus víctimas. Los que consiguen el éxito completo en desarrollar la ardiente visión necesaria son quienes son capaces de ponerle nombre».[5]

Si no podemos llamar tóxicos a los padres tóxicos, los hijos de padres tóxicos podrían quedarse solos.

Bobby

Bobby cambió para siempre la forma en que la generación de mis padres veía el mal. M. Scott Peck escribió su éxito de ventas *People of the Lie* [Gente de la mentira] en 1983. El deseo de Peck era examinar el mal. La ciencia por lo general no considera el mal como algo que esté dentro de su ámbito, pero Peck quería poner el mal bajo el microscopio y examinarlo con un enfoque penetrante.

Lo que descubrió Peck en su consulta de consejería es que la maldad horrible se puede enmascarar en padres decentes, trabajadores y de clase media. Nadie que haya leído el libro de Peck olvidará nunca a Bobby, un chico de quince años que fue derivado al doctor Peck por depresión. El hermano mayor de Bobby se había suicidado, disparándose en la cabeza con un rifle del calibre 22. Bobby comenzó a mostrar señales de depresión y lo refirieron al cuidado del doctor Peck.

Cuando el doctor Peck le preguntó acerca de la vida en casa, Bobby al principio describió a sus padres como «buenas» personas que lo llevaban a sus reuniones de los Scouts. Insistía en que sus padres eran «buenos con él», pero admitió que ocasionalmente le gritaban.

Todo esto parecía ser normal hasta que el doctor Peck le preguntó a Bobby sobre su regalo de Navidad. Bobby había querido una raqueta de tenis, pero cuando le preguntó qué le habían dado sus padres, su respuesta fue: «Una pistola».

Dejaré que el doctor Peck continúe desde aquí.

> «¿Una pistola?», repetí de manera estúpida.
>
> «Sí».
>
> «¿Qué tipo de pistola?», pregunté lentamente.
>
> «Una veintidós».
>
> «¿Una pistola del 22?».

«No, un rifle del 22».

Se produjo un largo momento de silencio. Sentía que había perdido el rumbo. Quería detener la entrevista. Quería irme a casa. Finalmente me obligué a decir lo que había que decir.

«Entiendo que tu hermano se suicidó con un rifle del 22».

«Sí...».

«¿Cómo te sentiste al recibir el mismo tipo de arma que tenía tu hermano?».

«No era el mismo tipo de arma».

Comencé a sentirme mejor. Quizá tan solo estaba confundido.

«Lo siento», dije. «Pensé que era el mismo tipo de arma».

«No era el mismo tipo de arma», respondió Bobby. «Era el mismo rifle».

«¿El mismo?».

«Sí».

«¿Quieres decir que era el arma de tu hermano?». En este instante quise irme a casa enseguida.

«Sí».

«¿Quieres decir que tus padres te dieron el arma de tu hermano para Navidad, con la que él se disparó?».

«Sí».[6]

El doctor Peck entendió que intentar sanar a Bobby en ese hogar sería como intentar curar a una persona de malaria manteniéndola en una tienda llena de mosquitos. Aunque sin lugar a dudas lo habrían negado, los padres de Bobby le estaban dando permiso para seguir los pasos de su hermano suicida. ¿Cómo puede un padre regalarle a un niño el arma que usó su hermano para dispararse?

Mediante una discusión más larga, el doctor Peck descubrió el cariño de Bobby por su tía Helen, aunque (de manera predecible) su mamá no era cariñosa con su hermana, y la llamaba «creída».

Cuando el doctor Peck se reunió con los padres, sacó algunos asuntos de la disfunción familiar que había descubierto con Bobby, pero el papá comenzó a inquietarse mucho.

«Mire, doctor... No sé lo que usted insinúa. Está haciendo todas estas preguntas como si fuera un policía o algo parecido. No hemos hecho nada mal. Usted no tiene ningún derecho a alejar a un niño de sus padres, si eso es lo que está pensando. Hemos trabajado mucho por este niño. Hemos sido buenos padres».[7]

Observemos que más que estar preocupado por la seguridad y salud mental de Bobby, el padre estaba más preocupado por aparentar ser un «buen padre» cuya autoridad se debe respetar.

Cuando el doctor Peck sacó el tema del regalo del arma por Navidad, el papá respondió con un ataque diciendo que el doctor Peck probablemente era «una de esas personas antiarmas». Fueron necesarias algunas hábiles maniobras y, para ser sinceros, un par de amenazas legales, pero finalmente el doctor Peck consiguió que los padres accedieran a dejar a Bobby quedarse con su tía Helen, al menos por un tiempo, y recibir allí cuidado psiquiátrico.

Solo el hecho de saber que regresaría con su tía Helen y no a casa de sus padres mejoró la salud mental de Bobby tremendamente durante las semanas siguientes, y las heridas físicas que previamente se autoinfligía comenzaron a curarse. Los meses de cuidado psiquiátrico que recibió después de eso dieron su fruto.

La historia de Bobby nos advierte que el mal no siempre viene con una perilla y con un tridente en la mano. No siempre se presenta con malicia. Puede usar palabras de amor, fe, autoridad debida e incluso las Escrituras. *Pero el mal siempre destruye*. A veces rápidamente, a veces lentamente, pero finalmente siempre pasa factura.

Mi hermana es una mujer heroica que ha trabajado para los servicios de protección de menores desde plataformas gubernamentales y organizaciones sin fines de lucro. Es una de las mamás más dedicadas que conozco, educando diestramente a cuatro hijos varones hasta la edad adulta. Le apasiona la crianza de los hijos, y no se atrevería a ser despreocupada sobre los «derechos» o autoridad de un padre. Pero ha habido veces en el sistema judicial de Tacoma (Washington) en las que la apodaron «la Terminator» por liberar a niños. Tiene la sofisticación de saber cómo un padre debería amar y formar a un hijo para que obedezca, pero ella también entiende la profunda destrucción que se produce cuando se usa la autoridad para mal en lugar de para bien.

No hay padres perfectos, así que todos podríamos estar justamente aterrados de que alguien juzgue cosas que nosotros hicimos, y concluyera: «Has perdido el derecho de ser su padre». Linda me asegura que cuando le llegan casos y se requiere la atención de un juez, no hay duda de que se está poniendo en peligro y destruyendo física y emocionalmente a un niño.

Necesitamos la misma sofisticación cuando tratamos con padres tóxicos: un alto aprecio por la autoridad y los derechos parentales, pero también una baja tolerancia para una manipulación malvada. El apóstol Pablo reconoció esta dualidad cuando escribió a los Corintios: «Por eso les escribo todo esto en mi ausencia, para que cuando vaya no tenga que ser severo en el uso de mi autoridad, la cual el Señor me ha dado para edificación y no para destrucción» (2 Corintios 13:10).

Dios da autoridad a los padres para edificar a sus hijos, *no* para destruirlos. Es algo terrible intervenir y desafiar esa autoridad. Lo único peor sería cerrar los ojos y dejar sin desafiar la autoridad de un padre o una madre mientras destruye a un niño vulnerable.

Fuera lo viejo, que entre lo nuevo

He visto a varias mujeres jóvenes de hogares disfuncionales caer en una trampa que es muy común. A pesar de la huella negativa de los hogares donde crecieron, terminan tomando decisiones muy sabias para el matrimonio. Como pastor, eso me produce un gran gozo. Es un deleite ver a Dios unir a dos personas que provienen de un trasfondo menos que ideal y ver cómo se empieza a formar una familia saludable.

Después llega la tentación común. Es una distracción espiritual inteligente. La mujer ha escapado de una familia disfuncional y ahora se asienta en una funcional. No pasará mucho tiempo (cuestión de meses) cuando ella creerá que tiene que regresar a la familia disfuncional e intentar arreglarla.

Mi consejo a tales personas es que intentar arreglar una relación que no tiene arreglo está destinado al fracaso y simplemente les roba el tiempo que necesitan para desarrollar su familia funcional. Intentar arreglar la antigua familia por lo general es una mala inversión. No puedes tener una relación sana con una mamá insana. No puedes desarrollar una relación saludable con un papá insano. Robar tiempo de tu tarea de desarrollar intimidad matrimonial y educar a tus hijos para intentar reparar la casa de tus padres es una necedad. Es como abandonar un salario estable en una empresa sólida y respetable para irte a jugar al casino en Las Vegas.

Entiendo que quieres tener una buena relación con tus padres, ¿quién no? Pero para algunas personas, tristemente, la condición espiritual de sus padres lo hace imposible, dejando solo una de dos opciones: seguir empleando tiempo y energía emocional intentando salvar la familia disfuncional que no cree que es disfuncional y que nunca cambiará, o invertir tu tiempo, energía y cuidado en tu nueva familia, cimentándola en amor, haciendo que eche raíces, y recibiendo la nueva creación de Dios como una segunda oportunidad para tener la familia que siempre quisiste.

La vida consiste en aprender a vivir con la pérdida. La demanda de que todo se arregle y se restaure ignora la parte de la «caída» del esqueleto de las Escrituras y nos impide sembrar nueva vida donde es posible una nueva vida, e incluso probable.

Tu tiempo, energía y enfoque son limitados. No te conformes con hacer principalmente *buenas* inversiones. Intenta hacer *la mejor* inversión de tu tiempo cada día. Mientras más cerca estés de tu cónyuge, más sano será tu hogar espiritualmente para tus futuros o actuales hijos. Es vital que crezcan como pareja y no depender de los votos que una vez dijeron para mantener vivo su matrimonio. Con trabajo y responsabilidades de la vida, es fácil seguir sin esfuerzo sobre el compromiso en vez de alimentar tu matrimonio. Dejar a tu esposo o esposa, aunque solo sea una tarde, para volver a visitar un pasado disfuncional es como comprar un boleto de lotería «por si acaso». Casi cualquier otro uso de ese dinero sería un mejor uso.

No estás llamado a ser la mamá de tu mamá o el papá de tu papá. Si ellos han tomado decisiones que les impiden tener una relación saludable con sus hijos, no es problema tuyo, y no es algo que tú puedas arreglar. Admite el dolor («realmente me gustaría que la vida no fuera así»), y después dedica toda tu energía en intentar que la vida de tu actual familia sea lo más saludable posible mientras inviertes en personas de confianza y relaciones saludables.

La iglesia ahorrará innumerables horas productivas y llenas de gozo si aprendemos a lamentar nuestra pérdida (lo cual es saludable) en vez de intentar arreglar relaciones tóxicas (que pocas veces, si es que alguna, demuestra ser productivo). Dolerse por lo general lleva a la mejora de la salud espiritual y hace que las cosas sean mejor, al menos para nosotros como individuos. Intentar hacer que algo disfuncional sea funcional demanda mucho tiempo y, por lo general, empeora las cosas. *Cuando estamos tratando con la toxicidad, dolerse es casi siempre mejor que arreglarlo.*

Después de alejarte y dolerte, sé muy cuidadoso y busca un sabio consejo antes de regresar. Si tu fidelidad a tu propia familia y la obra del Espíritu Santo producen un verdadero cambio de corazón y convicción genuina, y Dios te llama a nutrir ese desarrollo, reinvierte por todos los medios en alguien que ahora se haya convertido en una persona «de confianza».

Pero no antes.

Sé fiel a tu llamado

A veces puede que un padre o una madre no sea una persona «tóxica», pero puede actuar de vez en cuando de formas tóxicas.

Jessica es una persona muy activa en el mejor sentido del término. Ama a Dios y sueña a lo grande en cuanto a servir en su reino. Tiene una licenciatura de una de las universidades más importantes y está empezando una empresa innovadora a una temprana edad.

Tiene una hermana, unos cinco años mayor, que tomó una mala decisión en el matrimonio y ahora es una madre soltera crónicamente desempleada con un niño pequeño. Las dinámicas de una hermana mayor en apuros con una hermana menor muy exitosa han creado una situación tóxica durante años. La hermana mayor aprovecha cada oportunidad que tiene para poner a Jessica en su lugar.

Para añadir más a la angustia de Jessica, su mamá por lo general se pone del lado de la hermana mayor. «*Tienes que* ayudarla», suele decir la mamá de Jessica. «Ella no tiene las ventajas que tú tienes».

Por supuesto, la hermana de Jessica está donde está debido a las *decisiones*, no a las ventajas. Crecieron en el mismo lugar. Una se tomó su fe en serio, y la otra no; una se esforzó en educarse, y la otra pensó que las fiestas eran más urgentes que prepararse en la vida.

Cuando Jessica regresó a su ciudad natal para comenzar su empresa, empezó a tener llamadas para cuidar al niño con regularidad, a menudo avisándole con menos de cinco minutos de antelación. Al principio respondía a las llamadas, pero se enojaba por ellas. Como era la dueña de su propia empresa no tenía que pedir permiso a nadie, y su familia se aprovechaba de eso.

Su mentora, Jennifer, vio aquello como una oportunidad para que Jessica madurara un poco más.

«Jessica», dijo ella, «tú has leído biografías de empresas. Sabes que todas las personas de éxito han tenido que aprender a decir no».

«Pero cuando digo no, mi hermana dice: "Pensaba que los cristianos debían ser buenos"».

«Tu hermana no es la mejor juez de lo que se supone que los cristianos deben hacer. Está usando tu fe contra ti. Es una conversación malgastada. No tienes que justificarte ni siquiera intentar explicarte. Tan solo di: "Lo siento, pero no"».

«Pero mi mamá se pone de su parte».

«Escucha, Jessica, ni tu mamá ni tu hermana saben lo que se necesita para tener éxito a este nivel. Dios te ha dado algunos dones especiales y un llamado especial. Lo que estás haciendo ahora es tan importante como el trabajo de cualquier atleta olímpico que se entrena para los siguientes juegos. Si tu hermana no ha llamado a amigas para que le ayuden, si tu mamá no está dispuesta a dejar lo que está haciendo para ayudar en lugar de ir a jugar a las cartas con sus amigas, ¿qué haría tu hermana entonces? Tu sobrina andaría vagando sola por el vecindario. Además, ¿qué habrían hecho si te hubieras quedado en Chicago? Este no es tu problema, sino el suyo, y te está distrayendo de hacer lo que deberías hacer».

Cuando Jessica mira esta situación *relacionalmente*, se siente mal. Su hermana juega con la carta de «Yo pensaba que debías modelar a Jesús ante mí», y su mamá juega con la carta de la culpa. Ella sigue perdiendo ese juego.

Pero Jennifer la desafío a enfocarse en la *misión*: Jessica está haciendo un buen trabajo. Se necesita enfoque, concentración y esfuerzo para tener éxito. Ella no debería dejar que las malas decisiones de su hermana pusieran obstáculos en el camino de sus nobles decisiones.

Fueron necesarias varias conversaciones con Jennifer para que Jessica se sintiera cómoda diciendo no, pero finalmente lo hizo. Ella no quiere (y no debería) ser egoísta, pero mirar su decisión con los lentes equivocados le estaba conduciendo al final a ser egoísta. A largo plazo, abortar su misión herirá a más personas de las que ayudará. Decir sí para evitar desagradar a dos personas sería la decisión más egoísta; no sería egoísta decir no a su hermana y a su mamá.

Y ¿sabes qué? La sobrina de Jessica no se ha quedado en la calle ni un solo minuto, y su mamá no ha dejado de invitarla ni a una sola reunión familiar. Su hermana no siempre está contenta con ella, pero nunca ha estado ni nunca estará completamente feliz por ella. Así que realmente no hay pérdida, aunque ha habido una gran ganancia en la vida profesional de Jessica.

Observemos la crucial diferencia entre la historia de Jessica y la de Bobby (arriba), así como la de Esther (la cual veremos en un minuto): no estoy llamando tóxica a la mamá de Jessica, aunque ocasionalmente actuó de una manera tóxica para la misión de esta. La mentora de Jessica (correctamente, en mi opinión) no sugirió que Jessica se olvidara de su mamá y no tuviera nada que ver con ella, sino más bien la animó a aprender a poner algunos límites. Tenemos que aprender a distinguir entre padres que de vez en cuando actúan de una manera tóxica, donde puedes manejar su ataque mientras que mantienes y creces en la relación, y padres que parecen tóxicos profundamente, de los cuales sencillamente tienes que alejarte.

El último, por desgracia, fue el caso de Esther.

Poner fin al fingimiento

Esther Fleece Allen es una escritora de la generación milénica y oradora que ha trabajado para varios ministerios nacionales, atrayendo la atención de la CNN, *USA Today, Christianity Today* y la revista *Outreach*, entre otros lugares. Como escuchamos de muchas personas jóvenes que huyen de la iglesia, la capacidad de Esther para ayudar a la iglesia a entender, invitar e involucrar a los milénicos es particularmente estratégica para edificar el reino de Dios.

Su vida es una historia de la misericordia de Dios al llamar a una mujer proveniente de una infancia disfuncional. Su padre y su madre tenían «problemas» (lo dejaremos así), y una de sus tácticas de supervivencia de niña era escribir un diario en el que vertía sus frustraciones y preguntas, y luchaba con el desafío de intentar buscar sentido a vivir en un hogar disfuncional.

Su peor experiencia judicial ocurrió cuando Esther tenía solamente diez años. Sus padres se estaban divorciando y luchando por la custodia de Esther. Era doloroso. Como dice Esther, lo último que una niña de un hogar abusivo quiere hacer es responder preguntas sobre su casa abusiva delante de desconocidos. Parecía como una violación en todos los sentidos.

La vergüenza y el temor la envolvían en la sala de juicios, amplificada por la hostilidad crepitante entre sus padres.

En un momento durante el juicio, el abogado del papá de Esther quería enseñar una «prueba». Tenía una bolsa de plástico transparente que contenía el diario de Esther.

Esther se quedó atónita, no solo porque lo hubieran encontrado, sino también porque un desconocido lo hubiera leído y ahora quisiera leer algunas partes en voz alta ante extraños para demostrar lo mala que era la mamá de Esther.

Esther se derrumbó en ese instante, llorando incontrolablemente. ¡Hasta aquí hemos llegado! Ella se vio a sí misma prometiendo: *Nunca más volveré a escribir ni una sola palabra*. Ese diario había sido su refugio. Verlo convertido en un arma en una guerra familiar era como el más alto sacrilegio.

El juez le dijo a Esther delante de todos que «hiciera de tripas corazón» y se limitara a responder sí o no.

Es horrible que una niña se vea en una situación así, pero así es la familia en la que creció Esther y eso es lo que le hizo experimentar la disfunción de ellos.

Un par de años después, el tribunal descubrió que el padre de Esther no era suficientemente estable para educarla y le dio la custodia a su mamá. Pocos años después de eso, la mamá de Esther la abandonó. Por fortuna, una buena familia cristiana adoptó a Esther. De ninguna manera iban a permitir que esa preciosa niña pasara años en casas de acogida temporal.

La fe de Esther creció, y una década después comenzó a recibir atención nacional por su obra. Una de las grandes bendiciones de su nueva vida fue arreglar su primer apartamento. Al haber crecido en un caos amenazador, sintió mucho bienestar al poder crear un hogar seguro donde se respira paz, gozo y vida. Esther lo había arreglado todo a su gusto. Se convirtió en el espacio seguro donde invitar a amigas, tener estudios bíblicos, oración y descanso. Era algo parecido al cielo tener una casa segura a la que regresar cada noche.

A las personas tóxicas no les gusta soltar. Las personas tóxicas no pueden soportar la idea de que alguien escape de su polución personal.

A medida que crecía la notoriedad de Esther, su papá descubrió dónde vivía y decidió hacerle una visita.

Más de una vez.

La forma más precisa de describirlo es que comenzó a acosarla, haciendo que su hogar ya no le pareciera un lugar seguro de refugio, sino uno lleno de potencial peligro y contacto no deseado.

¿Cuánto puede soportar una mujer? ¿Ser liberada de las garras de un papá tóxico, encontrar la fe, convertirse en una trabajadora productiva en el reino de Dios, para después ver que ese papá tóxico intenta hacer pedazos ese nuevo mundo seguro que ella había creado?

Por fortuna, la iglesia de Esther la apoyó y ayudó a tomar algunas decisiones sabias, incluyendo conseguir una orden de alejamiento contra su padre. Cuando él violó esa orden, ellos la apoyaron para presentar una denuncia y enviarlo a la cárcel.

No fue fácil para Esther hacer eso, aunque parece obviamente lo correcto para un observador objetivo. Esther luchaba con la idea: *¿Qué tipo de hija enviaría a su padre a la cárcel?*

¿La respuesta? Una sierva preciosa en el reino de Dios que ha reunido el valor para hacer lo correcto. Es para situaciones así que Dios creó el gobierno.

Esther no solo se estaba protegiendo a sí misma, sino que estaba protegiendo al ministerio que Dios le había dado. Dejar que su papá la aterrorizara sería dejarle robar a otros la obra de Dios a través de ella. Fue admirablemente desinteresado por su parte hacer cumplir la orden contra su papá.

Lo que me encanta de la historia de Esther es la osadía con la que hizo frente a un hombre tóxico, rehusó jugar a sus juegos tóxicos, no dejó que la toxicidad de su familia le afectara (llegando finalmente a un lugar de perdón), y se negó a permitir que la continua toxicidad de su familia la distrajera de su misión.

Su historia mejora aún más. ¿Recuerdas la promesa que la joven Esther hizo en el juicio de nunca volver a escribir? Esto es lo que hace que todos nos enamoremos de Jesús una y otra vez. Él toma vidas rotas y pulverizadas y convierte a las víctimas en «más que vencedores». En el año 2017 el primer libro de Esther *No More Faking Fine* [Poner fin al fingimiento] fue publicado por Zondervan. Es un llamado profético a la iglesia para volver a recuperar el poder del *lamento* en el proceso de sanidad.

Tuve el privilegio de estar entre un grupo de personas que asistió a una cena editorial en el Country Music Hall of Fame en Nashville (Tennessee), donde se anunció el lanzamiento del libro de Esther. La cena se celebró en el círculo interior del museo, donde las paredes están cubiertas de placas que honran a los conscriptos del Country Music Hall of Fame.

En un movimiento brillante, Esther hizo que todos miráramos a las placas mientras preguntaba: «En este museo, ¿cuántas canciones de lamento se conmemoran?».

Todo el mundo se rió.

Y después dijo: «En las librerías cristianas, ¿cuántos libros de lamento encontramos?».

Todos se quedaron pensando en silencio. La de Esther es una voz profética que llama a la iglesia a regresar a la práctica del lamento, hoy descuidada, pero bíblica y espiritualmente saludable.

Su historia es un testimonio poderoso de cómo Dios puede levantarnos por encima de las personas tóxicas en nuestro pasado y presente, y seguir haciendo su obra ministerial a través de nosotros. Nadie tiene que distraernos de nuestro ministerio a Dios, ni siquiera nuestros padres.

Enseñanzas

- Dios y la Biblia nos llaman a honrar a nuestros padres, pero la misma Biblia nos dice que solo la autoridad de Dios es absoluta.
- La historia de Bobby despertó a toda una generación sobre cómo «el mal callado» puede hacer mucho daño. Necesitamos apreciar mucho la autoridad y los derechos parentales, así como tolerar poco la manipulación tóxica.
- El ejemplo de Jesús alejándose es particularmente útil para quienes vienen de familias disfuncionales y se ven tentados a regresar e intentar arreglar esas familias. Por lo general, es mucho mejor usar el tiempo para construir una nueva familia saludable que para intentar reconstruir una familia de origen tóxica.
- Cuando nos vemos ante situaciones familiares tóxicas, dolernos es, por lo general, mucho más efectivo que interactuar e intentar arreglarlo.
- Quizá un padre o una madre no *sean* tóxicos pero pueden *actuar* de manera tóxica en una o dos formas concretas. Eso no significa que debamos cortar la relación; solo significa que tenemos que poner límites.
- Esther ofrece un ejemplo excelente de ser libre de un entorno de hogar tóxico para buscar primero el reino de Dios.

CAPÍTULO 17

MATRIMONIOS TÓXICOS

Si este es el primer capítulo por donde has comenzado, por favor detente y comienza por el principio. Como he escrito mucho sobre el matrimonio, incluyendo cómo Dios puede usar incluso un matrimonio difícil para ayudarnos a crecer, muchos pueden preguntarse qué diré aquí sobre las relaciones matrimoniales tóxicas, pero por favor no saques este capítulo de su contexto. He estado poniendo el cimiento para las conclusiones mencionadas en este capítulo durante la mayor parte del libro (especialmente en «Un Jesús que se aleja», «El esqueleto de las Escrituras» y «Una nueva lealtad»), y obtendrás mucho más si lees esos capítulos antes de leer este.

Difícil y tóxico son dos cosas distintas

El matrimonio puede ser un lugar tremendo de sanidad. Ryan y Tara se autodescriben como alcohólicos y adictos al sexo con tendencias codependientes que están intentando crear una familia mixta con seis hijos. Parece el guión para una película de desastre, pero la gracia de Dios ha sido más poderosa que sus problemas, y los dos han aprendido a confiar en su poder mientras caminan hacia la sanidad y la restauración.

Me da mucho gozo ver a Dios tomar a dos personas rotas y pecadoras y dirigirlas hacia una «tierra prometida» espiritual. Un matrimonio difícil entre dos pecadores no tiene por qué ser una sentencia de muerte; puede ser una estrategia para alcanzar el bienestar y la sanidad.

Aunque Ryan y Tara dirían que a veces han actuado de manera tóxica, mediante la gracia y el arrepentimiento viven una nueva vida y de manera rutinaria se ayudan el uno al otro. Cuando uno se siente débil, el otro se hace fuerte. Cuando uno necesita un amor firme, el otro sabe cómo sacar al otro.

Me encanta cuando oigo estos testimonios. Reboso de gozo.

Sin embargo, tristemente, la misma intimidad que hace que el matrimonio sea tan capaz de producir sanidad lo hace vulnerable a encubrir la oscuridad. Por eso, amigos, pastores y miembros de la familia tienen que ser sabios, saber discernir y ser sensatos cuando trabajamos con la toxicidad en el matrimonio.

Este es un capítulo particularmente difícil de escribir para mí, no solo por la airada represalia que estos pensamientos me han causado, sino porque tengo tendencia a salvar matrimonios. Lisa y yo ni siquiera podemos contar el número de parejas que nos han dicho (o nos han escrito) que siguen casados hoy principalmente gracias al libro *Matrimonio sagrado*. Es una gran validación para nosotros que nuestros propios desafíos matrimoniales sean redimidos a medida que otros aprenden por nuestras luchas que hay un propósito divino detrás de las dificultades del matrimonio, y que es posible pasar de «apretar los dientes y aprender la lección» de *Matrimonio sagrado* a los deleites y gozos de *Valorar*.

Incluso más gratificante han sido las diversas parejas que han levantado en alto un bebé y han dicho: «Nuestro matrimonio estaba roto. Íbamos directos al divorcio. *Matrimonio sagrado* nos hizo dar la vuelta. Este bebé no habría nacido si ustedes no hubieran escrito ese libro».

Habiendo dicho esto, hay una diferencia crucial entre un matrimonio *difícil* y un matrimonio *tóxico*. Un matrimonio difícil consiste en dos pecadores que salen de su egoísmo, inmadurez espiritual y orgullo para aprender a ser más como Cristo y comprometerse a poner primero al otro. Esto es extremadamente difícil a veces, pero es un proceso maravilloso, uno del que no debiéramos querer huir. Dios puede usar la decepción del matrimonio para abrir nuestros ojos a nuestros pecados, guiarnos al arrepentimiento y después invitarnos a entrar en un nuevo camino de vida y amor.

Un matrimonio difícil pero no tóxico también puede existir con un incrédulo. He hablado con mujeres que han crecido en su fe y amor por Dios, aunque sus cónyuges nunca han seguido a Jesús. Tales relaciones siempre tienen una medida de decepción, pero esa decepción está muy lejos de ser toxicidad.

Varios hombres están casados con mujeres que son egoístas. Algunos de esos hombres tienen que redoblar su adoración a Dios porque reciben muy poco de sus esposas. Esto es muy desalentador, pero no es tóxico.

Un matrimonio *tóxico* no es tan solo frustrante; es también *destructivo*. Está marcado por la falta de arrepentimiento y una conducta controladora de la que el cónyuge no quiere arrepentirse. Quizá una parte tiene un espíritu homicida que domina y ahoga la vida del otro. O al esposo o la esposa le encanta odiar, obteniendo un placer enfermizo al derribar al otro.

Vivimos en un mundo caído donde algunas de las cosas más bellas se convierten en vehículos de fea manipulación y abuso. Como la toxicidad puede alcanzar un nivel muy alto, hay veces en las que para confrontar el mal es necesario que un cónyuge actúe como Jesús y se aleje, incluso quizá de su cónyuge.

Christine

Christine no estaba en forma, medía cinco pies y siete pulgadas (1,70 centímetros) de altura y solo pesaba noventa y ocho libras (cuarenta y cinco kilos). Aun así, cada vez que se llevaba una patata frita a la boca, su esposo Rick decía: «¿Estás segura de que quieres comerte eso?».

Christine no estaba segura de por qué Rick se preocupaba de lo que ella comía. No habían tenido sexo durante ocho años, aunque Christine lo había intentado todo para que él se interesara, incluyendo striptease, baños de burbujas, cenas con velas y «todo tipo de ideas que pasaran por mi mente para intentar que me mirara». Otros los llamaban «Ken y Barbie», pero Christine comenzó a sentirse la mujer más fea del planeta. Rick prefería la pornografía y finalmente incluso prostitutas antes que una esposa real. De hecho, usaba la pornografía con malicia, dejando intencionadamente un catálogo de Victoria's Secret en la bañera con un bote de aceite de bebé a su lado. Pasaba horas a solas en el baño y dejaba condones usados visibles en la papelera.

Pensando que una «esposa cristiana responsable» debe soportar tal falta de respeto, Christine continuaba. Fueron a trece consejeros en siete años. Christine se desgastaba intentando hacer que su matrimonio funcionara, pero una fatídica mañana de Navidad, Rick le dijo a Christine: «Ya no te amo, y quiero el divorcio». Para ser sincera, Christine sintió alivio. Como cristiana había intentado todo lo que se le había ocurrido para «arreglar» su matrimonio. Tras habérselo quitado de las manos sintió que una carga gigante se le había ido, hasta que Rick añadió: «La verdad es que creo que estás enferma, y voy a hacer que te ingresen».

Christine respondió: «Rick, no es mi cabeza la que está enferma; es mi corazón. Me has matado desde dentro. No estoy enferma de la cabeza; estoy desgastada».

La amenaza de ingresarla se convirtió en una trama para inducir temor en el corazón de Christine, otra táctica matrimonial para conseguir un poco más de control sobre su ya golpeada esposa. Christine finalmente se dio cuenta de que solo tenía una de dos opciones: ser destruida o poner fin a su matrimonio. Escogió pedir ella misma el divorcio. Le explicó a Rick: «He llegado a la conclusión de que esto no es mi problema; es tu problema».

Rick se puso furioso, lanzó todo lo que había en la encimera, le dio una bofetada a Christine que hizo que los lentes se le cayeran, y le apretó del cuello.

Mirando atrás, Christine cree que esperó demasiado tiempo para irse, pero entiende por qué hizo lo que hizo: «Quería poder estar delante de Jesús y decir que hice todo lo que pude para salvar mi matrimonio».

Christine finalmente tuvo el valor de soltarlo una mañana cuando leyó en Salmos 116:16:

> Yo, SEÑOR, soy tu siervo; soy siervo tuyo, tu hijo fiel; ¡tú has roto mis cadenas!

Como era de esperar, Rick redobló su malicia. Él y Christine tienen dos hijas en común, pero él canceló todas las cuentas bancarias, canceló todas las tarjetas de crédito, y alegremente le dijo a Christine: «No tienes nada sin mí».

Como ella no tenía ingresos aparte de Rick, se desesperó tanto que tuvo que pedirle dinero para hacer la compra a fin de alimentar a sus dos hijas.

Él le dio cinco dólares con una sonrisa malvada.

Mientras ella caminaba por el vecindario intentando reunir esperanza suficiente para ir a casa y ver a sus hijas, una vecina la detuvo y le recomendó: «Christine, sería mejor que pusieras la casa a la venta ahora mismo. No hay forma de que puedas mantenerla, y no es bueno que estés en una situación de desesperación cuando quieres vender una casa».

Christine regresó a la casa y se derrumbó en su habitación, postrada ante Dios.

«Por favor, Señor», oraba, «tan solo cuídanos a mí y a las niñas. No dejes que perdamos esta casa».

En lo que pareció una visión, Christine pudo ver a Cristo llevándola a una habitación y consolándola con palabras de seguridad y afirmación.

Mientras parecía que Jesús se estaba acercando más a Christine a través de este doloroso proceso, su iglesia no hacía lo mismo. Aunque algunos que conocían toda la situación, incluyendo las maneras tóxicas de Rick, fueron de mucha ayuda, Christine fue expulsada del coro en cuanto otros descubrieron que ella había sido quien pidió el divorcio.

Dios proveyó para Christine y sus hijas de formas milagrosas, dándole un empleo increíble que le permitía llegar a casa cuando las niñas regresaban de la escuela, tener a una buena persona que le pagó el costo del mantenimiento del jardín durante dieciocho meses (hasta la fecha, Christine no sabe quién fue), visitas gratuitas al dentista, o encontrarse bolsas de comestibles en la puerta de su casa.

Pasaron algunos años, y la iglesia finalmente parecía abrirse a recibirla de nuevo en el ministerio de música. Ella trabajaba con un programa de alabanza de niños. Su iglesia hacía una obra teatral de estilo Broadway una vez al año, y finalmente le pidieron a Christine que la dirigiera cuando el antiguo director tuvo que dejarlo.

El paso del tiempo hizo que ella se transformara en la mente de muchos de ser una «divorciada» a ser una «mamá soltera». Lo último produjo compasión en lugar de juicio, así que las mamás se reunieron para recaudar 500 dólares para una tarjeta de regalo de la tienda Target para darle las gracias por dirigir la obra.

Christine lloró.

No era solo el dinero; era la gente de la iglesia diciendo: «Estás bien. No te juzgamos. Queremos ayudarte».

Después de la obra, una mujer cristiana madura dijo lo que muchos querían expresar: «Christine, Dios te ha restaurado al ministerio. Veo la luz en tu rostro, y es una bendición».

Esto dio lugar a un deshielo primaveral, espiritualmente hablando. Invitaron a Christine a enseñar un estudio bíblico para mujeres, que produjo una gran cosecha. Años después, conoció a un hombre cristiano maravilloso. Se casaron y comenzaron a enseñar juntos. Christine recuerda cómo Rick se había burlado de sus esfuerzos ministeriales, diciendo que nadie los apreciaría. Su nuevo esposo asistió a cada clase que ella enseñó durante siete años seguidos, sin perderse ni una sola. Era quien más fuerte se reía, quien más lloraba, y quien decía amén en voz alta con más frecuencia.

Christine me dice que el ministerio con él «produce vida», no solo en ella, sino también en muchos otros.

Si la misión importa tanto como Jesús y Pablo sugieren, el resultado final de las acciones de Christine ha sido una cosecha fructífera. En la mente de muchos, pueden definirla como alguien que ha «roto una regla» (al divorciarse). Ella se dirigía a la muerte, siendo espiritualmente asesinada y asaltada casi a diario. Hoy respira vida y esperanza, y sirve a otros de manera activa. Nunca quiso dejar atrás a su esposo, pero finalmente se dio cuenta de que tuvo que dejar atrás la toxicidad, y como estaba casada con un hombre no arrepentido y tóxico, el divorcio era su única opción.

Un arma y un regalo

Cuando el divorcio se usa como un arma autoindulgente, cuando un hombre o una mujer deja a su cónyuge porque se ha cansado de cumplir sus votos o ha encontrado a alguien que piensa que es mejor, y son otros los que tienen que apoyar a la víctima y arreglar el caos, uno aprende a odiar tal necedad egoísta.

Como contraste, ante la cara del mal sin arrepentimiento e incesante, el divorcio puede ser una *herramienta* eficaz en vez de un *arma*. Megan Cox, defensora de los supervivientes de abuso, que fue liberada ella misma de un matrimonio abusivo, se refiere a su divorcio como un «regalo de gracia».

Como existe la maldad, tenemos que condenar la *causa* del divorcio en vez de la *aplicación* del divorcio. Christine estaba siendo destruida en un matrimonio tóxico, y su ministerio fuera de ese matrimonio estaba completamente apagado. Cuando la ves ahora, llena de vida espiritual y ministrando a otros, te das cuenta de lo mucho que le han costado trece años de matrimonio tanto a ella *como* al reino.

Aborrezco el divorcio al igual que aborrezco la dura experiencia de la quimioterapia para las personas que tienen que sufrirla. ¡Qué tragedia! Pero si un médico tiene que ordenar esa acción para atacar el cáncer que amenaza la vida de una persona, se convierte en lo que llamamos «un mal necesario». Si una persona tóxica fuerza a su cónyuge a buscar la protección del divorcio, no culpes a la persona que está actuando en favor de la verdad; culpa al cónyuge tóxico que está usando el matrimonio para abusar de una víctima.

Megan Cox lo expresó de esta forma después de leer un borrador inicial de este libro: «La verdadera tragedia es lo que ocurrió y que llevó al divorcio. La hoja de papel es simplemente la aprobación sellada del Estado sobre un matrimonio devastado. La devastación fue probablemente mucho más malvada que el documento firmado. El dolor que todos soportamos durante años (o décadas) de toxicidad, tinieblas y abuso es lo que realmente deberíamos odiar. Salvar matrimonios es noble, pero Jesús murió para salvar vidas. Nuestras vidas son más importantes que nuestros matrimonios. Jesús pone más valor en la vida que en el matrimonio».

Admiro a Christine por hacer todo lo posible para que su matrimonio funcionara. Dada la infidelidad de su exmarido, imagino que pocos dirían que el divorcio no fue una opción «bíblica» para ella. Sin embargo, hacerle pagar por ejercer esa opción apartándola del coro de su iglesia me rompe el corazón.

Siempre existe el peligro de que alguien afirme que está casado con una persona tóxica simplemente para salir de un matrimonio frustrante que no es verdaderamente abusivo ni tóxico. *Toda enseñanza verdadera se pervierte en la brecha de la aplicación.* Pero no podemos permitir que las aplicaciones pervertidas ocasionalmente nos cieguen a la necesidad de apoyar y proteger a verdaderos siervos de Dios cuya personalidad y ministerio están siendo sofocados e incluso asesinados por un asalto genuinamente tóxico.

Jesús dijo una vez: «todo el que por causa del reino de Dios haya dejado casa, esposa, hermanos, padres o hijos recibirá mucho más en este tiempo; y en la edad venidera, la vida eterna» (Lucas 18:29-30).

¿Observaste la parte donde Jesús dice explícitamente que algunos se verán forzados a dejar *incluso a su cónyuge* por servirlo a Él?

No quieren arrepentirse; sencillamente no quieren parar

La razón por la que debemos apoyar a un hermano o hermana en Cristo que necesita romper con el mal es que algunos cónyuges tóxicos *fingirán* estar arrepentidos si creen que perderán a su cónyuge, pero es una farsa. Su corazón no ha cambiado. Son expertos en decir a pastores y otros cristianos ingenuos: «Lo siento. Realmente metí la pata. Quiero la reconciliación, pero mi cónyuge no perdona. He llorado, incluso he ayunado, y haré lo que me pida si tan solo me da otra oportunidad».

Les encanta la palabra *reconciliación* porque saben que es un término con una carga teológica y toca las cuerdas del corazón de cualquier creyente sincero, pero cuando se rasca más allá de la superficie, enseguida uno se da cuenta de que aborrecen la *práctica* de reconciliarse con Dios y sus caminos. Si no entiendes la depravación espiritual, seguro que querrás «rescatar» el matrimonio.

He escuchado a cónyuges recitar el guion de arriba, sin mencionar que ya se le han dado mil oportunidades, y de lo único que estaban ayunando era de la oración. Nunca han sido verdaderamente fieles a su cónyuge, pero si temen que perderán su habilidad de aterrar a su cónyuge, jugarán al juego de «mi cónyuge no me perdonará y la Biblia nos llama a perdonar».

Esto es lo que sucede a menudo. Cuando acepté verdaderamente el esqueleto de las Escrituras fue cuando pude identificar y admitir esta terrible maldad. Algunas personas no pueden soportar la idea de perder la oportunidad de abusar de su cónyuge, así que llorarán, fingiendo estar arrepentidos y prometiendo cambiar, pero tan solo lo justo para mantener a su cónyuge en un lugar donde puedan continuar con el abuso. *No quieren reconciliarse en un espíritu de humilde arrepentimiento; quieren preservar la plataforma de abuso.* Les aterra no ser capaces de seguir haciendo daño a su cónyuge porque obtienen una satisfacción gravemente enferma al cometer el abuso, y su peor temor es perder la capacidad de seguir haciéndolo. Y así buscarán apasionadamente la empatía de otros cristianos para poder mantener el control.

El hecho de que un esposo o esposa tóxicos parezca ser «un cristiano con buena reputación» puede ser una cubierta inteligente por su parte. En su deseo de hacer el mal, las personas tóxicas «inteligentes» saben que necesitan un disfraz para no ser descubiertos. M. Scott Peck nos da este aviso:

> Como el principal motivo del mal es disfrazarse, uno de los lugares donde es más probable encontrar a las personas malvadas es dentro de la iglesia. ¿Qué mejor manera de esconder su propio mal tanto de sí mismo como de otros, que ser diácono o alguna otra forma realmente visible de cristiano dentro de nuestra cultura?... No quiero dar a entender que los malos sean otra cosa que una pequeña minoría entre los religiosos o que los motivos religiosos de la mayoría de las personas sean falsos de alguna manera. Solo quiero decir que las personas malvadas tienden a gravitar hacia la piedad por el disfraz y el encubrimiento que les puede ofrecer».[1]

Aprendamos a ser inteligentes y sabios para oponernos al mal en vez de preservar inconscientemente su plataforma.

Caparazones

Uno de mis mejores amigos, el doctor Mike Dittman, me desafió a pensar en esta dicotomía, que Dios aborrece el divorcio mal aplicado *y* ama y quiere rescatar a las personas que están siendo destruidas en un matrimonio tóxico, con una afirmación profunda. «Gary», dijo, «a Dios no le importan los caparazones; le importan las personas que hay en los caparazones».

Mike se estaba refiriendo a iglesias, pero apliquemos esto al matrimonio. Ten en mente que el ministerio de Mike está enfocado a iglesias locales y pastores. Lo que quería decir con su frase es que si una iglesia en particular «cae», Dios está más interesado en las personas que componen la iglesia que en el caparazón organizacional que se rompe. Dios puede construir otra iglesia, quizá incluso una iglesia más saludable, en ese mismo lugar, y se puede convertir en un nuevo caparazón para las personas dentro que están dolidas.

¿Puede alguien negar que esto es cierto? Los caparazones (organizaciones ministeriales, edificios de iglesias, organizaciones sin fines de lucro, escuelas) siguen siendo caparazones incluso en el mejor de los casos. Algunos llegan a la gloria. Algunos caen en la infamia. Otros se convierten en agentes de oscuridad en lugar de faros de luz. Dios no está interesado en los caparazones, sino en las *personas*.

Dios instituyó el día de reposo, y se lo tomaba tan en serio en el Antiguo Testamento que cuando alguien lo quebrantaba, el castigo era la muerte por lapidación (ver Números 15:32-36). Guardar santo el día de reposo obviamente era importante para Dios. Sin embargo, cuando el día de reposo se convirtió en algo que estaba dañando a las personas en el Nuevo Testamento, Jesús dijo: «El sábado se hizo para el hombre, y no el hombre para el sábado» (Marcos 2:27). Dios ama el matrimonio y ama a las personas, pero ¿pensamos que ama más a las personas o a las instituciones?

Miremos a las naciones que Dios ha derribado y levantado. Veamos los templos que Él ordenó construir y que permitió que fueran destruidos. Miremos a los gobernantes que ha exaltado y después humillado. Veamos las iglesias que florecieron y ahora han desaparecido. A lo largo de la historia, Dios ha favorecido más a las personas que a los caparazones. Quizá deberíamos ver el matrimonio del mismo modo.

Creo que Dios puede y quiere sanar y redimir cada matrimonio roto, pero los individuos pueden resistir, y de hecho lo hacen, al Espíritu Santo de Dios. El matrimonio, al igual que una iglesia, hasta cierto punto es un caparazón. Si un caparazón matrimonial se usa para permitir que las personas sean abusadas y dañadas, puede que Dios lo derribe.

Cuando un hombre abusa de su esposa y de sus hijos, rehúsa arrepentirse, esencialmente riéndose de ellos y suponiendo que no pueden escapar de su abuso porque no les ha dado una «razón bíblica» para el divorcio (por lo general descrita como ser infiel sexualmente o abandonarlos), y después recibe el apoyo de cristianos bienintencionados que esencialmente dicen que el caparazón del matrimonio importa más que la mujer y los hijos dentro del caparazón, creo que hemos perdido el corazón de Dios.

A Dios le importaban los israelitas más de lo que le importaba su tierra, su templo e incluso su libertad. Dejó que se rompieran caparazones para castigar, renovar y finalmente reconstruir su pueblo.

Cuando una mujer fuerza a un buen hombre al divorcio, quizá incluso divorciándose de él porque ella tiene una enfermedad mental o es adicta y no trabajará en su recuperación, o es cruel, o tan solo se ha apartado por completo de Dios y decimos que ese hombre ya no puede ministrar de modo público, hemos exaltado el caparazón por encima del alma de uno de los hijos de Dios. Cuando permitimos que ella destruya su ministerio, así como el hogar de sus hijos, hemos cooperado con el mal homicida.

Si estamos intentando preservar el caparazón cerrando los ojos a las personas que están siendo destruidas, el peso de las Escrituras está contra nosotros. Lo que Mike dijo me parece cierto: «A Dios no le importan los caparazones; le importan las personas que hay en los caparazones».

El divorcio no es la primera cuestión

Debido al gran valor del matrimonio en la Biblia, la primera pregunta que debemos hacer ante una ruptura matrimonial no es: «¿Es correcto conseguir el divorcio?», «¿*Debería* divorciarme?». El lugar más apropiado para empezar es la *seguridad* y después la *recuperación*. La pregunta del divorcio viene después. El primer paso es ponerte a salvo de la violencia tóxica o la respuesta violenta. El segundo paso es averiguar qué te llevó a comenzar una relación tóxica. ¿Fuiste engañado por una persona muy astuta, o había algo en ti que te dispuso a ser controlado o tratado de manera tóxica? El propósito de lidiar con esto no es la autocondenación o la recriminación, sino impedir que vuelvas a cometer el mismo error. El tercer paso es llamar al arrepentimiento a tu pareja, asegurándote de que sepa que las cosas tienen que cambiar, y cambiar *ahora*. Esos son los tres asuntos principales. La pregunta sobre si el matrimonio puede sobrevivir puede venir después cuando se demuestre (o no) el arrepentimiento.

Con corazones sinceros y orientados a la misión, algunas personas casadas con cónyuges tóxicos han caído en el hecho de responder de formas tóxicas para sí mismas. Se han sacrificado, culpado y agotado al intentar curar la toxicidad de un ser querido. Lo único que eso ha logrado (inconscientemente) es impedir que la persona tóxica reconozca su toxicidad. A veces, lo más amoroso que un cónyuge puede hacer es alejarse, como hizo Jesús, y dejar que la persona tóxica afronte, quizá por primera vez, las consecuencias de sus acciones tóxicas.

Alejarte no significa que nunca regreses. Solo significa que no participarás en la actividad tóxica continuada. No te rompas la cabeza intentando averiguar si debería ser un alejamiento permanente o un alejamiento estratégico. Esto se puede decidir después. Lo que *está* siendo cambiado permanentemente es tu nuevo compromiso a no habilitar, tolerar o soportar la conducta tóxica bajo la cubierta del matrimonio. Eso ya se terminó.

Muchos excónyuges tienen que liberarse de su culpabilidad y recordarse que el fracaso de un matrimonio no significa que *ellos* han fracasado. Una persona puede torpedear un matrimonio. Eso no significa que tú no hayas contribuido, ya que nadie actúa perfectamente en un matrimonio, sino que significa que nadie debería definirse a sí mismo por si fue capaz de mantener un matrimonio con una persona tóxica. Podría suceder que ninguno haya sido capaz de sostener un matrimonio con esa persona sin poner en peligro seriamente su propia salud y cordura espiritual y psicológica. Eso no es culpa suya; es culpa de la persona tóxica.

Hablamos en un capítulo anterior sobre «la ley de la siembra y la cosecha». Una consecuencia de quebrantar esta ley puede ser que un cónyuge tóxico pierda a un cónyuge más saludable. Para ser explícito y claro, si un esposo o esposa sigue actuando de maneras sexualmente inapropiadas, él o ella tiene que saber que te perderá. Si el abuso que está cometiendo sobre ti está encogiendo tu alma, está bien admitir que no puedes seguir viviendo con esa persona. Si insiste en que mientas para cubrir sus actos tóxicos, no solo te está permitido, sino que se te ordena resistirlo.

Eso no es no amar; es la aplicación misma del amor. Hacer frente a una persona tóxica puede ser complicado, pero un conflicto puntual explosivo te afecta menos espiritualmente que un envenenamiento tóxico continuo que no te derriba de inmediato pero te mantiene enfermo por años. Prefiero romperme un hueso que tratar una enfermedad autoinmune de larga duración. Prefiero dejar un empleo y lidiar con la dificultad económica que perder la vida poco a poco a manos de un jefe tóxico. Y si es necesario, prefiero hacer frente al horror y el trauma de un divorcio que saber que estaré enfermo espiritualmente durante el resto de mi vida si no escapo.

Por favor, recuerda que *el momento más peligroso para un cónyuge abusado es cuando ese cónyuge intenta ser libre*. La separación, y eso incluye incluso mencionar la posibilidad de una separación, se tiene que manejar con un consejero experimentado que sepa guiar a la persona a través del proceso. Las personas controladoras pueden recurrir a la violencia si creen que están perdiendo el control. No hables de ello ni lo hagas sin un guía experimentado que te ayude a caminar por el proceso.

Llamados, amados y protegidos

Permíteme terminar con una apelación a aquellos cuyo corazón está roto por su necesidad de salir de una situación tóxica. Prefiero actuar aquí como pastor en lugar de profeta.

Judas ofrece palabras de consuelo para todo el que tenga delante un camino difícil de recorrer. Casi al principio de la carta que lleva su nombre, escrita a una iglesia en problemas, les dice: «les escribo esta carta a todos los que han sido *llamados* por Dios Padre, quien los *ama* y los *protege* con el cuidado de Jesucristo» (Judas 1, NTV, énfasis añadido).

Que el mundo te insulte puede ser doloroso y devastador.

«Eres un idiota».
«Eres un perdedor».

Yo he participado en insultarme a mí mismo, lo cual es igual de destructivo:

«Soy patético».
«Es imposible amarme».

La vida cambió cuando decidí que las Escrituras son la única fuente que puede ponerme nombre, y Judas ofrece tres nombres brillantes para que los disfrutemos.

Tu primer nombre es *Llamado*. Puede que hayas tenido un pasado difícil, pero Dios está decidido a llevarte a un futuro glorioso. Él puede usarte y te usará. Él es así de poderoso y así de decidido. Nada de lo que hayas hecho y nada de lo que otra persona haya hecho puede impedir que un adorador rendido y obediente tenga un futuro llamado en Cristo. Si acabas de cometer el peor pecado de tu vida, Dios te sigue llamando «Llamado» a partir de este momento. Arrepiéntete, recibe su perdón y deja que Él te guíe hacia tu siguiente paso. Nunca te gradúas de Mateo 6:33 («busquen primero su reino y su justicia, y todas estas cosas les serán añadidas») o pecas tanto que Mateo 6:33 se vuelva irrelevante. Es el camino hacia una obediencia renovada cada día de tu vida. Tu nombre es *Llamado*.

Tu segundo nombre es *Amado*. Dios no te usa como un carpintero usa un martillo, porque le importas mucho. Eres un hijo o hija, no un mero siervo. Él se duele cuando tú te dueles, tanto que ponerte a ti mismo en un lugar seguro es un acto de adoración. Estás librando a Dios de un gran dolor cuando no permites que otros te hagan daño.

La palabra para *amor* en el original griego se deriva de *ágape*, pero es una imagen más amplia. La mejor forma de pensar en ello es como una imagen del amor de Dios «envolviéndote». Estás rodeado de su amor por todas partes, lo cual da paso al tercer nombre: eres «protegido».

Protegido significa que estás seguro en el cuidado de Jesucristo. Tu misión no es temer por la persona tóxica que te amenaza y que te ha herido en el pasado. Medita en el poderoso Salvador que cuida de ti ahora. Tu seguridad no depende de tu habilidad para saberlo todo, para conocer el futuro o para finalmente ser la persona más sabia y más fuerte; tu seguridad depende del conocimiento, gracia y poder perfectos de Jesucristo.

Jesús mismo te *protegerá*.

Puede que el enemigo te llene de temores, amenazas, ansiedades y culpa. Defiéndete recordándote los tres nombres que Dios te da.

«Soy Llamado».
«Soy Amado».
«Soy Protegido».

Llamado, Amado y Protegido. Estás seguro en el servicio de Jesucristo.

Enseñanzas

- La intimidad misma del matrimonio que lo hace tan capaz de dar entrada a la santidad y la felicidad también lo hace capaz de encubrir oscuridad.
- Hay una gran diferencia entre un matrimonio difícil y un matrimonio tóxico. Un matrimonio difícil puede fomentar el crecimiento espiritual; un matrimonio tóxico acaba con la vida de uno o de ambos cónyuges.
- La historia de Christine es típica de aquellos que han sido heridos en un matrimonio y han estado cerca de la destrucción personal, y que

después han descubierto que el divorcio era la entrada a una nueva vida y un servicio renovado para Dios.

- Como existe la maldad, tenemos que condenar la *causa* del divorcio en lugar de tan solo la *aplicación* del divorcio.
- Algunas personas tóxicas darán la impresión de estar arrepentidas, no porque quieran cambiar, sino porque quieren preservar su plataforma de abuso.
- A lo largo del Antiguo y el Nuevo Testamentos parece claro que Dios no está interesado en los «caparazones». Se interesa por las personas en los caparazones. Las instituciones que Él creó y ordenó, y que le importan profundamente, no se deben usar como una cobertura para el abuso controlador.
- El divorcio no es la primera pregunta que te debes plantear cuando crees que puedes estar en un matrimonio tóxico. La seguridad es la primera preocupación. Ten en mente los problemas a corto plazo, y deja las decisiones a largo plazo para después.
- Cuando te veas ante la devastación de salir de una situación tóxica, recuerda que Dios nos da tres nombres: Llamado, Amado y Protegido.

CAPÍTULO 18

ABANDONAR LA TOXICIDAD EN LUGAR DEL MATRIMONIO

He estado escribiendo sobre la toxicidad como si se tratara de un asunto unilateral, es decir, hay una persona tóxica y una persona saludable, y si la persona tóxica se vuelve demasiado tóxica, la persona saludable debería considerar seguir los pasos de Jesús y alejarse.

Cualquiera que examine su corazón y tenga algo de sensibilidad a la convicción del Espíritu Santo sabe que tal idea no es siempre verídica en la vida. Yo creo que hay personas tóxicas en general, y a veces puede que tengamos que alejarnos de un cónyuge así; sin embargo, en la mayoría de los casos la toxicidad y otras malas conductas se muestran en un continuo y las expresan *ambos* cónyuges, quizá uno más que otro, pero siempre son ambos.

Una pareja maravillosa y valiente llamada Darin y Lesli han abierto sus vidas para los lectores de este libro con una historia tremenda de cómo Dios les ayudó a alejarse de la toxicidad mutua que experimentaron en las dos primeras décadas de su matrimonio. Ambos vieron respuestas tóxicas en el otro, pero etiquetar a tu cónyuge como parcialmente tóxico e ignorar tu propia conducta tóxica significa que nunca se conseguirá nada positivo y que todo lo negativo irá a peor.

La historia de Darin y Lesli es una historia de redención y gracia inspiradora. Es evidencia de que no siempre tenemos que abandonar un matrimonio a la primera señal de toxicidad. Si ambas partes se arrepienten y se rinden a Dios, podemos abandonar la toxicidad en lugar del matrimonio.

En desacuerdo

Darin y Lesli son copropietarios de una pequeña empresa. Trabajar juntos cada día y dormir juntos por la noche crea todo tipo de oportunidades para que surjan y florezcan actitudes tóxicas. Una vez, a Lesli se le olvidó pagar una factura que Darin había prometido pagar *enseguida* a un cliente. Cuando Darin supo que su cliente aún no había cobrado, se sintió avergonzado y enojado, y se lo dijo a Lesli.

En ese entonces, Lesli vivía con una feroz sensación de autoprotección que hacía que le pareciera imposible decir «lo siento» o «cometí un error». Sin embargo, el enojo de Darin solo empeoraba las cosas, ya que hacía que Lesli se cerrara. Ella justificaba su falta de disculpas apelando a la conducta airada de Darin. En vez de hablar las cosas, ella rehusó disculparse y calladamente pagó la factura.

Eso satisfizo al cliente, pero no a Darin. Para él, nunca hubo un cierre, y si no había un cierre, como propietario de una empresa él sentía que el problema no estaba resuelto y podría continuar. «¿No te vas a disculpar?», preguntaba. «No podemos simplemente pagar la factura y fingir que no ha pasado nada».

Su contundente respuesta hizo que Lesli se callara y retirara aún más. Darin terminó las cosas diciendo: «Nunca dices que te has equivocado. ¿Por qué no puedes disculparte?». Todo esto hizo que Lesli se sintiera atrincherada y comprometida a *no* disculparse: *nunca*. En su mente, no se trataba de lo que ella había hecho; se trataba de la respuesta de Darin, y no estaba dispuesta a ceder a eso.

Es aquí donde la arrogancia conduce a los matrimonios al sumidero espiritual. Tanto Darin como Lesli podían señalar patrones no saludables en el otro, lo cual ambos creían que justificaba sus propias respuestas poco saludables.

Anticipación

Otro patrón poco saludable tenía que ver con la intimidad sexual. En los viajes de negocios cuando tenían que pasar una noche en un hotel, a Darin le gustaba participar de lo que él llamaba «anticipación». Cuando él esperaba tener intimidad sexual esa noche en el hotel, se mostraba amable y afectivo durante todo el día, con la espera de fomentar el interés. A fin de cuentas, había leído que las mujeres eran como «estufas», no como «microondas». Ellas necesitaban tiempo para calentarse, así que él se esforzaba al máximo por ser amable, coquetear, ser afectivo y un poco sugerente con las palabras.

El problema es que aunque muchos libros digan lo contrario, Lesli es más como un microondas que como una estufa. Ella separa el trabajo y el juego, y a lo largo del día está en modo trabajo. Ella no es muy expresiva, y nunca respondía a la charla sugerente. Quería acelerar los negocios en vez de frenarlos por unas prolongadas caricias.

Esa frialdad hacía que Darin se cerrara. Pensaba que Lesli le estaba poniendo el freno, así que él hacía lo mismo; no quería animarse demasiado si Lesli no parecía tener el mismo ánimo. Al final del día, cuando se acababa el trabajo, Lesli encendía el interruptor de la «diversión» en su cerebro y básicamente decía: «¡Aquí estoy!».

Aunque Darin había esperado durante todo el día tener sexo, el repentino interés de Lesli llegaba a enojarlo. Había sufrido su fría actitud durante horas y hacía mucho que se había cerrado. «¿Estás bromeando?», decía él.

Este tipo de malentendidos bastante comunes se habían producido durante casi dos décadas de matrimonio. Era siempre el mismo ciclo. Darin cada vez se ofendía más por la falta de comunicación de Lesli, así que respondía linchándola verbalmente o usando comentarios sarcásticos.

El resultado era que la distancia crecía. «Vivía con un bajo umbral de frustración hacia ella», admite Darin.

Redoblando lo malo

La conducta de Darin era tóxica, eso es seguro, pero Lesli respondía a su propia manera tóxica utilizando el trato del silencio. Ella no trataba los verdaderos problemas, sino que en su lugar respondía con sarcasmo: «Tienes razón. Soy la peor persona del mundo. Soy una esposa nefasta».

Era una astuta defensa: si ella era mala en *todo*, no había nada que ella misma pudiera hacer, y por lo tanto no había nada en lo que ella pudiera trabajar.

«Nuestra toxicidad se alimentaba de la toxicidad del otro», medita Darin. «Lesli no podía admitir que estaba equivocada en algo. No sentía que tenía que cambiar nada ni tratar ningún pequeño problema porque en su mente yo era muy manipulador y siempre la hería con mis sermones llenos de orgullo».

Darin podía demostrar a cualquier consejero que el trato del silencio de Lesli y su negativa a disculparse por nada era tóxico. Y Lesli podía demostrar a cualquier consejero que el sarcasmo y el juicio hacían difícil que una mujer respondiera con afecto.

Gracias a la gracia de Dios, la historia de Darin y Lesli apunta al camino en el que las parejas pueden aprender a alejarse de la *toxicidad* en lugar de alejarse del *matrimonio*.

La bonita implosión

El cambio llegó en el verano de 2006. La iglesia de Darin y Lesli me invitó a dar un seminario sobre *Matrimonio sagrado* y a dar seguimiento al seminario estudiando el libro en sus grupos comunitarios. Eso abrió la puerta para que Darin viera su matrimonio y su corazón con una luz diferente, pues *Matrimonio sagrado* se enfoca en cómo Dios puede usar incluso un matrimonio difícil para moldearnos espiritualmente.

Incluso más significativa fue la obra del Espíritu Santo en el corazón de Darin: la manera en que Dios preparó tantos eventos para revelar la enfermedad espiritual que había detrás de la frustración de Darin. El estado de su matrimonio, problemas con sus hijos, desafíos en la empresa y en la iglesia: todo esto comenzó a implosionar.

Fue una implosión bonita porque finalmente condujo a Darin a la única solución. Darin quería desesperadamente tener éxito en su matrimonio, como padre, en su empresa y como miembro de la iglesia, pero nada le iba bien. Él dijo que no fue «hasta que el Espíritu Santo comenzó a revelarme que no estaba dejando que el Padre me amara cuando las cosas comenzaron a cambiar. En parte debido a algunos problemas con mi propio padre, yo había permitido que mi identidad estuviera definida por mi desempeño. Lesli se había convertido en un ídolo, al igual que otras muchas cosas en mi vida».

Darin podía repetir el evangelio hasta durmiendo, pero de repente «se convirtió en algo precioso de maneras que nunca había conocido. La cruz se convirtió en algo precioso para mí porque me di cuenta de que era el único lugar al que yo podía ir. Jesús pagó una deuda que yo no podía pagar. Yo estaba haciendo a otros responsables de deudas que no eran nada comparadas con la que Jesús pagó por mí».

Darin define el evangelio como «las buenas noticias inmerecidas e indescriptibles de que Jesucristo sufrió, murió en una cruz y resucitó para salvarme de la legítima ira de Dios hacia mi pecado, para que yo lo conociera y fuera conocido por Él eternamente. Jesús pagó esa deuda que yo nunca podría pagar para conocer el amor del Padre como nunca lo había conocido».

Arreglarse con Dios fue un requisito necesario para que Darin se arreglara con su esposa. Tenía que recibir de Dios antes de poder dar a su esposa, o de lo contrario seguiría demandando de su esposa lo que debería haber buscado de Dios.

Cuando Darin meditó en lo mucho que Dios le había perdonado, el hecho de que a Lesli se le olvidara pagar una factura o le costara comunicarse era algo que no tenía comparación. Darin también vio el pecaminoso impulso detrás de su deseo de tener un mejor matrimonio. «Pasé la mayor parte de los primeros veinte años de nuestros veintiocho años de matrimonio intentando hacer todo lo posible para que mi esposa entendiera mis necesidades y las supliera. Es difícil incluso decir una frase tan increíblemente egoísta, pero ahora por la gracia de Dios sé que era cierto».

Ten en mente que Darin y Lesli no eran unos cristianos comunes. «Ambos éramos creyentes apasionados y seguidores de Jesús con un ministerio creciente, sometidos a un liderazgo local, y sirviendo al propósito de Dios en la iglesia. Pero no podíamos ver claramente los problemas en nuestro matrimonio que tanto nos frustraban a ambos».

Para Darin, superar la toxicidad comenzó con una nueva identidad:

> Dios me reveló amablemente mi necesidad de asentarme y encontrar mi identidad en el evangelio y no en mi desempeño. Mi enojo conmigo mismo y con los que me decepcionan había hecho crecer una raíz de amargura que el tierno amor del Padre cortó de mi vida de manera lenta, fiel y quirúrgica. Podía señalar a todo tipo de problemas de ser papá, ofensas legítimas y fracasos dolorosos de otros que podrían haber justificado mi enojo, pero a la luz de lo que Jesucristo hizo para pagar una deuda que yo no podía devolver, ya

no podía hacer a otros responsables de cómo me hacían daño, especialmente mi esposa. El evangelio se convirtió en algo más precioso para mí que la vida.

Dios reveló que las conclusiones que yo estaba sacando de Lesli no solo eran desagradables, sino también inciertas en su estimación. Era muy fácil identificar los fallos, pero yo no buscaba vivir con ella de una manera comprensiva, y eso obstaculizaba mis oraciones y mi relación con Dios.

Mi necesidad de tener razón y mi necesidad de ser entendido se interponían como centinelas idólatras entre ella y yo para que encontráramos un terreno intermedio. Yo me humillé bajo su amorosa convicción, me arrepentí del pecado que estaba cometiendo, y le perdoné lo mejor que supe, y seguí haciéndolo. Y dejé de buscar en ella cosas que necesitaba buscar en Dios.

Por supuesto, esta transformación no sucedió de la noche a la mañana. El corazón y la mente de Darin tardaron meses en realinearse. «Al principio era muy raro actuar de una forma tan diferente», dijo él, «pero Dios me enseñó por su Espíritu y su gracia. A medida que aprendía a mirar a Lesli de esta manera nueva, podía sentir el agrado de Dios cada vez que yo decidía ser paciente, ser tierno y ser comprensivo».

Me encanta la última línea: «Podía sentir el agrado de Dios cada vez que yo decidía ser paciente, ser tierno y ser comprensivo». Es lo que he intentado describir con diferentes palabras durante la mayor parte de mi ministerio. Cuando tratamos a nuestro cónyuge en base a lo que Dios merece en lugar de lo que nuestro cónyuge merece, incluso si nuestro cónyuge no responde, hay una maravillosa oportunidad de adorar. Ahora bien, por supuesto, en algunos casos graves ese momento de adoración puede incluir reunir el valor para alejarse, como hizo Jesús. Otras veces es aprender a responder a la conducta difícil con la generosa gracia y amor de Dios, basados en que Jesús nos amó primero.

Lesli sigue

El cambio en el corazón de Lesli se produjo después del de Darin. Su callejón sin salida, admite ella, se quebró solo cuando Darin cambió primero.

Escuchen, hombres. Darin tuvo que cambiar sin ver resultados durante *casi un año* antes de que Lesli comenzara a dejarse convencer.

Darin explica: «Comencé a reconocer que cuando dejaba a un lado las expectativas que tenía de ella, ella se sentía libre para ser quien quería ser. Dolió por un tiempo cuando ella no apreciaba o ni siquiera reconocía el cambio que yo estaba haciendo, pero no estaba cambiando para ella; *yo estaba obedeciendo a Dios*, y eso sacaba las acciones de ella de la ecuación. Con el tiempo, Lesli finalmente comenzó a reírse un poco más y a disfrutar de sí misma».

Lesli le dijo a Darin que era como si se hubiera «tragado un tranquilizante enorme».

«Previamente ya me había hartado de él, para ser honesta», explica Lesli. «Mi actitud y mis palabras eran: "Tú siempre vas a tener razón y yo siempre voy a estar equivocada", así que ¿para qué molestarse? Cuando nuestro pastor desafió a Darin sobre su actitud, Darin dejó de hacer las cosas que hacían que me costase ser amable con él, pero yo seguía siendo recelosa. Tardé tiempo en admitir finalmente ante mí misma: *De acuerdo, mira lo que está haciendo él y cómo estoy respondiendo yo. Quizá haya algo que está mal en mí.* Sentí que estaba en un lugar más seguro para considerar mis propias faltas porque sabía que Darin estaba sometiéndose a nuestro pastor y haciendo todo lo que podía para cambiar. Finalmente pude ver dónde estaba equivocada».

Para Lesli, cambiar significaba hacer frente a las fortalezas con respecto a la intimidad y el sexo, incluyendo mentiras que ella había creído y cómo se veía a sí misma debido a cosas que le habían ocurrido en su infancia. «Ya no me asociaba con esas mentiras, y fui liberada. Ahora estoy en un lugar maravilloso en el que puedo hablar con Darin sin que esas mentiras se interpongan en el camino y me lleven a resistirlo».

Darin tenía cuidado de no socavar todo eso. «Yo tan solo me sentaba y observaba con agradecimiento, animaba sus esfuerzos y tenía cuidado para evitar poner nuevas expectativas sobre ella», dijo él. «Tardé un tiempo en cambiar, así que sabía que para ella también sería un proceso lento. Sinceramente, ha sido difícil. Ella ha progresado, aunque está siendo lento, pero la diferencia es que ella ve la necesidad y responde a la gracia de Dios por sí misma».

Al hacer el trabajo difícil de enfrentar la toxicidad en su propio matrimonio, Darin y Lesli han podido alcanzar a otros matrimonios. Lesli tiene un corazón renovado para el ministerio de las mujeres. En años anteriores, puede que se hubiera inclinado a unirse con esposas que describían cuán difíciles y demandantes podían ser sus esposos. Ahora lo ve todo con unos ojos ligeramente distintos. «El patrón que estoy viendo es que hay algunas fortalezas legítimas a las que, como mujeres, podemos someternos incluso sin darnos cuenta. En la sociedad e incluso en la iglesia es normal y se espera que las esposas reten a sus esposos, les falten al respeto y supongan que el esposo siempre se equivoca al cien por ciento, por lo que la mujer nunca tiene que disculparse».

Yo he visto de lo que Lesli está hablando. Como los pecados de los hombres son tan visibles y a menudo tan dolorosos, muchas esposas suponen que sus pecados «más pequeños» no importan, que tienen un permiso hasta que sus esposos se acerquen mucho a la perfección. De nuevo, esta es una charla peligrosa si una esposa que está siendo abusada intenta aplicarla, así que es útil tener sabio consejo al respecto. Sin embargo, en muchos matrimonios las esposas tienen que oír que Dios no les da permiso para tener una conducta tóxica solo porque la conducta tóxica de su esposo parezca ser «peor».

Lesli explica: «Yo caí en esa mentira de que debido a que Darin tiene una personalidad masculina fuerte, él debe ser el manipulador y yo la víctima. Dios me demostró que era más bien al revés. Al retirarle afecto, respeto y comunicación, *yo* a menudo asumía el papel de manipuladora».

Las mismas personas, un matrimonio diferente

Que tanto Darin como Lesli despertaran a su propia toxicidad ha creado un matrimonio demostrablemente diferente en los últimos ocho años. Lesli sigue cometiendo errores en la empresa. Todavía no le resulta fácil comunicarse o «anticipar» un calentamiento sexual durante sus viajes de negocios, pero la forma en que ellos tratan estas diferencias ha cambiado drásticamente. Darin dijo: «Lesli está más dispuesta a escuchar lo que tengo que decir y considerarlo, así que no me siento como si tuviera que empujar mi agenda agresivamente. Lo que solíamos tardar meses en resolver, ahora lo solucionamos en semanas; lo que solía tardar semanas ahora tarda días; lo que solía tardar días ahora tarda horas. Todo se resuelve mucho, mucho antes».

En un evento empresarial reciente, uno de los más cruciales del año para su fuente de ingresos regular, Lesli cometió un error de cálculo grave y público. En vez de responder con el silencio, le dijo inmediatamente a Darin: «Lo siento. Escuché lo que dijiste, y no lo hice y debería haberlo hecho. Por favor, perdóname».

Darin y Lesli tienen cuidado de que otros no supongan que ahora todo es mejor. La vida y el matrimonio no funcionan así. «¿Todo ese asunto de anticipar cuando viajamos por negocios?», dice Lesli, «Todavía estoy trabajando en ello. Así como Dios desafió el corazón de Darin sobre sus expectativas hacia mí, del mismo modo Dios me ha desafiado sobre las cosas duras de mi pasado que no son fáciles de dejar, pero ahora que le he comunicado a Darin todo lo que está ocurriendo, ha hecho que él rebaje sus expectativas».

Me emocionó escuchar que ambos se llevarán mi libro *Valorar* a unas próximas vacaciones «para aprender algunas estrategias nuevas para lidiar con estos problemas». Darin destaca: «El hecho de que Lesli quiera leer ese libro o ver cómo podría aprender a valorarme es algo importante para nosotros».

Leslie dice: «He dado algunos pequeños pasos para ser más comunicativa durante el día y hacer pequeñas cosas como enviar mensajes de texto. La gran diferencia es que ya no veo el cambio como algo opcional, como solía hacer. *Necesito* ser una comunicadora y usar mis palabras para dejarle claro a Darin lo que siento por él y lo que él significa para mí».

No le dije esto a Lesli, pero sus palabras me hicieron pensar que Darin está dando los pasos correctos en su camino hacia sentir que es un esposo valorado.

Dios gana

Darin quiere subrayar que para él, el camino para salir de la conducta tóxica fue recibir el amor de su Padre celestial que se revela en el evangelio:

> La transición para salir de la toxicidad está siendo personalmente afectada por el amor individual del Padre celestial y después por conseguir su corazón para nuestro cónyuge. Cuando recibo eso, Dios también me revela su corazón para con mi esposa. Dios no

estaba de acuerdo con las conclusiones que yo estaba sacando sobre mi esposa. Yo siempre pensaba que Dios estaba de acuerdo conmigo y que estaba de mi parte, y eso no hacía sino reforzar la conducta tóxica. Estaba convencido de que Lesli era la que estaba equivocada.

Cuando acepté las palabras de Dios acerca de mí de las Escrituras, que Él me ama, me recibe y me afirma, estaba en un código postal emocional totalmente diferente. Tomó un tiempo, pero cuando sucedió, impactó algo más que mi matrimonio. Dejé de enojarme tanto con mis hijos.

Ya no siento el enojo que antes sentía. Ya no veo ninguna justificación para expresar el enojo en forma de ira. La ira del hombre no produce la vida de justicia que Dios exige. Doy gracias a mi Padre cada día por liberarme de la arrogancia, el orgullo y la necesidad de ser entendido que impulsaba mi necedad.

Estamos aprendiendo a enamorarnos de nuevo momento a momento a medida que Dios nos revela a cada uno lo mucho que nos ama y a su vez nos da gracia para amarnos el uno al otro de esa forma. No es demasiado disparatado decir que es difícil reconocernos como éramos antes debido a la gran obra que Dios ha hecho.

La presencia de un Dios santo y puro es el mejor antídoto para un matrimonio contaminado y tóxico. Gracias al poder y la verdad de Dios, cuando el entorno es seguro para hacerlo, el camino preferido es abandonar la toxicidad en lugar del matrimonio.

Enseñanzas

- La conducta tóxica en el matrimonio se mantiene y aumenta cuando usamos nuestra propia conducta tóxica debido a la conducta tóxica de nuestro cónyuge. Cada parte tiene que adueñarse de lo que está haciendo, al margen de cómo esté actuando su cónyuge.
- La frustración a menudo nace del malentendido. La frustración de Darin por la frialdad de Lesli estaba basada en parte en la expectativa de que ella era una «estufa» en lugar de un «microondas». Antes de juzgar a tu cónyuge, aléjate de los estereotipos, y asegúrate de entenderle bien.

- Responder a la conducta tóxica de tu cónyuge con tu propia conducta tóxica (por ejemplo, responder al sarcasmo con el trato del silencio) solo empeora las cosas.
- Muchos problemas matrimoniales surgen de la ceguera a las realidades espirituales, especialmente la gracia de Dios. Cuando entendemos el amor y la afirmación de Dios *y vivimos por esa realidad*, tratamos a nuestro cónyuge de modo muy distinto.
- Las viejas heridas que se dejan sin sanar pueden infectar las relaciones presentes. Lesli tuvo que lidiar con su abuso pasado para corregir sus frustraciones presentes cuando se trataba de la intimidad sexual. Amar a tu cónyuge en el presente puede exigir que trabajes en tu pasado.
- Cuando hay un punto muerto matrimonial, por lo general uno de los dos tiene que estar dispuesto a ser el agente de cambio, y después ser paciente mientras espera a que el otro haga lo mismo. Para Lesli y Darin, el tiempo fue de un año.
- Cuando dejamos que Dios nos dé convicción puede parecernos, como le pasó a Lesli, que aquello por lo que juzgamos a nuestro cónyuge (ser manipulador) es de lo que Dios declara que somos los más culpables.
- No se saca nada de pelear las guerras del género, como si todos los esposos fueran malos o todas las esposas fueran reticentes. Cada uno es responsable ante Dios individualmente de cómo tratamos a nuestro cónyuge.
- La gracia de Dios es la verdad fundamental de la que surge todo el cambio y desarrollo personal duradero.

CAPÍTULO 19

HIJOS TÓXICOS

Shanice tiene dos hijas, ambas adultas. Ella es una buena maestra y amiga activa. Es decir, ella es la primera que llaman cuando alguien está pasando por una crisis en su matrimonio, con sus hijos o en su iglesia.

Una de sus hijas, espiritualmente hablando, es una bola de demolición humana. Toma malas decisiones continuamente, espera hasta que las cosas lleguen a un punto crítico y después llama a Shanice para que le ayude a salir del lío. Siempre es una llamada desesperada: «Si no me ayudas, tendré que dormir en la calle esta noche».

Su hija ha aprendido que si existe el más mínimo margen de espera («el viernes me quedaré sin hogar»), Shanice está dispuesta a esperar, pero si se trata de quedarse sin hogar en las siguientes veinticuatro horas, Shanice por lo general cede, deja todo lo que esté haciendo, abre su cartera, y ayuda a su hija «una última vez».

Lidiar con tales emergencias ha obligado a Shanice a retirarse de sus planes personales, cancelar clases de enseñanza en su iglesia, y sacrificar tiempo con su esposo para responder a las crisis de su hija. Finalmente, Shanice entendió lo que estaba sucediendo y dijo: «Lo siento mucho, pero no puedo dejarlo todo ahora mismo».

Entonces su hija (aún soltera) se quedó embarazada.

Una cosa es decir no a tu hija adulta, pero ¿cómo decir no a tu nieta?

Shanice y su hija comenzaron a enredarse en la misma rutina que antes hasta que Shanice sintió que la mitad de su vida la había pasado rescatando a su hija y a su nieta de la ruina. En cuanto su hija se «recuperaba» se iba, sin pensar para nada en Shanice, y unos meses después regresaba desesperada y enredada en otra crisis.

Muchos dirían que la fuerza motivadora que hacía que la hija de Shanice usara y abusara de ella era la *culpa*. Pero la culpa no encaja aquí.

Otros dirían que era la *preocupación*, pero cualquier observador externo vería que, al final, esos rescates no eran de ayuda.

Yo diría que la fuerza que retenía a Shanice y le impedía hacer lo que en el fondo de su corazón sabía que no debería hacer era *menospreciar su propia misión* delante de Dios.

Shanice tiene varias batallas cruciales que pelear. Dios le ha dado responsabilidades claras al «buscar primero el reino de Dios»: un ministerio de enseñanza, una red de mujeres de las que es mentora de manera informal y formal, un matrimonio sólido que anima a otros, y también otra hija. Al dejarlo todo para rescatar a la hija problemática, ella sacrifica un buen trabajo, incluso aunque ese principio no esté resultando en ningún cambio visible en su hija tóxica.

Otra cosa sería si el sacrificio de Shanice estuviera dando sus frutos y su hija estuviera recomponiendo su vida, pero Shanice estaba dejando a personas de confianza para emplear tiempo en otra supremamente irresponsable que parecía estar cada vez *peor*.

Tenemos que aprender qué batallas debemos pelear y qué batallas deben pelear otros. No abandonamos a nuestros hijos cuando se hacen adultos, claro que no, pero también reconocemos que no podemos pelear sus batallas sin sacrificar la participación en las nuestras.

Padre o madre, tras la etapa activa de criar a sus hijos tienen que cambiar su enfoque. Está bien que hayan invertido mucho en los primeros veintiuno o veintidós años de sus hijos. *No* estoy dando consejo para hijos tóxicos que son pequeños y aún están en casa. Este capítulo es para hijos *adultos* que tienen la edad apropiada para asumir el liderazgo de sus propias batallas. Lo que descubrirás es que no puedes pelear sus batallas sin ignorar las tuyas, y las tuyas son importantes. «Busquen primeramente el reino de Dios», no «sigan primeramente rescatando a su hijo irresponsable».

Esta es la feliz lección que los padres que han aprendido esta verdad han descubierto: cuando dejas de pelear las batallas de tus hijos adultos, empiezas a disfrutar mucho más de tus hijos. Ya no defines la relación pensando que tienes que solucionar sus problemas. En vez de trazar estrategias constantemente sobre cómo lograr que cambien, los escuchas y te relacionas con ellos.

¿Alguna vez dejas de orar y anhelar? Por supuesto que no. ¿Cómo podría ser? Pero también recuerda que esta batalla es *suya*. Aceptarías a cualquier hija o hijo pródigo y arrepentido en el mismo instante en que girasen su rostro hacia casa, pero eso es distinto a perseguir a un hijo que no se arrepiente y que menosprecia tu debilidad y abusa de ti aprovechándose de ello. Recuerda que el padre del hijo pródigo abrazó a su hijo cuando el hijo *regresó,* no cuando *se fue.* Como Jesús, el padre del hijo pródigo estuvo dispuesto a ver cómo su hijo se alejaba.

El gran Médico

Uno de los mayores beneficios de ser un creyente es saber que Dios lucha por nuestros hijos incluso más que nosotros. El autor de Hebreos escribe: «pero, como Jesús permanece para siempre, su sacerdocio es imperecedero. Por eso también puede salvar por completo a los que por medio de él se acercan a Dios, ya que vive siempre para interceder por ellos» (Hebreos 7:24-25).

Dios no es un mero *observador* desinteresado en la vida de tu hijo. Él es el *capitán general* que incorpora la defensa correcta y la ofensiva correcta en el momento adecuado para atraer a tu hijo. Que tú des un paso atrás no es falta de interés, sino una declaración de fe y confianza en el Creador de tu hijo. La única razón por la que una madre o un padre cristiano puede dar un paso atrás es por nuestra certeza de que nuestro Padre celestial está dando un paso adelante.

A veces Dios tiene que dejarnos llegar al límite de nuestra fortaleza humana para que aprendamos esta lección. Esto ocurrió físicamente tras desmayarme al final de un maratón largo y caluroso. Debido al calor y la humedad, era un día denominado como «globo negro», que es la forma que tienen los organizadores de advertir a las personas que tienen problemas de salud para que no corran y para que otros corredores aminoren la marcha considerablemente. Yo no quería aminorar porque había pagado para volar a otro estado y así poder correr por una pista plana y rápida con la esperanza de clasificarme para Boston.

En el kilómetro 21 pagué con creces y arrogancia, y fui arrastrándome por una sauna al aire libre durante las dos horas siguientes, llegando a duras penas a la meta y añadiendo casi media hora al peor tiempo que había conseguido nunca. Uno de los ayudantes de meta me miró y me llevó directamente a la carpa de asistencia médica, donde alguien me ayudó a tumbarme y una enfermera intentó encontrar una vena para ponerme una solución salina en el brazo. Tomó un rato. Me pusieron la cabeza más baja que los pies, llamaron a un médico que les ayudara, y después alguien dijo: «Oh, no».

Normalmente, si escuchara a un profesional médico que me está atendiendo decir: «Oh, no», querría saber qué está ocurriendo *enseguida*. Pero estaba tan agotado y tan extenuado que entré en uno de los episodios de más rendición de mi vida. Tan solo pensé: *Yo ya he corrido mi carrera. Esta es la de ellos. No hay nada que pueda hacer para ayudarles. El médico tendrá que averiguar lo que me ocurre o si me ayuda. No puedo ayudar de ninguna manera. Solo puedo dejarme llevar.*

Quizá estés en una situación con uno de tus hijos en la cual te sientes como si hubieras corrido una calurosa maratón y alguien dice: «Oh, no».

«¿Has sabido lo que trama tu hijo?».
«¿Alguien te ha dicho la mala noticia?».
«¡Ahora la ley va a tener que intervenir!».

Está bien ser como yo en la carpa médica y confiar en Dios, que es el gran Médico. *Estoy más que agotado, y ya he hecho todo lo posible y quizá más de lo que debería haber hecho. En este momento, depende de Jesús. No hay nada más que yo pueda añadir, y ni siquiera importa si sé lo que viene después del «Oh, no». Dios tendrá que arreglar esto, o de otra forma no tendrá arreglo.*

¿Recuerdas lo que aprendimos en el capítulo sobre Jesús viviendo con Judas? No es nuestra tarea detener el mundo o incluso a nuestros seres queridos de cometer un pecado en particular. Las relaciones familiares son multifacéticas y no se deberían reducir a un solo problema. Las relaciones de un solo problema («resuelve este problema»; «gana solamente este partido») son para los compañeros de equipo y colegas de trabajo. Para los miembros de la familia, mantén las cosas equilibradas. Ponte de acuerdo en lo que puedas, y ora fervientemente bajo la guía de Dios; pero confía en que el gran Médico hará su trabajo a su tiempo y a su manera.

¿Quién recibe la atención?

Brandon tiene tres hijos adultos: dos hijas y un hijo. Su hijo está descontrolado, algo que afecta a Brandon profundamente. Él admite que querer que su hijo tenga éxito puede que sea un asunto de orgullo masculino, y se ha desgastado intentando forzar a su hijo a tomar mejores decisiones.

Su consejero ha trabajado con Brandon durante años y entiende la dinámica de la familia en general. «Brandon, tienes dos hijas maravillosas que van a sitios geniales», le dijo, «pero pasas la mayor parte de tu tiempo pensando y hablando de tu hijo. De hecho, creo que el tiempo que empleas preocupándote por tu hijo es mayor que *la suma* del tiempo que pasas afirmando y relacionándote con tus dos hijas. Tus hijas no solo se sienten abandonadas, sino que toda esa atención extra que les robas a ellas no está ayudando a tu hijo. De hecho, parece que la situación empeora. ¿No crees que es el momento de hacer un cambio?».

Brandon pensó que el consejero quizá estaba siendo «demasiado psicológico», así que quiso la opinión de un pastor. «A fin de cuentas, Gary», destacó Brandon, «¿acaso el papá del hijo pródigo no le dio a su hijo la mitad de todo lo que había ganado?».

Yo dije: «Ese no es el punto de la parábola ni su propósito. Además, aunque lo mires de esa forma, el papá no corrió detrás del hijo pródigo cuando se fue, ¿no crees? Dejó que se fuera. Dejó que experimentara la amargura de las malas decisiones, y durante esa etapa, el hijo mayor tuvo a su padre exclusivamente para él».

Cuando tienes un hijo difícil, la tentación natural es poner más energías para salvar a ese hijo (quizá inconscientemente) y pasar menos tiempo y pensar menos en los hijos de confianza. Esto *es exactamente lo opuesto* al modelo bíblico que hemos estado tratando en este libro: *No malgastes tu tiempo en las personas tóxicas; invierte ese tiempo en las personas de confianza.*

Si yo tuviera un hijo que se hubiera descarrilado, la puerta siempre estaría abierta. Yo correría hacia él si se volviera hacia mí. Nos alejamos de las personas tóxicas cuando son tóxicas si esa toxicidad nos está destruyendo o dañando; si dejan de ser tóxicas, son bienvenidas a caminar con nosotros. Mientras tanto, voy a invertir mi tiempo, energía y oraciones en los hijos de confianza que están calificados para enseñar a otros.

Antes que padre, soy cristiano. Antes de ser el padre de mis hijos, soy el hijo y siervo de mi Padre celestial, y Jesús me dice que la iglesia necesita *más obreros*: desesperadamente. «La cosecha es abundante, pero son pocos los obreros —les dijo a sus discípulos—. Pídanle, por tanto, al Señor de la cosecha que envíe obreros a su campo» (Mateo 9:37-38). Ya sea que estos obreros terminen como dueños de un restaurante, pastoreando una iglesia, educando a sus hijos, trabajando como jueces o policías, operando a pacientes o dirigiendo un taller de chapa y pintura, necesitamos mujeres y hombres que buscan primero el reino de Dios y su justicia de forma creativa y apasionada. Tales mujeres y hombres tienen que ser entrenados y discipulados. No prives a la iglesia de personas de confianza y bien entrenadas por la esperanza de poder rescatar a un familiar poco fiable, terco y tóxico, incluso aunque sea tu hijo o tu hija.

Si tienes un hijo de confianza que está calificado para enseñar a otros, uno de los mayores regalos que puedes darle a la iglesia es invertir profundamente en la mente y el alma de ese hijo e infundirle una ferviente pasión por buscar primero el reino de Dios. *No permitas que los hijos de confianza paguen por la falta de fiabilidad de sus hermanos.*

Además, no hagas que *tu misión* sea que Dios pague por el egoísmo tóxico de tu hijo. Dios ha llamado y dotado a Shanice, y su ministerio importa. Puede que su hija nunca logre el propósito que Dios quiere para su vida (lo cual es muy triste), pero sería una doble tragedia si Shanice permitiera que su hija fuera un obstáculo para que Dios cumpliera su voluntad también en *su* propia vida. Limita al irresponsable a su propia irresponsabilidad. No dejes que se extienda y te alcance.

Historia de dos prioridades

En la parábola de las diez vírgenes, cinco mujeres se olvidaron de llevar aceite suficiente para toda la noche, mientras que cinco sí llevaron suficiente. Las vírgenes distraídas vieron cómo sus lámparas se apagaban en el peor momento y rogaron a las vírgenes responsables que les dieran parte del suyo. Las vírgenes responsables respondieron: «No... porque así no va a alcanzar ni para nosotras ni para ustedes. Es mejor que vayan a los que venden aceite, y compren para ustedes mismas» (Mateo 25:9).

Ya sabes lo que ocurrió después: las irresponsables tardaron demasiado en regresar y se perdieron el banquete.

Jesús no culpa a las mujeres «sabias» por no querer sacrificarse y darles aceite; culpa a las mujeres «necias» por la falta de atención que condujo a su crisis.

Si tienes una camiseta extra que dar a una persona tóxica, sé amable. Si puedes darle a una persona difícil sin robarle tiempo a una persona de confianza, adelante; pero si tu inversión de tiempo y dinero te impide cumplir tu ministerio y pelear tus propias batallas, incluyendo invertir en otras personas de confianza, es el momento de reevaluar. Es momento de decir no, aunque sea a tus hijos.

La promesa que ningún padre quiere reclamar

Arianna tenía el corazón roto por las decisiones morales que estaba tomando su hijo. Incluso más descorazonadora fue su respuesta cuando Arianna le preguntó dónde veía a Jesús en todo aquello.

«Tengo que repensarlo», dijo su hijo. «Tengo dudas acerca de Él desde hace algún tiempo».

Puede que esas fueran las palabras más dolorosas que Arianna había escuchado jamás, y se lanzó de lleno a un ataque verbal contra sí misma preguntándose qué había hecho mal como madre. Quizá debería haberle educado en casa. Quizá había estado demasiado ocupada cuando él era un adolescente. Tal vez no había enfatizado la fe lo suficiente.

Cuando los hijos se hacen adultos, los padres se ven ante un tipo de vulnerabilidad totalmente nuevo. Cuando nuestros hijos eran pequeños temíamos por su seguridad, pero podíamos controlar tanto su entorno que esos temores podíamos manejarlos. Cuando los hijos se van de casa, el «control» se vuelve malvado y tóxico. Ahora son hombres y mujeres adultos, y quizá sus decisiones nos rompen el corazón, lo cual es un tipo de dolor totalmente distinto.

Es difícil como pastor digerir la mala noticia de que amar a Jesús con todo tu corazón, educar a tus hijos en una iglesia sólida y dedicar tiempo en casa para inculcar los asuntos básicos de la fe *no garantiza* ningún resultado concreto. No estamos programando computadoras; estamos educando hombres y mujeres jóvenes hechos a la imagen de Dios, y esa imagen incluye la capacidad de tomar decisiones.

Llevé a Arianna a Marcos 13:12-13, donde Jesús, *hablando a creyentes*, dice: «Los hijos se rebelarán contra sus padres y les darán muerte. Todo el mundo los odiará a ustedes por causa de mi nombre». En una promesa que ninguno de nosotros quiere reclamar, Jesús anunció que algunos creyentes verían a sus hijos rebelarse, no solo contra ellos, sino también contra su Señor. Nuestra parte en los sufrimientos de Cristo tendrá que incluir participar del dolor de ver seres queridos que abandonan la verdad.

La respuesta de Arianna fue la clásica: «Prefiero el versículo que habla sobre entrenar a un niño en su camino y cuando sea mayor no se apartará de él».

Los dos nos reímos. ¿No nos pasa a todos?

Otra grave promesa de Jesús parece enfocarse particularmente en los hijos: «De ahora en adelante estarán divididos cinco en una familia, tres contra dos, y dos contra tres. Se enfrentarán el padre contra su hijo y el hijo contra su padre, la madre contra su hija y la hija contra su madre, la suegra contra su nuera y la nuera contra su suegra» (Lucas 12:52-53).

La obra del reino es polémica, no podemos evitarlo. Y si nos identificamos tanto con el trabajo del reino que se convierte en una parte de quienes somos (como Jesús nos anima a hacer), cuando otros rechacen ese reino probablemente hará que ellos nos rechacen y se vuelvan contra nosotros.

Eso no significa que hayas fracasado. Jesús te dijo que sucedería *no para condenarte, sino para prepararte.*

El doctor Steve Wilke les dice a los padres apenados e inundados de culpabilidad: «Cuando Dios creó el mundo perfecto para Adán y Eva e incluso eso no fue suficiente para impedir que pecaran, ¿creen que la Trinidad preguntó: *¿Qué hicimos mal?*».[1]

También podríamos considerar al rey David, a quien Dios llamó de la nada y lo convirtió en un hombre de gran importancia, incluso hasta el punto de ponerlo en un trono. David respondió con adulterio y asesinato. ¿Crees que Dios se preguntó: *¿Qué podía haber hecho diferente? ¡Ojalá hubiera sido un mejor padre!*

Cuando Jesús vivió como el Mesías perfecto, dándole a Judas una maravillosa enseñanza, consejo perfecto y el mejor ejemplo que jamás podría haberle dado nadie, y aún así resultó no ser suficiente para Judas, ¿se preguntó Jesús *qué había hecho mal?*

Pensar que podemos ser unos padres tan buenos que nuestros hijos nunca se apartarán es pensar que podemos superar a la Trinidad. Como madre o padre no puedes crear un Edén perfecto para tus hijos, pero aunque pudieras, ellos lo estropearían.

La respuesta real para «¿qué hice mal?» es «naciste en pecado y vives en un mundo en el que todos los miembros de la familia han nacido en pecado».

La herejía detrás de pensar que tú lo provocaste es la extensión lógica de pensar que *tú puedes arreglarlo*. El remedio de Dios para la rebelión, sin embargo, no eres tú; es *Jesús*. Su gracia, su perdón, su sabiduría, su poder, su redención, esa es la solución definitiva, el «refugio» supremo. Por mucho que nos gustaría serlo, nosotros no somos la respuesta; Jesús es la respuesta.

Jesús, por cierto, es también *nuestra esperanza*. Cuando un hijo dice: «Tú no eres mi padre», eso no impide que un padre amoroso diga: «Pero tú sigues siendo mi hijo». Esa es la esperanza para los padres que ven a los hijos alejarse. Hay un sacrificio por sus pecados, la muerte y resurrección de Jesús, un Padre celestial amoroso que sigue reclamándolos, y un Espíritu Santo poderoso que trabaja día y noche para convencerlos y hacerlos regresar.

La salvación inicial de nuestros hijos nunca dependió de nosotros, la mayoría lo sabemos. Este es el refugio para los padres con el corazón roto: su regreso tampoco depende de nosotros.

Enseñanzas

- Padre, madre, tu misión es importante. No sacrifiques pelear tus propias batallas para intentar rescatar a tus hijos de las consecuencias de no querer pelear las suyas.
- Como Dios es el gran Médico espiritual, puedes seguir disfrutando de tus hijos sin intentar siempre solucionar sus problemas, sabiendo que Dios está obrando entre bambalinas de formas que nunca entenderás.
- No permitas que los hijos de confianza paguen por la distracción de los que son poco fiables. Mantén tu enfoque en invertir en los de confianza. ¡Necesitamos más obreros!
- En una de las parábolas de Jesús, culpa a los irresponsables por ser desprevenidos; no culpa al responsable por no rescatar al irresponsable.

- En una enseñanza difícil, Jesús advierte a los padres que algunos de sus hijos no seguirán a Dios, y eso significa que quizá los hijos se vuelvan también contra sus padres.
- Debemos poner nuestra esperanza en la capacidad y disponibilidad de Dios de reclamar a los hijos pródigos, y no en nuestra habilidad para encontrar las cosas correctas que decir o hacer.

CAPÍTULO 20

CAMBIAR LO TÓXICO POR LO TIERNO

«A mí no me importaban las personas», confiesa Doug. «No me importaba a quién pisaba y cómo lo trataba. Puede que también haya sido un antiguo capataz egipcio en el trabajo. Probablemente fui peor que eso, porque era capaz de entrar en una reunión e insultar a mi jefe si sentía que no me estaba dando el apoyo que necesitaba, a la vez que yo pasaba por encima de quienes trabajaban para mí. Pensaba que había que ser así para conseguir algo».

Doug llevaba su actitud tóxica a las actividades fuera del trabajo. Entraba en un foro de Internet de automóviles, donde había sido intencionalmente áspero y «a menudo totalmente malintencionado. Era un lugar donde podía soltar todo mi enojo y furia. Me convertí en uno de los miembros más conocedores solamente para poder enseñorearme de quienes sabían menos y básicamente abusar de ellos. Regreso y leo algo de lo que dije ahí, y me avergüenzo. No es que alguien me ofendiera ocasionalmente y yo reaccionara de manera inapropiada, sino que buscaba víctimas y era deliberado en mis ataques. Era adicto al conflicto y hacía todo lo posible para provocarlo. Era una obsesión imparable para mí».

¿Recuerdas al principio del libro cuando hablamos de que las personas tóxicas *disfrutan* del conflicto? Observemos el lenguaje de Doug. Era «adicto al conflicto» y hacía lo posible por crearlo.

Doug hace esta cándida admisión:

> Mi enojo se infiltraba en todas las relaciones, desde mi esposa y mi hijo hasta mis supervisores, compañeros y subordinados, e incluso a personas al azar que me encontraba en la vida diaria. Siempre

> estaba preparado para enojarme. Antes, pequeñas cosas como un cortacésped que no arrancaba o una llave inglesa mal colocada eran problemas enormes para mí. Buscaba cosas por las que enojarme, y mi enojo era desproporcionado con respecto a la gravedad de la ofensa. Era todo o nada, y por lo general eso significaba todo. Ahora miro atrás, y no entiendo por qué me consumía tanto, pero creo que la raíz estaba en no tener el control. Ciertamente era más severo cuando los eventos estaban fuera de mi control. Un neumático pinchado era una razón para el enojo. Un retraso inesperado o un cambio de planes en el trabajo era causa suficiente para descargar mi ira contra mis jefes. Las metas de producción que no cumplían mis expectativas hacían que volcara mi enojo sobre mis subordinados. Que algún automóvil se interpusiera en mi camino o cualquier otra anomalía en el tráfico demandaba una respuesta. Si algún aparato se rompía, especialmente si no podía culpar a alguien por ello, era razón suficiente para maldecir y arrojar cosas. No se salvaba nada.

La conducta de Doug tipifica la definición de toxicidad de «amar el odio» del capítulo 5: personas que reciben impulso, energía y motivación mediante el odio. Su transformación final es una historia inspiradora sobre cómo el amor y la gracia de Dios pueden alejarnos de nuestra propia toxicidad. La situación de Doug puede parecer un caso extremo, pero si verdaderamente odiamos la conducta tóxica, nuestra *vendetta* debe comenzar con la toxicidad saliendo de *nosotros*, dondequiera que estemos en el espectro.

Deberíamos estar especialmente atentos para ver cuándo, quizá por ocupación, irritabilidad, cansancio, heridas del pasado o enfermedad espiritual, empezamos a actuar de una manera tóxica. El sacerdote franciscano Richard Rohr escribe: «Por lo que más se me cita es por esta frase: *"si no transformas tu dolor, siempre lo transmitirás"*. Siempre alguien más tiene que sufrir porque yo no sé cómo sufrir; a eso se reduce».[1]

La única persona que estamos llamados a controlar es a nosotros mismos. El autocontrol es un mandato bíblico y un fruto del Espíritu. Intentar controlar a otros, como hemos visto, es una estrategia homicida de Satanás. Por lo tanto, la primera línea de defensa contra la toxicidad en el mundo la deben lanzar los creyentes que practican el *auto*control.

Ninguna discusión sobre la toxicidad estaría completa sin abordar el llamado de las Escrituras a que cada uno de nosotros, de manera individual, dejemos nuestros caminos tóxicos.

Un mundo nuevo

Las palabras de Pablo a los colosenses son particularmente fascinantes porque estaba escribiendo a una comunidad cristiana joven que realmente no sabía cómo debían comportarse los cristianos. No tenían algunos cristianos que hubieran sido creyentes antes que ellos. No conocían a ningún creyente maduro que hubiera pasado décadas caminando en la fe y que pudiera modelar la manera en que viven los cristianos. En Colosas, la fe era *totalmente nueva*. Todos eran pioneros de algún tipo, sin ninguna influencia generacional sobre la que construir. Ellos mismos eran los primeros cristianos que habían conocido, obligando a Pablo a ser claro y preciso al enseñarles cómo comportarse. Sin un lenguaje muy florido, Pablo describe a los colosenses con palabras explícitas y específicas: *Así es como actúan los cristianos. Así es como nuestra fe y creencia afectan nuestras actitudes y acciones.*

Pablo dice a los colosenses que un elemento central de comportarse como un creyente es primero deshacerse de algo: «Pero ahora abandonen también todo esto: enojo, ira, malicia, calumnia y lenguaje obsceno» (Colosenses 3:8).

En otras palabras: «No sean tóxicos». Toda disposición humana que intencionalmente daña a otros tiene que morir en nosotros.

Pablo dice entonces a los colosenses que tienen que ponerse algo: «Por lo tanto, como escogidos de Dios, santos y amados, revístanse de afecto entrañable y de bondad, humildad, amabilidad y paciencia» (Colosenses 3:12). Estas cualidades son los polos opuestos de la toxicidad. Afecto entrañable significa sentir por los demás en vez de lanzarte contra ellos. Bondad significa que quieres ayudar, no herir. La humildad pone a otros primero en vez de querer controlarlos. Amabilidad significa que eres tierno, no rudo, y paciencia significa que animas en vez de ser desagradable.

Observemos algo que es crucial para la transformación personal: antes de que Pablo le diga a los colosenses cómo *comportarse*, les recuerda *lo mucho que Dios les ama y aprecia*: «como escogidos de Dios, santos y amados».

Saber que somos escogidos y amados por Dios es la mentalidad esencial mediante la cual amamos a otros y rechazamos ser tóxicos. Con todas nuestras necesidades espirituales cubiertas en Dios, podemos vivir en un mundo tóxico sin convertirnos en personas tóxicas, ya que recordamos que somos escogidos y amados. Como vivimos en un mundo tóxico lleno de personas tóxicas, *seremos* tratados de manera tóxica. Evitamos responder de forma tóxica viviendo y siendo motivados por *el amor misericordioso de Dios*, quien nos escogió cuando aún llevábamos vidas tóxicas y que nos da entrada a una manera de vivir piadosa.

Las personas tóxicas encuentran satisfacción enfermiza en ser mezquinas, controladoras y dañinas. Los creyentes encuentran verdadera satisfacción en ser escogidos y amados por Dios. Ese amor es tan grande, que no esperamos que las personas suplan nuestras necesidades. No queremos controlar a las personas ni hacerles daño. Queremos que las personas experimenten el mismo gozo y satisfacción en Dios que nosotros hemos llegado a conocer.

El amor y la afirmación de Dios nos levantan hasta una nueva dimensión de vida donde pelear con otros no tiene sentido. Cuando me siento mimado por Dios, lo que tú me hagas o pienses de mí realmente no importa tanto, porque la opinión de Dios es superior a la tuya. La protección de Dios me hace sentir seguro ante tus ataques. La afirmación de Dios habla más alto que tu oposición u odio. Una de las principales maneras en que demostramos que Dios ha cuidado tan bien de nosotros espiritualmente es la manera en que cuidamos de otros.

Abordando su propia toxicidad

El enojo de Doug comenzó a morir en lo que él describe como su propio «camino de Damasco». Estaba sentado en un hotel en Houston (Texas) prometiéndose «por enésima vez» terminar con la pornografía. Como hombre metódico, Doug entraba en el Internet para ver lo que otros tenían que decir sobre romper la atadura del porno, y se topó con un foro cristiano.

La reacción de las esposas al uso del porno de sus esposos asombró a Doug y le ayudó a entender cuánto dolor habían causado a su esposa sus hábitos en línea. Comenzó a comentar en la página web, con una advertencia: «Yo no soy cristiano. No quiero ser cristiano. De hecho, no quiero tener nada que ver con ustedes, pero quizá saben algo que yo tenga que saber sobre esto del porno, así que estoy buscando información al respecto».

Debido al desagradable enojo de Doug, un pastor del foro le pidió que dejara de escribir públicamente, pero siguió comunicándose con Doug de forma privada.

Doug sintió que debía escribir lo que él pensaba que sería una breve carta pidiendo disculpas a su esposa, jurando no volver a usar pornografía y pidiendo el perdón de su esposa. Leer sobre el dolor de las otras esposas de algún modo sensibilizó a Doug sobre *todas* las maneras en que él había fallado como esposo (más allá del uso del porno), y su «breve carta de disculpa» se extendió hasta siete páginas.

«Fue el punto de inflexión en nuestro matrimonio», relata Doug. «Vi de forma muy clara que mi enojo me estaba controlando. El padrastro de mi esposa era un hombre enojado. Nunca quise ser como él, pero me di cuenta de que era incluso peor que él en algunos aspectos. No físicamente, pero sí verbalmente y emocionalmente. Darme cuenta de eso me quebró, y me dije: *No puedo seguir siendo esa persona. No sé cómo voy a ser, pero no puedo seguir siendo esa persona*».

Mediante el consejo privado del pastor y la asistencia de Doug a un grupo de Celebrando la Recuperación, Doug se rindió al señorío de Jesucristo. La presencia del Espíritu Santo en su vida, junto con las lecciones que aprendió sobre la adicción mediante Celebrando la Recuperación, transformaron cada aspecto de su vida al dejar atrás el enojo tóxico y el odio.

«Estoy desarrollando lentamente algunas habilidades que necesito profundamente. Uno de los mayores cambios en mi vida cotidiana ha sido aprender nuevas formas de tratar a las personas cuando mis técnicas previas habrían sido el enojo, el abuso y el acoso. Esos hábitos no encajaban en el trabajo ni en el matrimonio, y los nuevos hábitos de escuchar, ser paciente y abandonar el control están empezando a parecerme tan familiares como lo era antes el enojo».

Mezquindad cristiana

Por desgracia, a pesar de las claras y convincentes palabras de Pablo a los colosenses, a la iglesia de hoy no se le reconoce por rechazar la mezquindad.

De hecho, muchos creen que la iglesia es particularmente mezquina, en especial con aquellos que no están de acuerdo con nosotros.

A Dallas Willard le preguntaron una vez por qué los cristianos eran tan mezquinos. Él respondió diciendo que los cristianos tienden a ser mezquinos hasta el grado en que valoran tener razón antes que ser como Cristo. Las dos cosas no son mutuamente exclusivas, por supuesto, pero podemos hacer que lo sean cuando en vez de recibir las palabras de Jesús y los escritos de Pablo como cartas de amor de Dios para los que son amados y escogidos, las usamos como armas verbales para hacer guerra contra las personas que aún no creen.

No quiero que leas deprisa la última frase. Las directrices y «reglas» de Dios en el Nuevo Testamento no tienen la intención de ser granadas verbales que lanzamos a las personas que no creen. Cuando alguien no acepta la autoridad de Jesús, no podemos esperar que escuche lo que enseña la Biblia. Cuando Dios gana nuestro corazón, entendemos que sus palabras reveladas con respecto a la conducta apropiada nacen del amor y son dadas para nuestro mejor interés. *No amaremos las palabras de Dios hasta que primero amemos a Dios, así que mantén primero lo que es primero.* Burlarse de las personas, incluso con la verdad, puede volverse tóxico de una manera controladora. Sigue siendo burla. Los métodos *sí* importan.

Recuerda que el amigo de Rosaria Butterfield ni siquiera sacó a la luz su conducta sexual; creía, correctamente, que el verdadero problema era su separación de Dios. El cambio para Darin se produjo cuando entendió la verdad del evangelio y dejó que penetrara en su corazón. La transformación para Doug se produjo cuando conoció a Jesús en su «camino de Damasco» personal.

Sermones sobre una vida recta deberían darse *después* de Jesús, no antes.

Lo que debería asustarnos un poco a todos los creyentes es que cuando escuchamos a Jesús, parece que Él muestra su mayor compasión hacia los pecadores sexuales y más juicio hacia las personas mezquinas: «Pero yo digo: aun si te enojas con alguien, ¡quedarás sujeto a juicio! Si llamas a alguien idiota, corres peligro de que te lleven ante el tribunal; y si maldices a alguien, corres peligro de caer en los fuegos del infierno» (Mateo 5:22, NTV).

Jesús desafía las expresiones de mezquindad porque ama a las personas con las que estamos siendo mezquinos. Si ellos lo conocen a Él, Él quiere que abracen la vida abundante. Si no lo conocen, quiere que nosotros mostremos la bondad y compasión de Cristo que hemos recibido para invitarlos a su familia.

Cuando insultamos a otros, cuando los llamamos idiotas y necios, ese es el tipo de cosas que Jesús dice que pueden llevarnos al infierno. Si Jesús mirase tu Facebook, si siguiera tus comentarios anónimos en otros blogs, ¿vería que estás menospreciando a alguien? En nombre de servir a Jesús, ¿estás actuando quizá de una manera tóxica?

Dios ama a los pecadores; Dios quiere redimir a los pecadores. Dios quiere tomar vidas aparentemente arruinadas y convertirlas en vidas bellas, amorosas y productivas. Como seguidores de Dios, no debemos burlarnos, insultar, ridiculizar o acosar a ningún «pecador». Ser mezquinos con alguien que consideramos pecador es un pecado tóxico en sí mismo. Estamos añadiendo al problema, no ofreciéndonos como instrumentos de la solución.

En vez de ser tóxicos, somos llamados a mostrar compasión.

Meningitis espiritual

Una universidad cristiana me invitó a ser el orador invitado para dar una serie de clases. El profesor que me presentó subió las escaleras de la plataforma a cuatro patas, usando sus manos. No había muchas escaleras, quizá seis u ocho, y la plataforma no era muy alta, pero fue gateando hasta la plataforma.

No dijo nada al respecto, y nadie actuó como si hubiera ocurrido algo extraño.

Para mí fue algo estrafalario.

Al final, me enteré de la historia que había detrás de sus acciones. Este profesor había sufrido un ataque de meningitis vírica; se había recuperado, pero la meningitis había afectado su equilibrio. La plataforma no tenía pasamanos, y la única forma de llegar arriba de forma segura era gateando.

Una ola de compasión me inundó. Cuánta humildad debía tener ese profesor tan estimado para hacer frente a tales limitaciones físicas en un entorno público, donde todo el mundo lo vería y muchos como yo no sabrían lo que estaba ocurriendo.

Me sentí un poco como si hubiera visto a un Francisco de Asís moderno en acción, quien habría vestido a propósito lo que antes se consideraba ropa de niños como algún acto de humildad personal. Cualquiera que supiera la historia de este profesor sentiría una compasión similar. Ridículo sería lo último que vendría a la mente.

Esta es una de las claves para no volvernos personas tóxicas. ¿Puedes sentir compasión cuando el mal ha invadido a tu compañero de trabajo o a tu familiar y ha dejado resultados desastrosos? En lugar de sentirte incomodado por su debilidad, ¿puedes sentir empatía?

Por supuesto, hay consecuencias y límites. Por ejemplo, ¡ninguna madre o ningún padre dejaría que ese profesor cargara a su bebé al subir esas escaleras! Pero si conociera su historia de fondo, encontrarían una manera no tóxica de decirle por qué.

Prácticamente cada pecador tiene una historia de fondo. Esto no es para excusar cómo hayan respondido por lo que hayan hecho, sino para recordar que hay una historia de fondo que puede ayudarnos a mantener esa compasión tan importante para que nosotros mismos no nos volvamos tóxicos ante la toxicidad de otros.

Cuando las personas se llenan de temor e inseguridad y han estado rodeadas de una conducta tóxica desde su infancia, son susceptibles a convertirse en personas tóxicas también. Si has estado enfermo durante mucho tiempo, es más probable que muestres impaciencia. Si has estado solo y avergonzado, es más probable que seas susceptible a la glotonería o la lujuria. Eso no te excusa, pero explica lo que a menudo te predispone, y este mundo caído es experto en prepararnos para la conducta tóxica.

Todo esto es para llamarnos simplemente a *compasión primero*. Compasión no significa permitir que personas heridas te sigan hiriendo, sino que te duelen las heridas que le conducen a herir a otros. Mezclado con tu enojo está la tristeza de que alguien escogió el camino erróneo en un intento no bien guiado de autodefensa.

A menos que estés en una posición de autoridad en la cual es tu responsabilidad proteger a otros, no tienes que castigar a las personas tóxicas por tu cuenta; deja eso a Dios. Una de las cosas que me ayuda es recordar que *la vida de una persona tóxica es su propio castigo*. Debe ser una miseria sin lugar a dudas estar lleno de odio, división, malicia, rabia y asesinato, queriendo controlar a las personas en vez de amarlas y animarlas. Las personas tóxicas siempre tienen que vivir en el precipicio del temor y la exposición. Están aterradas por la luz y la verdad, y sin embargo la luz y la verdad vencerán al final.

Si pensamos en ello, todos (espero) preferimos ser acusados por ellos y aceptados por Dios que ser aceptados por ellos y rechazados por Dios. Ellos están en el equipo perdedor.

Sin embargo, al oponernos a ellos, evitemos de manera consciente volvernos como ellos.

Pero recordemos también que la meta en la vida no es *no* ser tóxicos; la meta en la vida es la compasión, la bondad, humildad, amabilidad y paciencia que vienen de saber que somos escogidos y amados por Dios.

Todo debe cambiar

Cuando Doug finalmente dejó atrás su conducta tóxica, tuvo que aprender otra vez a trabajar y a estar casado. Todo era distinto. «La sincera verdad es que no sabía cómo hacer mi trabajo sin enojo, y realmente tenía muchos problemas como consecuencia. Incluso me preguntaba si sería capaz algún día de llegar a tener éxito. En lugar de estar enojado y estallar cuando otros me decepcionaban, tuve que encontrar otro camino, y eso me tomó mucho tiempo».

Controlar su conducta tóxica ha tenido muchas aplicaciones para Doug. No hace mucho, su esposa sufrió una complicada cirugía. En el pasado, la peor conducta de Doug aparecía cuando no podía controlar lo que estaba ocurriendo. Durante una de sus anteriores cirugías, por ejemplo, Doug confiesa: «Me ponía fuera de sí con ansiedad, enojo y desconfianza. Hablando en general, hacía totalmente el ridículo».

Esta vez fue completamente distinto, aunque la cirugía era mucho más compleja, y duró el doble que la anterior, y de todas las formas posibles debería haber enfurecido a Doug.

> Por el contrario, conduciendo al hospital temprano en la mañana, iba en oración y escuchando música de adoración en la radio. Mientras esperaba que el equipo médico se reuniera, me arrodillé junto a la cama de mi esposa, le tomé de las manos y oré en voz alta

> por su sanidad, por el equipo médico, y por paz y consuelo para nosotros dos. Básicamente, le dije a Dios lo que Él ya sabía: *Tú estás en control. Tú tienes esto, y yo no puedo hacer nada, así que voy a hacerme a un lado del camino y a confiar en ti.* Durante todo el día, cada vez que un pensamiento negativo entraba en mi mente, se lo daba a Dios y me ponía a orar.

La esposa de Doug necesitaba un apoyo continuo, el cual esta vez fue capaz de dar.

> Cuando mi esposa empezaba a frustrarse porque se sentía indefensa, en lugar de mi respuesta habitual bienintencionada pero sin sentido de intentar arreglar las cosas, me arrodillada junto a su cama, tomaba su mano y oraba por los dos. Hice todo lo que pude durante el día y la noche para aligerar su carga, todo desde ayudar a encontrar una posición más cómoda hasta encontrar el mando a distancia del televisor cada vez que se perdía entre los aparentemente interminables tubos y cables. Al final, lo que ella más necesitaba de mí era una sonrisa, que le apartara el cabello del rostro, y asegurarle que ella no era una carga para mí. Sus mayores necesidades de paz y consuelo yo no se las podía dar. En lugar de ser una pared y bloquear los regalos de Dios, intentaba ser una ventana y dejar que su paz y consuelo brillaran a través de mí.

Su transformación no ha sucedido sin contratiempos. Por ejemplo, Doug se desató con su hermano una vez, «quien tiene tendencia a seguir insistiendo cuando yo he intentado salir de la situación. Tras el último incidente, me disculpé con él por perder los nervios, pero le expliqué que cuando le digo que lo deje, significa que me estoy sintiendo acorralado. Le pedí que respetara eso, al menos temporalmente. Somos cercanos, y la mayoría de las veces hemos logrado seguir siéndolo a pesar de mis arrebatos».

Matar su enojo ha sacado a la luz otras emociones y sensibilidad espiritual, y esencialmente ha ayudado a Doug a convertirse en una persona completa. «El enojo es algo divertido. Ahora puedo ver que era mi armadura. Me impedía sentir todas las demás emociones que debía haber sentido.

El dolor, la impotencia y la decepción estaban escondidos debajo de ella. Sin esa armadura, todos estos sentimientos hablan alto y claro».

Doug está aprendiendo a identificar cada emoción en lugar de sofocarlo todo con enojo: «*¿Qué estoy sintiendo? ¿De dónde proviene? ¿Es de esta circunstancia o algo del pasado?* Tomo lo que estoy sintiendo e intento analizarlo. En el pasado, lo pasaba mal porque agrupaba las ofensas en lugar de lidiar con ellas cuando ocurrían. Ahora tengo que analizar cada una».

Uno de los mayores beneficios para la vida de Doug al soltar la toxicidad fue hacer amigos. «Para ser honesto, no tuve ni un solo amigo verdadero durante veinte años. Ahora tengo personas con las que puedo hablar y con las que puedo solucionar las cosas».

No es de extrañar que adoptar compasión y amabilidad en lugar de enojo haya transformado también su matrimonio.

> Ahora tengo un verdadero matrimonio. Ha mejorado gradualmente, aunque se produjeron algunos cambios repentinos que fueron más dramáticos. Nos comunicamos mucho mejor el uno con el otro. Soy mejor poniendo límites. Soy mejor hablando si estoy dolido, pero no de una forma vengativa, así que los problemas se resuelven en lugar de empeorar. En lugar de hablar *por encima* de mi esposa, hablo *a* mi esposa. La diferencia en nuestro matrimonio ha sido como la noche y el día. Antes, estábamos casados solo en términos legales, pero no había cercanía, no compartíamos nuestros sentimientos. Era más bien como si fuéramos compañeros de piso, pero ahora somos amigos cercanos.

El trabajo sigue siendo para Doug un lugar difícil para controlar su conducta tóxica.

> En cuanto al trabajo, sigo batallando. Por primera vez en treinta y cinco años, acepté un empleo en el que soy operador de equipos y trabajador. No tengo responsabilidad de nada fuera de mi trabajo. Los problemas de control ya no me afectan, lo cual me ayuda a mantener mi enojo a raya. No tengo control, pero duermo por la noche, y no tengo el estrés de preocuparme por cómo hacer que las cosas sucedan. Tengo razones para creer que pronto me ofrecerán

> un papel de supervisor, pero no estoy seguro de si lo aceptaré. Sería extremadamente difícil para mí ser la persona que sé que debería ser y aceptar esa posición. Tan solo sé que ahora mismo estoy mejor sin estar al mando, para mí y para mi familia. Está suponiendo un revés para nuestra economía, pero por mi bienestar, eso es lo que debemos hacer en este momento.

El matrimonio de Doug cambió. Su relación con su hermano cambió. Su entorno de trabajo cambió. Ahora, incluso la relación de Doug consigo mismo ha cambiado. «Cargaba con mucha vergüenza, pero ya no me avergüenzo de quien soy. Tomé la decisión de no ser la persona tan enojada y tóxica. A través de Jesús, me di cuenta de que tenía una opción. Puedo responder a otros como quiero. Jesús en mí me da esa libertad. Por supuesto, he tenido algunos fallos bastante graves, pero son pocos y muy separados en el tiempo, y de inmediato vuelvo e intento arreglar las cosas».

Quizá tu toxicidad no sea tan pronunciada como la de Doug. Quizá sea más esporádica, o tal vez tenga que ver más con el control que con el odio, pero lo que fue cierto para Doug es cierto para cada uno de nosotros. La toxicidad arruina todo en nosotros y en nuestras relaciones. La vida de Doug es prueba de que no tenemos que ceder a ella. Gracias a Jesús tenemos la oportunidad de decidir. Podemos dejar el enojo, la furia, la malicia, la calumnia y el lenguaje soez. Saber que somos escogidos y muy amados puede darnos compasión, amabilidad, humildad, gentileza y paciencia.

El primer lugar para comenzar a transformar un mundo tóxico es deshacernos de la toxicidad en nosotros.

Enseñanzas

- Aunque es tóxico controlar a otros, es saludable controlarnos a nosotros mismos. El primer lugar para impedir que la toxicidad se extienda en este mundo es impedir que emane de nosotros.
- El apóstol Pablo le dice a una nueva cosecha de cristianos que la fe en Jesús significa deshacerse del enojo, la rabia, la malicia, la calumnia y el lenguaje soez, y vestirse de compasión, amabilidad, humildad, gentileza y paciencia.

- La transformación desde el enojo hasta la caridad no se produce solamente mediante la fuerza de voluntad, sino recibiendo también la presencia de Jesús en tu vida y dejando que su amor y su gracia llenen tu corazón y tu mente. Actuamos de forma distinta cuando sabemos que somos escogidos y muy amados.
- Es más probable que los cristianos actúen de forma tóxica cuando valoran más tener razón que ser como Cristo. Las Escrituras no son un arma para usarla para herir a los no creyentes. Los métodos importan.
- Sin excusar a alguien de su conducta tóxica, aprende a tener compasión por la «meningitis espiritual» que pueda haberle llevado a esa condición. Conoce su historia de fondo.
- Dejar la conducta tóxica transformó la forma en que Doug se relaciona con su esposa, sus hijos, sus compañeros de trabajo, e incluso consigo mismo.

CAPÍTULO 21

NO SEAS TÓXICO *CONTIGO MISMO*

Sofía había vivido un otoño lleno de dolor y pérdida. Su mejor amiga se había mudado. Su iglesia se vino abajo. Una crisis en el trabajo exigía su atención doce horas al día, incluidos los fines de semana, algo que le hizo sentir tremendamente culpable porque estaba criando a dos hijos pequeños.

El 1 de enero, cuando las personas hacen resoluciones, Sofía decidió limpiar la báscula de su baño y analizar el daño. «Soy de las personas que se consuelan con la comida», dice ella. «Cuando estoy estresada, la comida me calma. Sé que no es saludable, pero a veces lo único que quieres es poder terminar el día».

Había estado evitando la báscula porque sabía que los números no serían buenos. Por lo tanto, no se sorprendió mucho cuando la cifra en su báscula contenía tres números en una combinación que nunca antes había visto. Fue una bofetada en la cara.

A Sofía le gusta hablar. «La báscula de mi baño no tiene compasión, ni entendimiento, ni empatía por lo difícil que ha sido mi otoño. Personalmente, creo que la báscula debería darme un descanso. Podría haber rebajado unos kilos, sabiendo que he pasado por una época muy difícil y que estaba soportando una culpa enorme, pero la báscula fue dura. Dijo: "Te espera mucho ejercicio y comidas menos abundantes en tu futuro inmediato. Ah, y olvídate de los dulces o los helados al menos hasta el día de Acción de Gracias"».

Nuestro cerebro puede ser como la báscula de Sofía: frío, calculador, sin sentimientos e implacable. Podemos convertirnos en nuestro peor enemigo, derramando pensamientos tóxicos en nuestro sistema neurológico de una forma que nunca haríamos con nadie. Me preocuparon más las palabras que salían de la boca de Sofía que los números en su báscula:

> «Soy muy débil».
> «Me avergüenzo de mí misma».
> «El otro día estallé con mi esposo, pero realmente tan solo estaba teniendo un mal día, y después me descontrolé con una de mis hijas por formar un lío accidentalmente. Me fui a la cama pensando: *Sofía, ¿estás segura de que eres cristiana?*».

Al igual que Sofía, ¿te has visto alguna vez usando un lenguaje tóxico *contra ti mismo*? Quizá el peso no es un problema para ti, pero quizá, al igual que yo, te has escuchado decir: «Soy un idiota», «¿Cómo puedo ser tan estúpido?», «¿Cuándo vas a crecer?».

Esto es lo que le sugerí a Sofía, y lo que aún batallo para aplicarme a mí mismo: *Todo aquello que no le dirías a nadie, deja de decírtelo a ti.*

¿No es cierto que algunos nos decimos cosas que *nunca* le diríamos a un amigo o a un hijo? Ahora que estamos terminando este estudio, hablemos un poco sobre ser amable y no tóxico, cuando hablas *contigo mismo*.

Francisco de Sales aconseja a cada persona que ama a Dios: «El suave y afectivo reproche de un padre tiene un poder mucho mayor para reclamar a su hijo que la rabia y la pasión; así que cuando hayamos cometido alguna falta, si reprendemos nuestro corazón con suavidad y calma [correcciones], teniendo más compasión por él que pasión contra él, animándolo dulcemente a mejorar, el arrepentimiento que se producirá por este medio será mucho más profundo, y penetrará de manera más efectiva que un arrepentimiento irritable, injurioso y brusco».[1]

Dios te ama. ¡Eres escogido y amado! Dios aborrece cuando personas tóxicas te atacan, *y* resulta razonable pensar que tampoco le gusta cuando te hablas a ti mismo de una manera tóxica.

Pero ¿y si hemos metido la pata gravemente? ¿Cómo evitamos ser tóxicos con nosotros mismos cuando estamos convencidos de que lo merecemos?

En mi caso, la conversación tóxica comienza a morir cuando me doy cuenta de lo que debería haber sido muy obvio: que Jesús, y no yo, es el héroe en mi vida. Cuando espero ser lo que solo Jesús puede ser, perfectamente amoroso, infinitamente sabio y supremamente fuerte, me odiaré por quedarme tan lejos *cada día*. Cuando acepto que Jesús es mi héroe y siempre será mi héroe, y que su vida y su gracia son mi única esperanza, cuando paso más tiempo pensando en su excelencia que en mi patética debilidad, la charla tóxica empieza a morir.

La belleza que consume la fealdad

Como ya he insinuado, mi lenguaje supera mi experiencia en este sentido. Aunque ahora sé que las luchas y tentaciones me hacen ser más útil, no me gusta la humillación que producen y por lo general me castigo por ellas. Sin embargo, la realidad es que sin ellas probablemente sería insufrible, un monstruo arrogante que hace que la gente se sienta culpable en vez de invitarlos a encontrar refugio en la aceptación y la gracia de Jesucristo.

Hay una razón por la que soy tan apasionado en cuanto a ser «escogido y amado» (Colosenses 3:12). Hay una razón por la que constantemente me recuerdo que soy llamado, amado y protegido (Judas 1). En este marco, no tengo que negar mi pecado. No finjo que Dios puede comenzar a usarme solo cuando «realmente» lo haga todo bien y deje de hacer eso o empiece a hacer aquello. Eso es tóxico. En cambio, estoy agradecido por Jesús.

Cuando otros te ofenden y te atacan, o cuando comienzas a atacarte tú mismo, este es el lugar donde acudir: la belleza de Jesús, incluyendo tanto *quién es Él* como *lo que ha hecho*.

Girarme para enfocarme en la gloria de Jesús ha cambiado mi vida. Solía obsesionarme con las personas tóxicas que me herían, pero cuando tenía miedo a las personas tóxicas, comenzaba a aborrecerlas. Cuando temía por lo débil y pasivo que puedo ser, me odiaba a mí mismo. Cuando cambié aquello en lo que pensaba, sin pensar ya en las personas tóxicas o en mi propia toxicidad ocasional, y comenzaba a pensar en Jesús, era como una medicina milagrosa. ¡Glorificar a Jesús en tu mente es así de fuerte!

Ahora colecciono celebraciones de Dios a lo largo de las Escrituras para mi propio uso, pero aquí hay solo unas pocas de las que he reunido de Colosenses (usando solamente un libro de la Biblia como ejemplo). Imagínate lo que podría suceder si dejaras de preocuparte por alguien que te está haciendo daño, si dejaras de pensar en cuán débil eres *otra vez* y empezaras a pensar en *esto*:

- la gracia de Jesús (Colosenses 1:6)
- que Jesús es la fuente de toda sabiduría y entendimiento (Colosenses 1:9)
- el poder glorioso de Jesús (Colosenses 1:11)
- que Dios nos rescató del dominio de las tinieblas y nos llevó al reino de la luz (Colosenses 1:13)
- que en Jesús todas las cosas fueron creadas (Colosenses 1:16)
- que Jesús es antes que todas las cosas, y en Él todas las cosas subsisten (Colosenses 1:17)
- que en todo Jesús tiene la supremacía (Colosenses 1:18)
- que por medio de Jesús, Dios nos ha reconciliado consigo mismo para presentarnos santos, sin mancha y libres de acusación (Colosenses 1:22)
- me deleito en que en Cristo están escondidos todos los tesoros de la sabiduría y el conocimiento (Colosenses 2:3)
- que en Cristo, Dios nos ha dado vida (Colosenses 2:13)
- para no desesperar, me aferro al hecho de que Dios perdonó todos nuestros pecados (Colosenses 2:13), desarmó los poderes y autoridades del mundo (Colosenses 2:15), y testifica que nos escogió y nos ama profundamente (Colosenses 3:12)
- que Jesús es nuestra paz (Colosenses 3:15)
- que Dios es nuestro Padre (Colosenses 3:17)

Este es un pequeño extracto de tan solo un breve libro de la Biblia. Hay cientos de pasajes más para explorar.

El mejor antídoto para las conversaciones tóxicas con nosotros mismos es evitar el uso de lenguaje tóxico para regañarte y en cambio nutrir tu alma con palabras de sanidad de las Escrituras. *No medites en dónde fallaste; medita en dónde sobresale Cristo.* Su fuerza es mayor que nuestra debilidad, con tanta diferencia, de hecho, que hablar solamente sobre una pequeña parte de su magnificencia cambia la forma en que pensamos, sentimos y vivimos. En un mundo tóxico, meditar en Cristo es como respirar oxígeno puro.

Bájate de la báscula mental y deja de pensar *en ti mismo*; piensa en la pureza y suficiencia de *Cristo*. Para mí, esto se ha convertido en la forma infalible de dejar de ser tóxico conmigo mismo.

Estarás muy bien equipado para soportar la toxicidad del mundo cuando entiendas que eres importante no porque tus padres terrenales te amaron y mimaron, o porque alguien te propuso matrimonio o se casó contigo, o porque un amigo crea que eres el mejor amigo, o porque tus hijos piensen que eres el mejor padre del mundo, sino porque Dios, el Ser más sabio y perceptivo del universo, te escogió y te adoptó. Todos necesitamos vivir por la verdad de Colosenses 3:12, que somos «escogidos y amados». Cuando meditas en que la fuente de nuestra aceptación y amor no es otra que el Dios del universo, las opiniones menores dejan de importar. ¿Acaso me va a importar si el resto del mundo me rechaza cuando el Ser vivo más brillante, Dios mismo, no solo me escoge, sino que también me ama?

Que esta sea tu canción diaria: «escogido y amado». Entónala por la mañana; tararéatela durante el día: «escogido y amado». Dale gracias a Dios por ella en la noche: «¡Soy escogido y amado!».

Disfruta de la aceptación y el deleite de Dios. No puedes caer bien a todo el mundo; en este mundo tóxico es cierto que *no* caerás bien a todo el mundo. Por lo tanto, pon tu identidad en Aquel que te ama, y que dice: «Te escojo y te seguiré escogiendo». Tu mejor defensa contra el rechazo de las personas tóxicas es la aceptación de tu Padre santo. Tu mejor escudo contra la enemistad del mundo es la búsqueda apasionada del Creador.

No tienes que defenderte. No tienes que enredarte con tus enemigos. Simplemente alza tus manos y déjate amar. Abraza tu misión y aléjate con Jesús de todo aquel que intente detenerte para que no hagas lo que Dios te ha llamado a hacer o para que no seas la persona que Dios quiere que seas.

La gracia de Dios, la belleza de Dios, la aceptación de Dios y la afirmación de Dios son los antídotos más poderosos contra la toxicidad que encontramos en este mundo caído. Escojamos todos vivir en base a esta afirmación.

Salud espiritual

Sofía perdió cinco kilos en mayo, pero recuperó dos tras un verano difícil. Se dio cuenta de que sentirse mal con ella misma y avergonzarse no le hacían ser mejor madre o esposa. De hecho no le ayudaba perder peso, y ciertamente no agradaba a Dios.

Se tomó muy en serio las palabras de Francisco de Sales y se enfocó en hablarse *con amabilidad*, un concepto sencillo que sopló vida en su alma, y después comenzó intencionalmente a animarse. «Tuviste un buen día, Sofía. Cuando Martina derramó accidentalmente su taza, tu primera idea fue calmarla y no enojarte con ella, ¿y viste cómo terminó? Fue un momento bonito, y eso es lo que ella va a recordar dentro de años».

No le di a Sofía «diez pasos para dejar de ser tóxica contigo misma». Tan solo presenté el asunto desde una perspectiva pastoral. «¿Cómo quiere Dios que te hables a ti misma?».

Eso fue suficiente para Sofía. Dejó de hablarse con enojo, rabia, malicia, calumnia y lenguaje soez, y en cambio comenzó a hablarse con compasión, amabilidad, gentileza y paciencia. *Si así es como Dios quiere que tratemos a otros*, razonaba, *¿no es así como querrá que nos tratemos a nosotros mismos?*

¿Sabes qué? Al aprender a tratarse con más amabilidad, Sofía ha empezado a tratar a otros también con más amabilidad. La conducta tóxica, aun cuando está dirigida a nosotros mismos, tiende a extenderse. La salud espiritual también lo hace. Sofía ha escogido la salud espiritual, y ha marcado una diferencia muy grande.

Dejemos de ser tóxicos con los demás, *incluidos nosotros mismos*. Haz de Jesús tu héroe, encuentra tu refugio en Él y comienza a hacer del mundo un lugar mucho más saludable.

Enseñanzas

- Si Dios aborrece cuando otros nos tratan de forma tóxica, tiene sentido que también aborrezca cuando nos tratamos a nosotros mismos de una manera tóxica.
- Cualquier cosa que nosotros no diríamos a otra persona es algo que no deberíamos decirnos a nosotros mismos.
- Las conversaciones tóxicas con uno mismo comienzan a morir cuando hacemos que Jesús sea nuestro héroe y dejamos de esperar tanto de nosotros mismos.

- La salud espiritual se construye meditando en la excelencia de Cristo más que pensando en la toxicidad de otros o en nuestras propias debilidades.
- La conversación tóxica de Sofía consigo misma se transformó aprendiendo a ser más amable con ella misma y dejando de hablarse con enojo, rabia, malicia, calumnia y lenguaje soez, y en cambio empezando a hablarse con compasión, amabilidad, gentileza y paciencia.

EPÍLOGO

Cuando estaba terminando de escribir este libro, me desperté con un sueño muy gráfico. Por lo general no hablo de tales sueños, ya que las personas entendiblemente suelen ser reticentes, razón por la que he dejado esto para el epílogo. Has podido ver todos los versículos en los que me he apoyado y he establecido estas verdades, pero a veces Dios decide hablarme en las primeras horas de la mañana cuando mi mente no tiene tantas salvaguardas o prejuicios. Un sueño seguido de una larga corriente de entendimiento no es algo que ocurra muy a menudo en mi vida, pero cuando sucede, puede limpiar mi alma y abrir amplias avenidas de nuevo entendimiento, el cual siempre cotejo con las Escrituras.

En el sueño, estaba siendo brutalmente intimidado. No podría decir cuántos años tenía o dónde estaba, pero podía *sentir* la intimidación. Cuando desperté, Dios me llevó por un viaje a través de mi vida, donde vi un episodio tras otro de ser intimidado. Antes de esa mañana, si me hubieran preguntado si yo había sido intimidado, inmediatamente habría dicho: «No, realmente no». Pero Dios me ayudó a volver a visitar muchos episodios con muchas personas tóxicas a lo largo de mi vida. Había algunas etapas bonitas y libres de intimidación en mi vida, pero me asombró cuántos episodios tóxicos se me habían olvidado, y cómo me habían herido y marcado, y me habían hecho dudar de mí y limitarme.

Más adelante, en ese mismo día, me vi ante otro gamberro. Por la gracia de Dios me sentí preparado espiritual, intelectual y emocionalmente. No me impactó como podría haberlo hecho o como lo hubiera hecho en el pasado. Casi me hizo reír al sentir que Dios me había preparado tan bien.

La visión del apóstol Pablo del cristianismo tiene que ver con que Dios Padre restaura el mundo a través de Jesús y su Espíritu Santo. Dios terminará la tarea cuando el cielo nuevo y la tierra nueva se unan en la eternidad, pero mientras tanto, en la tierra de lo que los teólogos llaman el «ya pero todavía no», Dios está restaurando el mundo, inspirando a sus seguidores a hacer de manera imperfecta lo que Él un día terminará de forma perfecta.

Los gamberros deberían tomar nota. La iglesia ha sido avisada, armada y liberada contra los caminos tóxicos, homicidas y controladores de los gamberros. Dios sabe quiénes son, y ha dicho: «Basta», y sus días están contados. Dios tratará con los gamberros tóxicos en el futuro, pero creo que también quiere disminuir su impacto *hoy*.

A través de *ti*.

Mientras tanto, forma tu *ofensiva*. Estudia la Palabra de Dios, ora, ríndete a Dios en obediencia y dirección, aprende lo que significa ser lleno y guiado por el Espíritu Santo, busca primero el reino de Dios en todas las cosas, e invierte de forma generosa y entusiasta en las vidas de personas de confianza que estén preparadas para enseñar a otros.

Y cuando sea necesario, no tengas miedo a jugar a la *defensiva*. Entiende cuál es el aspecto de un oponente tóxico, su olor, su conversación y sus acciones. Cuando la situación lo demande, sigue los pasos de Jesús y aléjate de la toxicidad para dirigirte a una vida saludable, una mente pura, un servicio enfocado y un amor genuino.

Decide alejarte y encuentra *libertad* en Cristo.

RECONOCIMIENTOS

En primer lugar, me gustaría dar las gracias a todas las personas que permitieron que sus historias de la sanidad y protección de Dios fueran contadas para que otros pudieran ser bendecidos. Algunos quisieron cambiar su nombre y alterar los detalles identificativos, pero estoy agradecido por cada uno de ellos. Sus historias aportan un rico contexto para el entendimiento de las verdades tomadas de las Escrituras.

Muchas personas generosamente leyeron tempranas encarnaciones de este manuscrito y ofrecieron críticas útiles, por lo que estoy muy agradecido. Entre ellas están Lisa Thomas, Andi Perkins, Darin Slack, Deb Fileta, Kevin Harney, Ella Hutchinson, Mike Woodruff, Eric Spath (que fue el principal y más ardiente promotor de este libro, diciéndome después de que di una charla sobre las personas tóxicas: «Este *tiene* que ser el tema de tu siguiente libro»), Sheila Gregoire, David y Megan Cox, Dr. Steve Wilke, Brad Hambrick, Mary Kay Smith (que ha revisado todos los manuscritos que he escrito, antes de la publicación, desde que se publicó *Sacred Pathways* en 1996), Dr. Mitch Whitman y Bob Kellemen. Todos ellos revisaron primeros borradores, y muchos o todos quizá discrepen con algunas de mis conclusiones finales.

Mi ayudante en Second Baptist, Alli Sepulveda, es de mucha utilidad, protegiendo mis bolsillos de tiempo de escritura, avanzando este ministerio y manteniendo mi agenda en orden cuando viajo. Toni Richmond, un colega aquí en Second, me escuchó dar un sermón sobre las personas tóxicas y se convirtió en un defensor entusiasta de que hablara sobre este tema, haciéndome pensar que quizá debía decir más cosas. Estoy muy agradecido por el generoso apoyo y compañía que Lisa y yo tenemos en Second Baptist como escritor residente, bajo el liderazgo del doctor Ed Young. Estar en el equipo de enseñanza e involucrado en la vida de una iglesia urbana ha demostrado ser una gran bendición.

Les debo mucho a mis agentes Curtis Yates y Mike Salisbury. Mike defendió que este fuera mi siguiente libro cuando yo estaba reticente, y su ánimo es lo que mantuvo viva la idea y después la llevó hasta su cumplimiento. Si cuento correctamente, este es el libro número catorce que Yates and Yates han representado por mí. Verdaderos socios desde el principio.

Esta fue mi primera oportunidad de trabajar con Andy Rogers, un joven editor en Zondervan que fue fabuloso con sus sugerencias para las historias que se necesitaban, consiguiendo material externo (te has librado de muchas citas arcaicas de mis queridos cristianos clásicos), y refinando el mensaje que ahora tienes en tus manos.

David Morris en Zondervan y su alentador apoyo me recuerdan los «días de gloria» cuando trabajaba con Scott Bolinder (quien luchó por *Matrimonio sagrado*). David ha sido muy acogedor y útil y me hace estar profundamente agradecido por tener mi «casa» publicadora con Zondervan.

Muchas gracias a Tom Dean y Brandon Henderson, del equipo de mercadeo, y a Dirk Buursma, del equipo editor. Oro para que Dirk no se jubile hasta después que yo lo haga, ya que sería una experiencia muy diferente lanzar un libro que no haya pasado por unas manos editoras tan capaces.

APÉNDICE

JESÚS ALEJÁNDOSE

Estos son los relatos bíblicos que encontré en los que Jesús decidió alejarse o dejar que alguien se alejara.

> Cuando Jesús vio a la multitud que lo rodeaba, dio orden de pasar al otro lado del lago.
>
> MATEO 8:18

> Entonces todos los del pueblo fueron al encuentro de Jesús. Y, cuando lo vieron, le suplicaron que se alejara de esa región. Subió Jesús a una barca, cruzó al otro lado y llegó a su propio pueblo.
>
> MATEO 8:34—9:1

> Entonces empezaron a burlarse de él [Jesús]. *Pero cuando se les hizo salir*, entró él, tomó de la mano a la niña, y esta se levantó.
>
> MATEO 9:24-25, ÉNFASIS AÑADIDO

> Pero los fariseos salieron y tramaban cómo matar a Jesús. Consciente de esto, Jesús se retiró de aquel lugar.
>
> MATEO 12:14-15

> Cuando Jesús recibió la noticia, se retiró él solo en una barca a un lugar solitario.
>
> MATEO 14:13

> En seguida Jesús hizo que los discípulos subieran a la barca y se le adelantaran al otro lado mientras él despedía a la multitud. Después de despedir a la gente, subió a la montaña para orar a solas.
>
> MATEO 14:22-23

> Después de despedir a la gente, subió Jesús a la barca y se fue a la región de Magadán.
>
> MATEO 15:39

> Esta generación malvada y adúltera busca una señal milagrosa, pero no se le dará más señal que la de Jonás. Entonces Jesús los dejó y se fue.
>
> MATEO 16:4

En este pasaje en el que Jesús se encuentra con un joven rico (Mateo 19:16-30), Jesús deja que se aleje. En lugar de seguirlo, se dirige a sus discípulos y les enseña.

> Cuando el joven oyó esto [la enseñanza de vender todo lo que tenía], se fue triste, porque tenía muchas riquezas.
>
> MATEO 19:22

> Pero cuando los jefes de los sacerdotes y los maestros de la ley vieron que hacía cosas maravillosas, y que los niños gritaban en el templo: «¡Hosanna al Hijo de David!», se indignaron. —¿Oyes lo que esos están diciendo? —protestaron.—Claro que sí —respondió Jesús—; ¿no han leído nunca: "En los labios de los pequeños y de los niños de pecho has puesto la perfecta alabanza"? Entonces los dejó y, saliendo de la ciudad, se fue a pasar la noche en Betania.
>
> MATEO 21:15-17

> Al oír [los fariseos] esto [Jesús evitó su trampa], se quedaron asombrados. Así que lo dejaron y se fueron.
>
> MATEO 22:22

Jesús vituperó a los fariseos con los siete ayes (Mateo 23:13-39), después de lo cual se alejó.

> Jesús salió del templo y, mientras caminaba, se le acercaron sus discípulos y le mostraron los edificios del templo.
>
> MATEO 24:1

Por fin lo encontraron y le dijeron: —Todo el mundo te busca. Jesús respondió: —Vámonos de aquí a otras aldeas cercanas donde también pueda predicar; para esto he venido.

Marcos 1:37-38

Jesús lo despidió [al hombre con lepra] en seguida con una fuerte advertencia.

Marcos 1:43

Ese día al anochecer, les dijo a sus discípulos: —Crucemos al otro lado. Dejaron a la multitud y se fueron con él en la barca donde estaba.

Marcos 4:35-36

Entonces la gente comenzó a suplicarle a Jesús que se fuera de la región. Mientras subía Jesús a la barca, el que había estado endemoniado le rogaba que le permitiera acompañarlo. Jesús no se lo permitió.

Marcos 5:17-19

No dejó que nadie lo acompañara, excepto Pedro, Jacobo y Juan, el hermano de Jacobo.

Marcos 5:37

Entonces empezaron a burlarse de él [Jesús], pero él los sacó a todos, tomó consigo al padre y a la madre de la niña y a los discípulos que estaban con él, y entró adonde estaba la niña.

Marcos 5:40

En seguida Jesús hizo que sus discípulos subieran a la barca y se le adelantaran al otro lado, a Betsaida, mientras él despedía a la multitud. Cuando se despidió, fue a la montaña para orar.

Marcos 6:45-46

Jesús partió de allí y fue a la región de Tiro. Entró en una casa y no quería que nadie lo supiera.

Marcos 7:24

Llegaron los fariseos y comenzaron a discutir con Jesús. Para ponerlo a prueba, le pidieron una señal del cielo. Él lanzó un profundo suspiro y dijo: «¿Por qué pide esta generación una señal milagrosa? Les aseguro que no se le dará ninguna señal». Entonces los dejó, volvió a embarcarse y cruzó al otro lado.

MARCOS 8:11-13

Jesús lo miró con amor y añadió: —Una sola cosa te falta: anda, vende todo lo que tienes y dáselo a los pobres, y tendrás tesoro en el cielo. Luego ven y sígueme. Al oír esto, el hombre se desanimó y se fue triste, porque tenía muchas riquezas. Jesús miró alrededor y les comentó a sus discípulos: —¡Qué difícil es para los ricos entrar en el reino de Dios! Los discípulos se asombraron de sus palabras. —Hijos, ¡qué difícil es entrar en el reino de Dios! —repitió Jesús—.

MARCOS 10:21-24

Llegaron, pues, a Jerusalén. Jesús entró en el templo y comenzó a echar de allí a los que compraban y vendían. Volcó las mesas de los que cambiaban dinero y los puestos de los que vendían palomas.

MARCOS 11:15

Pero [los principales sacerdotes, los maestros de la ley y los ancianos] temían a la multitud; así que lo dejaron y se fueron.

MARCOS 12:12

Los jefes de los sacerdotes se pusieron a acusarlo [Jesús] de muchas cosas. —¿No vas a contestar? —le preguntó de nuevo Pilato—. Mira de cuántas cosas te están acusando. Pero Jesús ni aun con eso contestó nada, de modo que Pilato se quedó asombrado.

MARCOS 15:3-5

Así que el diablo, habiendo agotado todo recurso de tentación, lo dejó hasta otra oportunidad.

LUCAS 4:13

Al oír esto, todos los que estaban en la sinagoga se enfurecieron. Se levantaron, lo expulsaron del pueblo y lo llevaron hasta la cumbre de la colina sobre la que estaba construido el pueblo, para tirarlo por el precipicio. Pero él pasó por en medio de ellos y se fue.

LUCAS 4:28-30

Cuando amaneció, Jesús salió y se fue a un lugar solitario. La gente andaba buscándolo y, cuando llegaron adonde él estaba, procuraban detenerlo para que no se fuera. Pero él les dijo: «Es preciso que anuncie también a los demás pueblos las buenas nuevas del reino de Dios, porque para esto fui enviado». Y siguió predicando en las sinagogas de los judíos.

LUCAS 4:42-44

Sin embargo, la fama de Jesús se extendía cada vez más, de modo que acudían a él multitudes para oírlo y para que los sanara de sus enfermedades. Él, por su parte, solía retirarse a lugares solitarios para orar.

LUCAS 5:15-16

Entonces toda la gente de la región de los gerasenos le pidió a Jesús que se fuera de allí, porque les había entrado mucho miedo. Así que él subió a la barca para irse.

LUCAS 8:37

Ahora bien, el hombre de quien habían salido los demonios le rogaba que le permitiera acompañarlo, pero Jesús lo despidió y le dijo: —Vuelve a tu casa y cuenta todo lo que Dios ha hecho por ti. Así que el hombre se fue y proclamó por todo el pueblo lo mucho que Jesús había hecho por él.

LUCAS 8:38-39

Como se acercaba el tiempo de que fuera llevado al cielo, Jesús se hizo el firme propósito de ir a Jerusalén. Envió por delante mensajeros, que entraron en un pueblo samaritano para prepararle alojamiento; pero allí la gente no quiso recibirlo porque se dirigía a Jerusalén... Luego siguieron la jornada a otra aldea.

LUCAS 9:51-53, 56

En este pasaje (Juan 5:1-15), Jesús se escabulló entre los fariseos antes de que ellos pudieran cuestionarlo por decirle a un hombre sanado que cargara su lecho.

El que había sido sanado no tenía idea de quién era [el que le había sanado], porque Jesús se había escabullido entre la mucha gente que había en el lugar.

JUAN 5:13

Pero Jesús, dándose cuenta de que querían llevárselo a la fuerza y declararlo rey, se retiró de nuevo a la montaña él solo.

JUAN 6:15

Desde entonces muchos de sus discípulos le volvieron la espalda y ya no andaban con él. Así que Jesús les preguntó a los doce:
—¿También ustedes quieren marcharse?

JUAN 6:66-67

Algún tiempo después, Jesús andaba por Galilea. No tenía ningún interés en ir a Judea, porque allí los judíos buscaban la oportunidad para matarlo.

JUAN 7:1

Entonces los judíos tomaron piedras para arrojárselas, pero Jesús se escondió y salió inadvertido del templo.

JUAN 8:59

Nuevamente [los oponentes de Jesús] intentaron arrestarlo, pero él se les escapó de las manos. Volvió Jesús al otro lado del Jordán, al lugar donde Juan había estado bautizando antes.

JUAN 10:39-40

Así que desde ese día convinieron en quitarle la vida. Por eso Jesús ya no andaba en público entre los judíos. Se retiró más bien a una región cercana al desierto, a un pueblo llamado Efraín, donde se quedó con sus discípulos.

JUAN 11:53-54

Cuando terminó de hablar, Jesús se fue y se escondió de ellos.

JUAN 12:36

Tan pronto como Judas tomó el pan, Satanás entró en él. —Lo que vas a hacer, hazlo pronto —le dijo Jesús. Ninguno de los que estaban a la mesa entendió por qué le dijo eso Jesús. Como Judas era el encargado del dinero, algunos pensaron que Jesús le estaba diciendo que comprara lo necesario para la fiesta, o que diera algo a los pobres. En cuanto Judas tomó el pan, salió de allí. Ya era de noche. Cuando Judas hubo salido, Jesús dijo: —Ahora es glorificado el Hijo del hombre, y Dios es glorificado en él.

JUAN 13:27-31

NOTAS

Capítulo 1: El ataque más inteligente

1. John Climacus, *The Ladder of Divine Ascent*, trad. Colm Luibheid y Norman Russell (Nueva York: Paulist, 1982), p. 149.

Capítulo 2: Un Jesús que se aleja

1. El mismo Jesús que dijo: «pon la otra mejilla» también les dijo a sus discípulos que compraran una espada (Lucas 22:36). El mismo Jesús que dijo que era «manso» (Mateo 11:29) expulsó por la fuerza a los cambistas del templo, utilizando un látigo (Juan 2:15). En Mateo 5:22 Jesús dice que llamar necio a alguien nos pone en peligro de las llamas del infierno; en Mateo 23:17 Jesús llama a los fariseos y maestros de la ley «ciegos necios». Tenemos que leer las palabras de Jesús en su contexto y con el peso adecuado, del mismo modo que entendemos su comentario sobre «sacarnos los ojos en lugar de desear con lujuria» como una metáfora de la gravedad del pecado y no una directiva para seguirla de verdad. Intentar evitar un *patrón* de la conducta de Jesús y enseñar con un comentario aparte debería hacernos ver el comentario aparte con una comprensión más precisa.

Capítulo 3: Un espíritu homicida

1. M. Scott Peck, *People of the Lie: The Hope for Healing Human Evil* (1983; reimpr., Nueva York: Touchstone, 1998), p. 73.
2. Peck, *People of the Lie*, p. 255.

Capítulo 4: Controladores

1. C. S. Lewis, *The Screwtape Letters* (1942: reimpr., Nueva York: Bantam, 1995), p. 53 [*Cartas del diablo a su sobrino* (HarperOne, 2006)].

2. John Calvin, *The Bondage and Liberation of the Will: A Defence of the Orthodox Doctrine of Human Choice against Pighius* (Grand Rapids: Baker, 1996), p. 69.
3. Calvin, *Bondage and Liberation of the Will*, pp. 69–70.
4. Jack Deere, *Even in Our Darkness: A Story of Beauty in a Broken Life* (Grand Rapids: Zondervan, 2018), p. 244.

Capítulo 5: Amar el odio

1. Dan Allender y Tremper Longman III, *Bold Love* (Colorado Springs: NavPress, 1992), p. 237.
2. Dr. Henry Cloud y Dr. John Townsend, *Boundaries: When to Say Yes, How to Say No to Take Control of Your Life* (1992; reimpr., Grand Rapids: Zondervan, 2017), p. 98 [*Límites* (Miami: Editorial Vida, 2006)].
3. Francisco de Sales, *Introduction to the Devout Life* (London: Aeterna, 2015), p. 127.
4. De Sales, *Introduction to the Devout Life*, p. 129.
5. De Sales, *Introduction to the Devout Life*, p. 129.
6. Correspondencia personal con Brad, como reacción a la lectura de una primera versión de este manuscrito.

Capítulo 6: Sin tiempo que perder

1. Andrew Murray, *Like Christ: Thoughts on the Blessed Life of Conformity to the Son of God* (London: Nisbet, 1884), pp. 81–82, cursivas en el original.
2. Citado en Francis B. Carpenter, *The Inner Life of Abraham Lincoln: Six Months at the White House* (Lincoln: University of Nebraska Press, 1995), pp. 258–59.
3. Aldous Huxley, *The Devils of Loudun* (Nueva York: HarperCollins, 1952), pp. 192, 260.

Capítulo 7: Personas de confianza

1. John Climacus, *The Ladder of Divine Ascent*, trad. Colm Luibheid y Norman Russell (Nueva York: Paulist, 1982), p. 246.
2. Información tomada de la página web de Rosaria Butterfield (www.rosaria butterfield.com/biography).
3. Rosaria Champagne Butterfield, *The Secret Thoughts of an Unlikely Convert: An English Professor's Journey into Christian Faith* (Pittsburgh, PA: Crown & Covenant, 2012), p. 8.

4. Butterfield, *Secret Thoughts of an Unlikely Convert*, p. 9.
5. Butterfield, *Secret Thoughts of an Unlikely Convert*, p. 10.
6. Butterfield, *Secret Thoughts of an Unlikely Convert*, p. 11.
7. Rosaria Butterfield, *The Gospel Comes with a House Key: Practicing Radically Ordinary Hospitality in Our Post-Christian World* (Wheaton, IL: Crossway, 2018).
8. «A GenRef Podcast: Interview with Rosaria Butterfield and Ken Smith», 12 marzo 2013, https://gentlereformation. com/2013/03/12/ a-genref-podcast-interview-with-rosaria- butterfield-ken-smith.

Capítulo 8: Cerdos y perlas

1. Dr. Henry Cloud y Dr. John Townsend, *Boundaries: When to Say Yes, How to Say No to Take Control of Your Life* (1992; reimpr., Grand Rapids: Zondervan, 2017), p. 86 [*Límites* (Miami: Editorial Vida, 2006)].
2. Cloud y Townsend, *Boundaries*, p. 88.
3. Dan Allender y Tremper Longman III, *Bold Love* (Colorado Springs: NavPress, 1992), p. 243.

Capítulo 9: El amor dice la verdad

1. Leslie Vernick, *The Emotionally Destructive Marriage: How to Find Your Voice and Reclaim Your Hope* (Colorado Springs: WaterBrook, 2013).
2. Louis of Granada, *The Sinner's Guide* (London: Aeterna, 2015), p. 221 [*Guía de pecadores* (Madrid: Homo Legens, 2012)].
3. Granada, *Sinner's Guide*, p. 222.
4. Granada, *Sinner's Guide*, p. 222.
5. Francisco de Sales, *Introduction to the Devout Life* (London: Aeterna, 2015), pp. 133–34 [*Introducción a la vida devota* (Madrid: Biblioteca de Autores Cristianos, 2013)].
6. Conversación personal con el doctor Wilke, 18 abril 2018.

Capítulo 10: Un hombre con una misión

1. John Climacus, *The Ladder of Divine Ascent*, trad. Colm Luibheid y Norman Russell (Nueva York: Paulist, 1982), p. 146.

Capítulo 12: Aprender a ser odiado

1. George Whitefield, «Persecution: Every Christian's Lot», www. blueletterbible.org/Comm/whitefield_george/Sermons/witf_055.cfm.

2. Francisco de Sales, *Introduction to the Devout Life* (London: Aeterna, 2015), p. 160.
3. Thomas Carroll, ed., *Jeremy Taylor: Selected Works* (Nueva York: Paulist, 1990), p. 364.
4. Correo electrónico personal que me envió Sheila Wray Gregoire, 8 mayo 2018. Usado con permiso.
5. Estos cinco puntos vienen de un correo electrónico personal que me envió Kevin Harney el 6 mayo 2018. Usado con permiso.
6. John Climacus, *The Ladder of Divine Ascent*, trans. Colm Luibheid and Norman Russell (Nueva York: Paulist, 1982), p. 149.
7. Climacus, *Ladder of Divine Ascent*, p. 149.
8. Climacus, *Ladder of Divine Ascent*, p. 149.
9. Climacus, *Ladder of Divine Ascent*, pp. 117–18; la última frase tras la elipsis realmente viene de atrás y está sacada de la página 115.
10. Climacus, *Ladder of Divine Ascent*, p. 149.

Capítulo 13: El esqueleto de las Escrituras

1. Dallas Willard, *Renovation of the Heart: Putting on the Character of Christ* (Colorado Springs: NavPress, 2002), p. 46.
2. N. T. Wright, *Romans*, en *The New Interpreter's Bible*, vol. X (Nashville: Abingdon, 2002), p. 767.
3. Jonathan Leeman, *How the Nations Rage: Rethinking Faith and Politics in a Divided Age* (Nashville: Nelson, 2018), p. 100, cursivas en el original.
4. Citado en Philip Norman, *Paul McCartney: The Life* (Nueva York: Little, Brown and Company, 2016), p. 223.
5. Norman, *Paul McCartney*, pp. 222–23.

Capítulo 14: Una nueva lealtad

1. Jack Deere, *Even in Our Darkness: A Story of Beauty in a Broken Life* (Grand Rapids: Zondervan, 2018), p. 210.
2. Robert J. Morgan, *The Red Sea Rules: 10 God-Given Strategies for Difficult Times* (Nashville: W. Publishing, 2014), p. 83, cursivas en el original.

Capítulo 16: Padres tóxicos

1. G. K. Chesterton, *Robert Browning* (Londres, 1903), pp. 80, 73. [*Robert Browning* (Barcelona: Lauro Editorial, 1943].

2. Chesterton, *Robert Browning*, p. 74.
3. Alvaro de Silva, ed., *Brave New Family: G. K. Chesterton on Men and Women, Children, Sex, Divorce, Marriage and the Family* (San Francisco: Ignatius, 1990), p. 20.
4. De Silva, *Brave New Family*, p. 20.
5. M. Scott Peck, *People of the Lie: The Hope for Healing Human Evil* (1983; reimpr., Nueva York: Touchstone, 1998), p. 130.
6. Peck, *People of the Lie*, pp. 51–52.
7. Peck, *People of the Lie*, p. 56.

Capítulo 17: Matrimonios tóxicos

1. M. Scott Peck, *People of the Lie: The Hope for Healing Human Evil* (1983; reimpr., Nueva York: Touchstone, 1998), 76-77 (nota).

Capítulo 19: Hijos tóxicos

1. Conversación personal con el doctor Wilke.

Capítulo 20: Cambiar lo tóxico por lo tierno

1. Richard Rohr, «The Rent You Pay for Being Here», Richard Rohr's Daily Meditations, 1 agosto 2013, http://conta.cc/1aY7HeA, cursivas en el original.

Capítulo 21: No seas tóxico contigo mismo

1. Francisco de Sales, *Introduction to the Devout Life* (Londres: Aeterna, 2015), p. 91.